BORUTO
-NARUTO NEXT GENERATION-

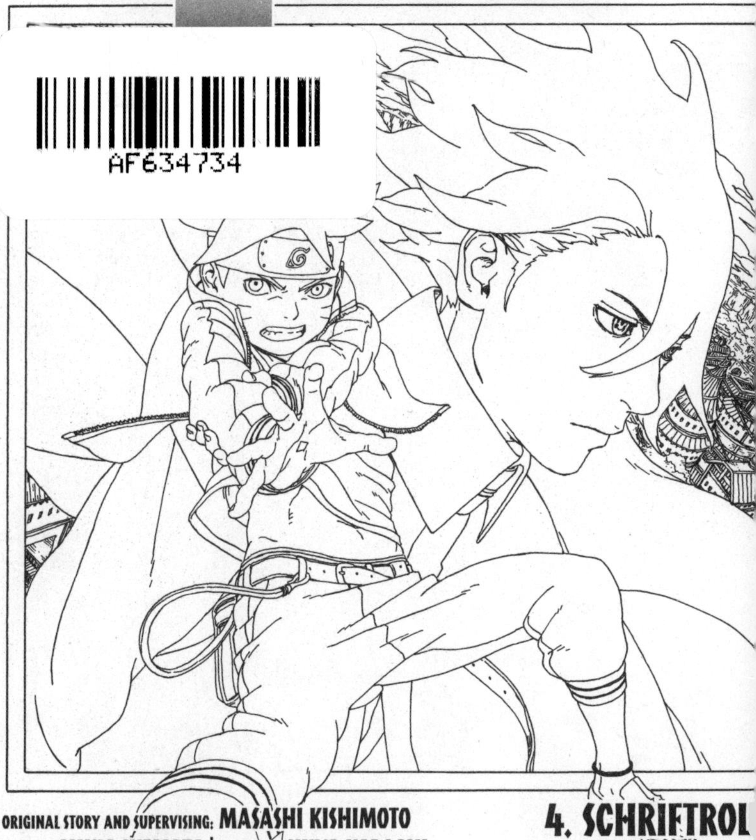

ORIGINAL STORY AND SUPERVISING: MASASHI KISHIMOTO
MANGA: MIKIO IKEMOTO | SCENARIO: UKYO KODACHI

4. SCHRIFTROL

DER WERT DES TRUMPFS

BORUTO -NARUTO NEXT GENERATION- CHARAKTERE

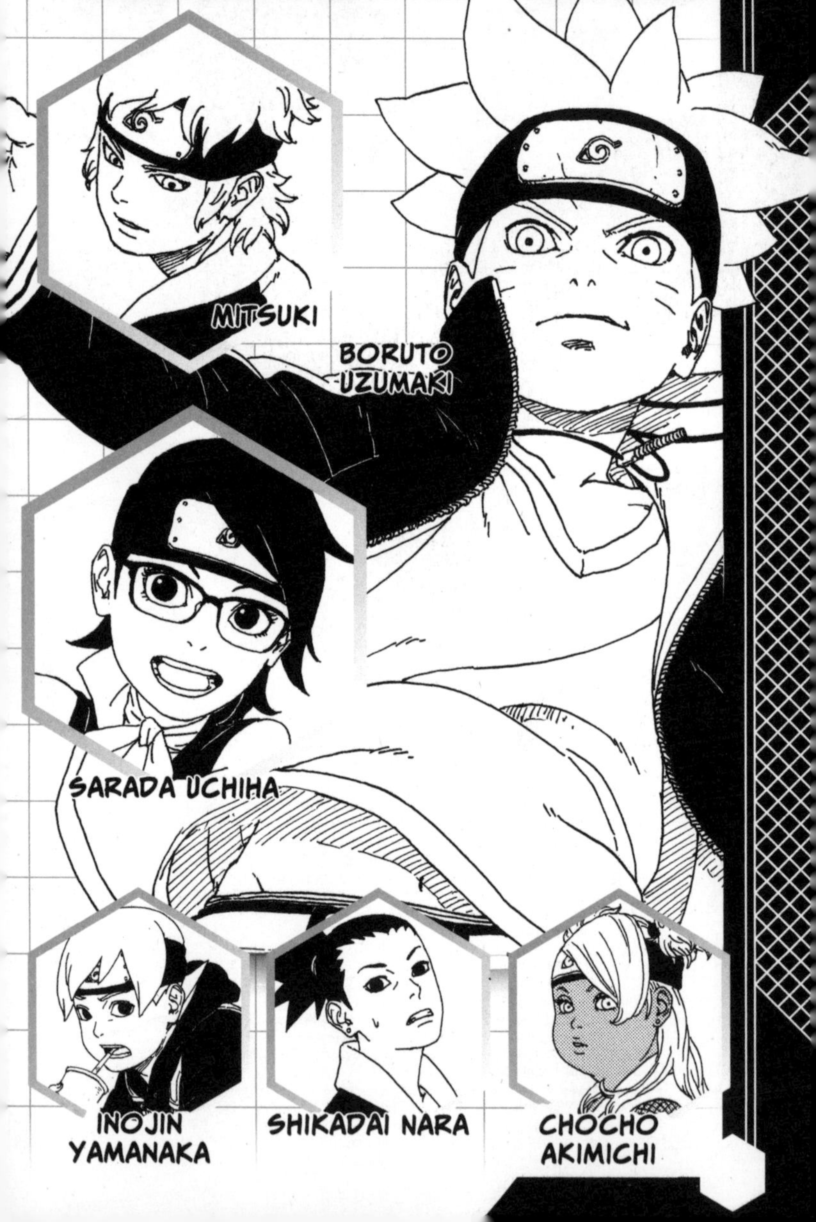

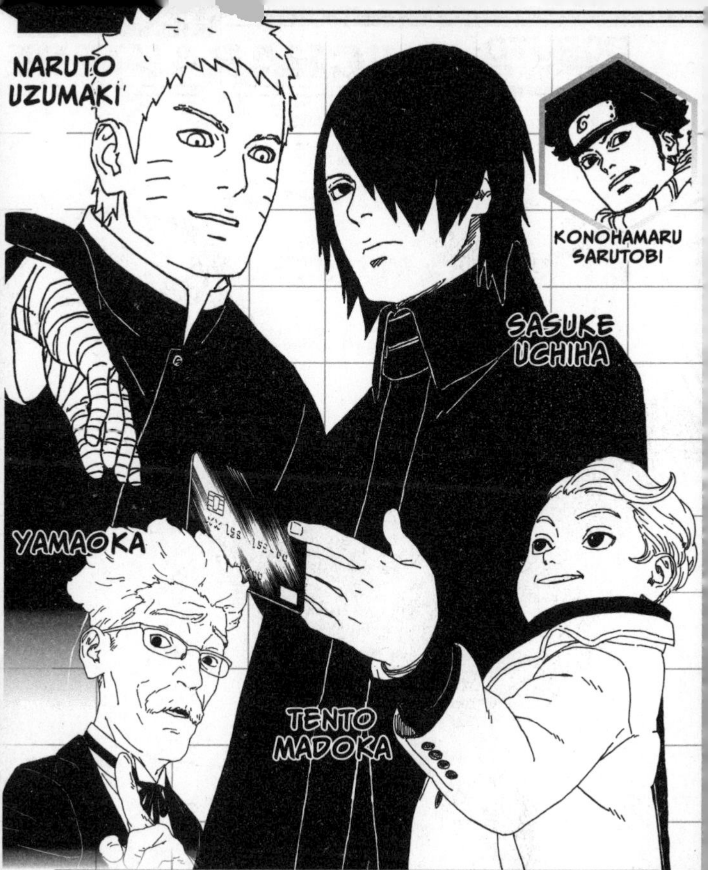

STORY

DER VIERTE NINJA-WELTKRIEG IST VERGANGENHEIT, NARUTO UZUMAKI BESCHÜTZT ALS 7. HOKAGE DAS DORF KONOHAGAKURE UND DIE MENSCHEN GENIESSEN DEN FRIEDEN. NARUTOS SOHN, BORUTO UZUMAKI, KÄMPFT MIT GANZ PERSÖNLICHEN PROBLEMEN: ES FRUSTRIERT IHN, IM SCHATTEN SEINES EINZIGARTIGEN VATERS ZU STEHEN, DER NIE ZEIT FÜR IHN UND DIE FAMILIE HAT.

BORUTO IST AUF KONFRONTATIONSKURS ZU SEINEM VATER, WÜNSCHT SICH GLEICHZEITIG JEDOCH DESSEN ANERKENNUNG. ER ENTSCHLIESST SICH, AN DER CHU-NIN-PRÜFUNG TEILZUNEHMEN. BEI DER PRÜFUNG BENUTZT BORUTO EINE UNKONVENTIONELLE WAFFE, OBWOHL ES VERBOTEN IST – UND WIRD DAFÜR DISQUALIFIZIERT. DANN GREIFEN DIE OTSUTSUKIS AN, SIE WOLLEN NARUTOS BIJU-CHAKRA. BORUTO KÄMPFT ZUSAMMEN MIT NARUTO, SASUKE UND ANDEREN GEGEN DIE OTSUTSUKIS. GEMEINSAM MIT NARUTO SCHAFFT ER RASENGAN UND ENTSCHEIDET DAMIT DEN KAMPF. MOMOSHIKI OTSUTSUKI HINTERLÄSST BORUTO ABER EINE UNHEIMLICHE BOTSCHAFT: »DEINE BLAUEN AUGEN NEHMEN DIR IRGENDWANN ALLES…«

IM KAMPF HAT BORUTO SICH ALS NINJA BEWIESEN UND BALD ÜBERNIMMT ER EINEN AUFTRAG: DEN FÜRSTENSOHN TENTO ZU BESCHÜTZEN. ABER ÜBER DIESES VERWÖHNTE KIND AUS REICHER FAMILIE ÄRGERT SICH BORUTO VOM ERSTEN AUGENBLICK AN…!!

BORUTO

BORUTO

-NARUTO NEXT GENERATION-

4. SCHRIFTROLLE

DER WERT DES TRUMPFS

INHALT

12: FREUNDE

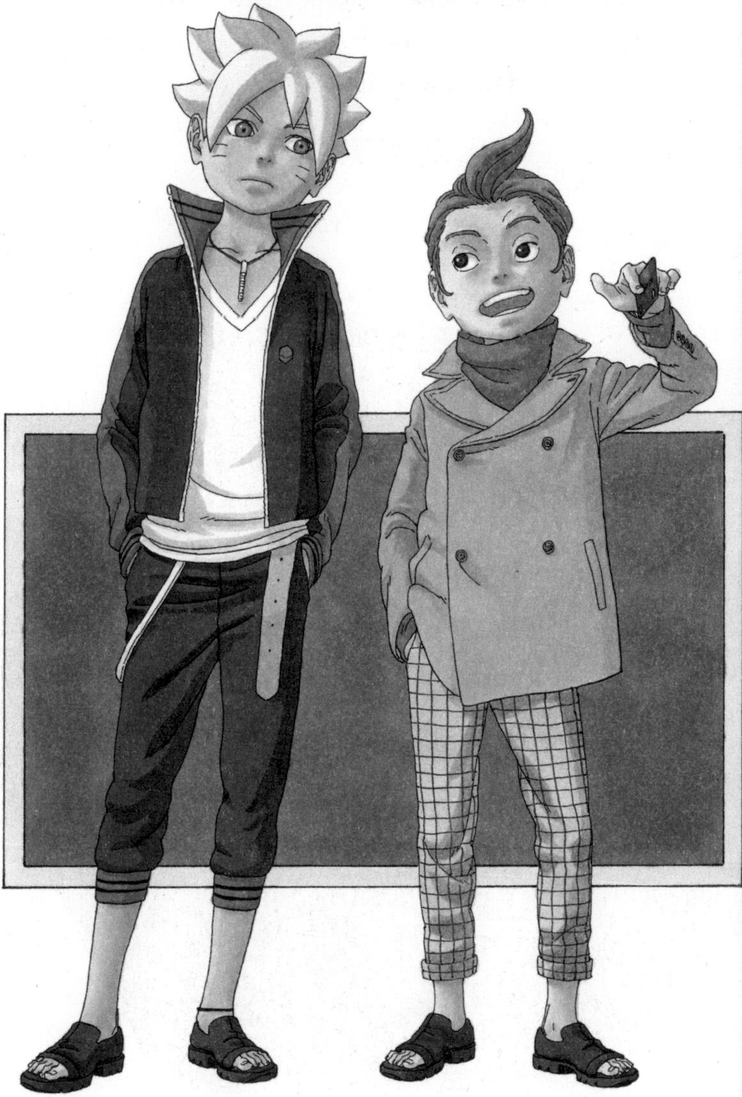

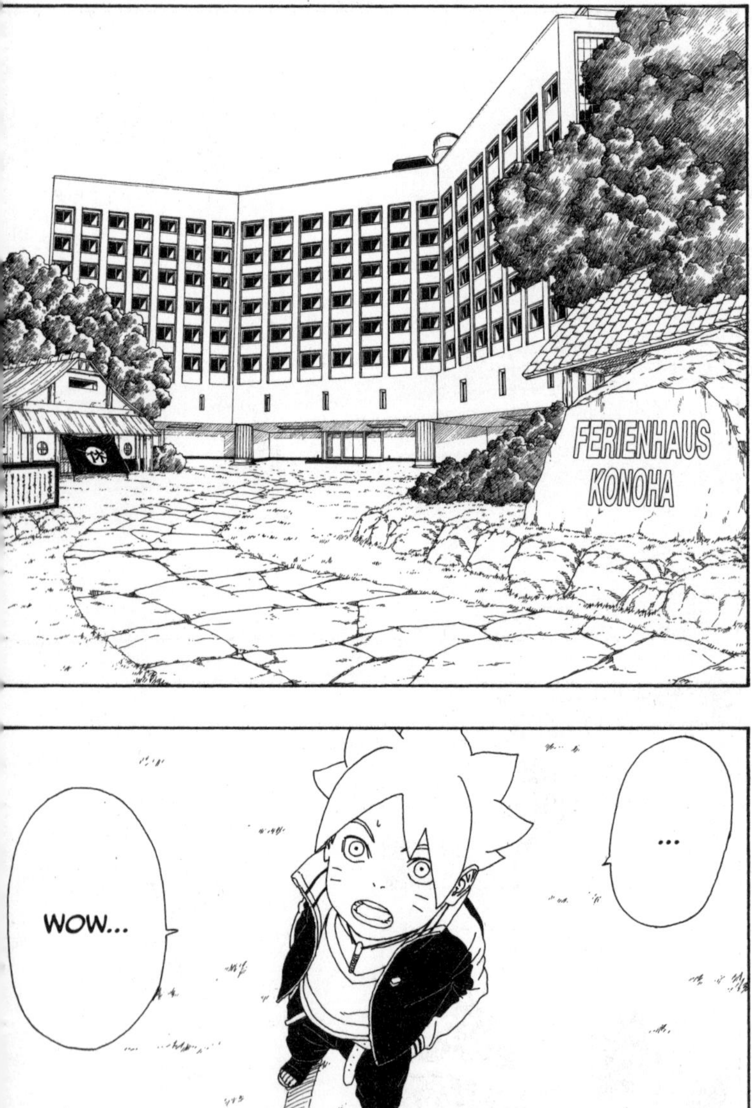
FERIENHAUS KONOHA
...
WOW...

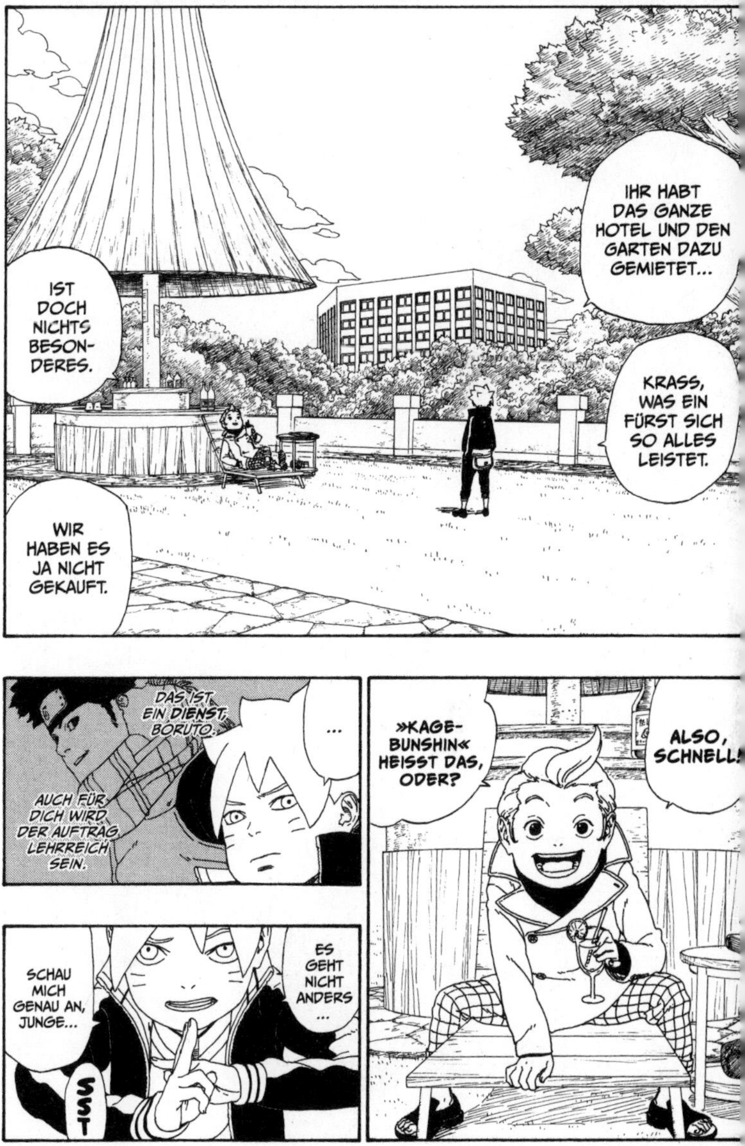

IHR HABT DAS GANZE HOTEL UND DEN GARTEN DAZU GEMIETET...
IST DOCH NICHTS BESONDERES.
KRASS, WAS EIN FÜRST SICH SO ALLES LEISTET.
WIR HABEN ES JA NICHT GEKAUFT.
ALSO, SCHNELL!
»KAGE-BUNSHIN« HEISST DAS, ODER?
...
DAS IST EIN DIENST, BORUTO.
AUCH FÜR DICH WIRD DER AUFTRAG LEHRREICH SEIN.
ES GEHT NICHT ANDERS ...
SCHAU MICH GENAU AN, JUNGE...
SST

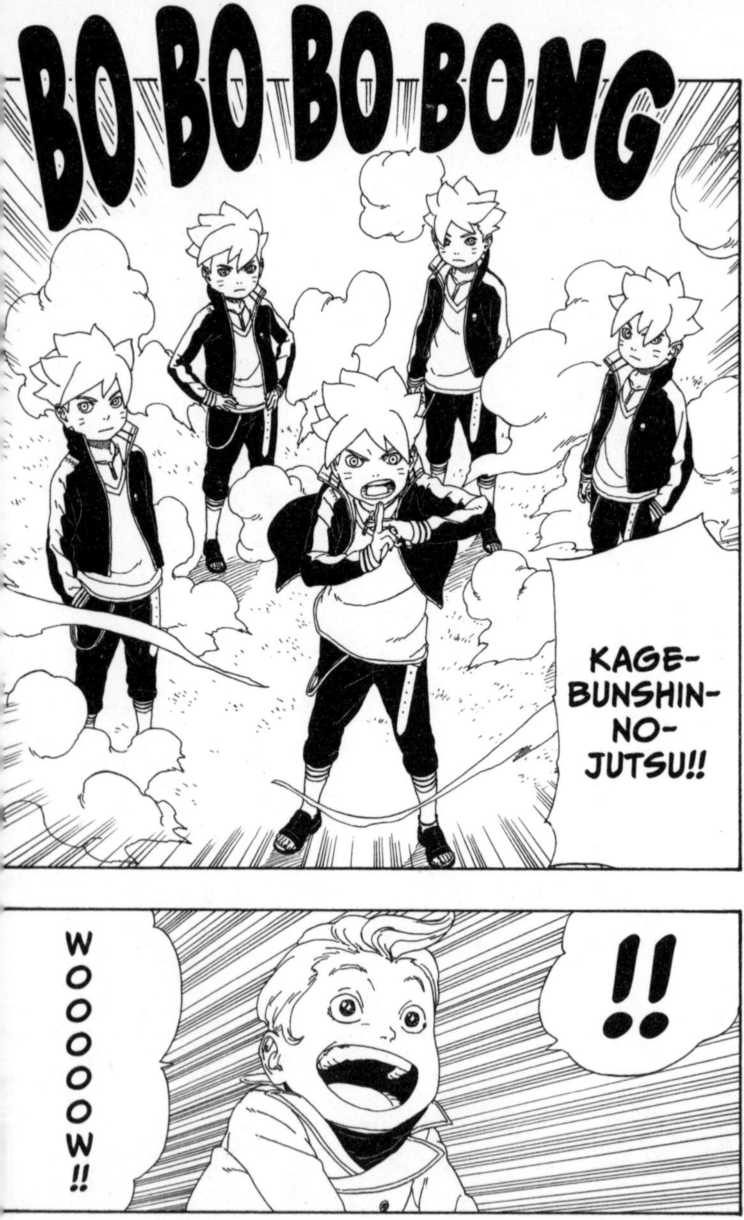
BO BO BO BO BONG
KAGE-BUNSHIN-NO-JUTSU!!
!!
WOOOOOOW!!

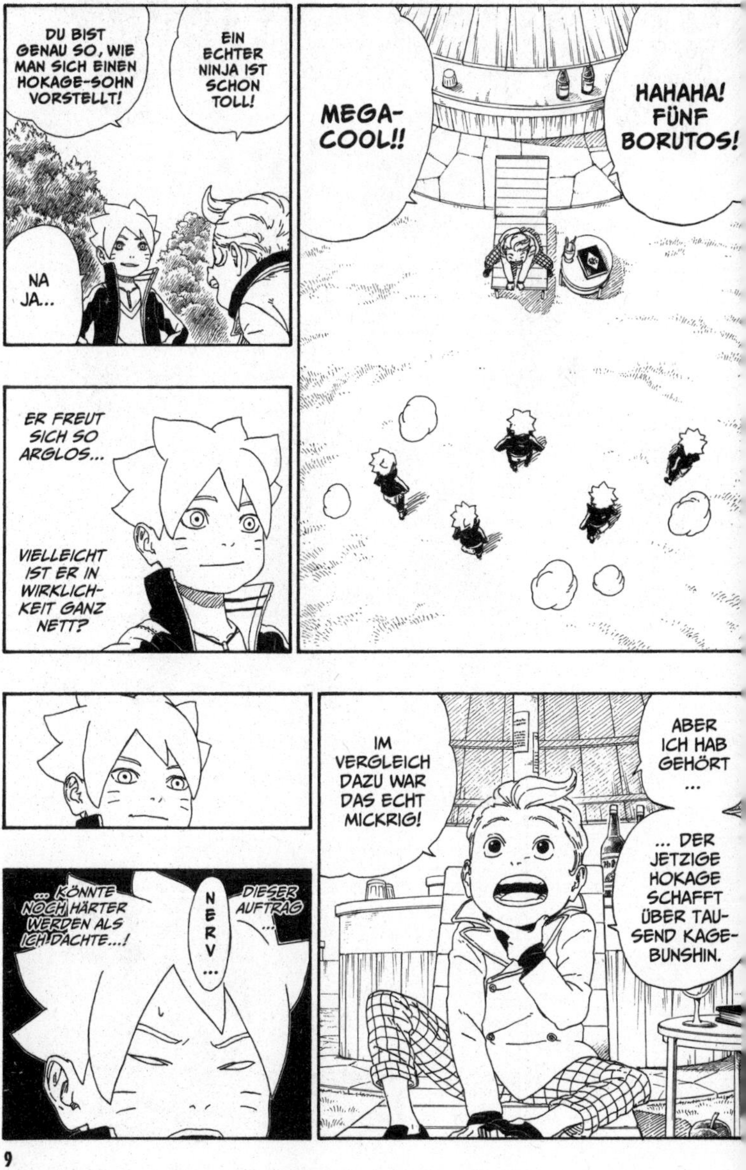
HAHAHA! FÜNF BORUTOS!
MEGA-COOL!!
EIN ECHTER NINJA IST SCHON TOLL!
DU BIST GENAU SO, WIE MAN SICH EINEN HOKAGE-SOHN VORSTELLT!
NA JA...
ER FREUT SICH SO ARGLOS...
VIELLEICHT IST ER IN WIRKLICHKEIT GANZ NETT?
ABER ICH HAB GEHÖRT ...
... DER JETZIGE HOKAGE SCHAFFT ÜBER TAUSEND KAGE-BUNSHIN.
IM VERGLEICH DAZU WAR DAS ECHT MICKRIG!
DIESER AUFTRAG ...
NERV ...
... KÖNNTE NOCH HÄRTER WERDEN ALS ICH DACHTE...!

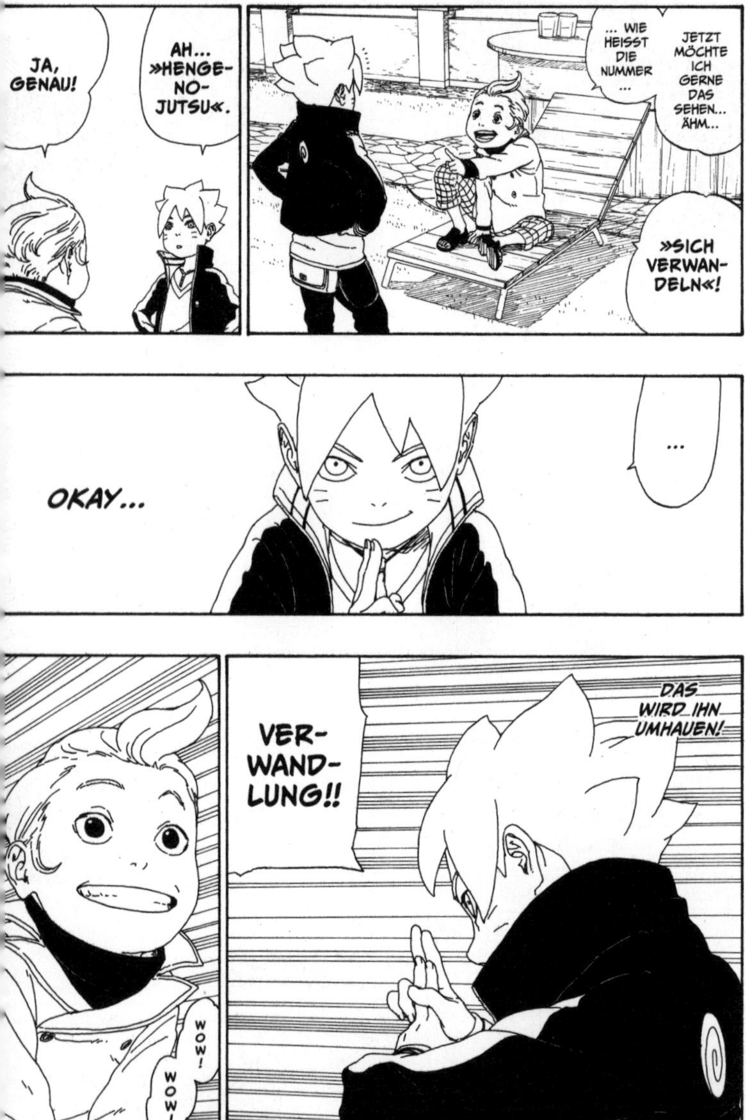
JETZT MÖCHTE ICH GERNE DAS SEHEN... ÄHM...
... WIE HEISST DIE NUMMER ...
»SICH VERWANDELN«!
AH... »HENGE-NO-JUTSU«.
JA, GENAU!
...
OKAY...
DAS WIRD IHN UMHAUEN!
VER-WAND-LUNG!!
WOW!
WOW!

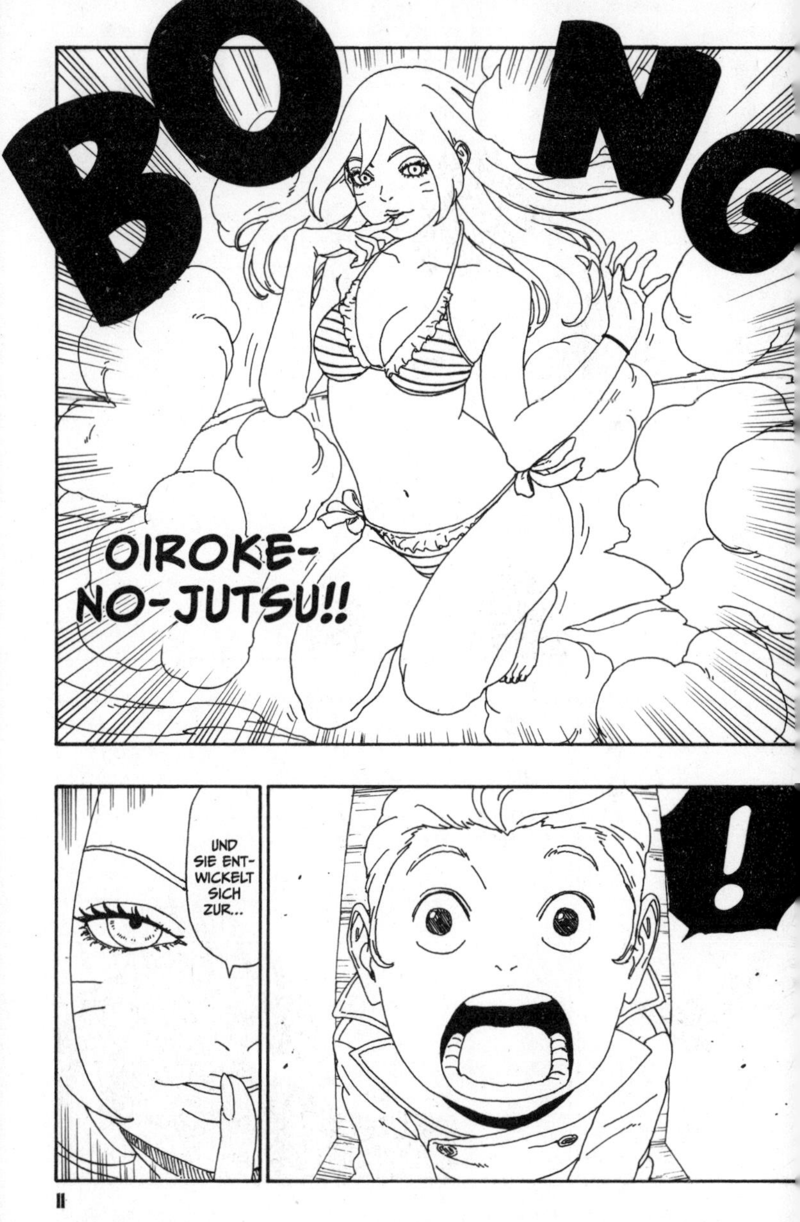
BONG
OIROKE-NO-JUTSU!!
!
UND SIE ENTWICKELT SICH ZUR…

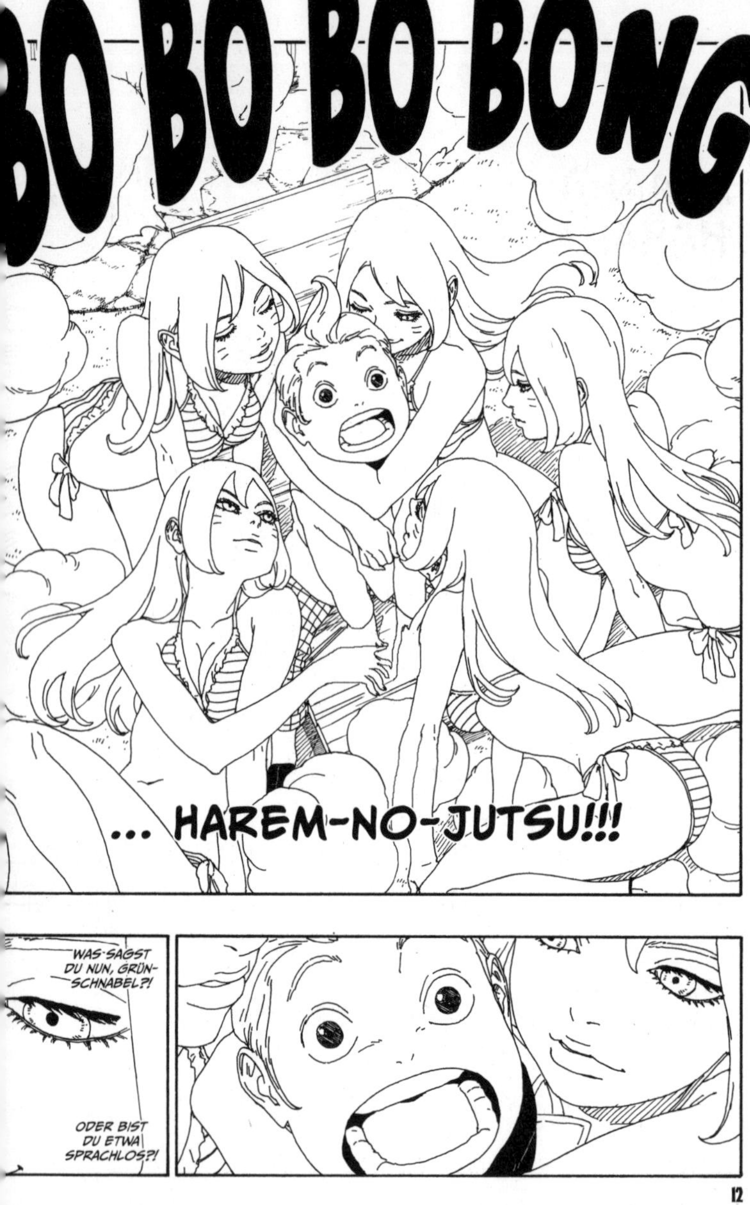
BO BO BO BONG
... HAREM-NO-JUTSU!!!
WAS SAGST DU NUN, GRÜN-SCHNABEL?!
ODER BIST DU ETWA SPRACHLOS?!

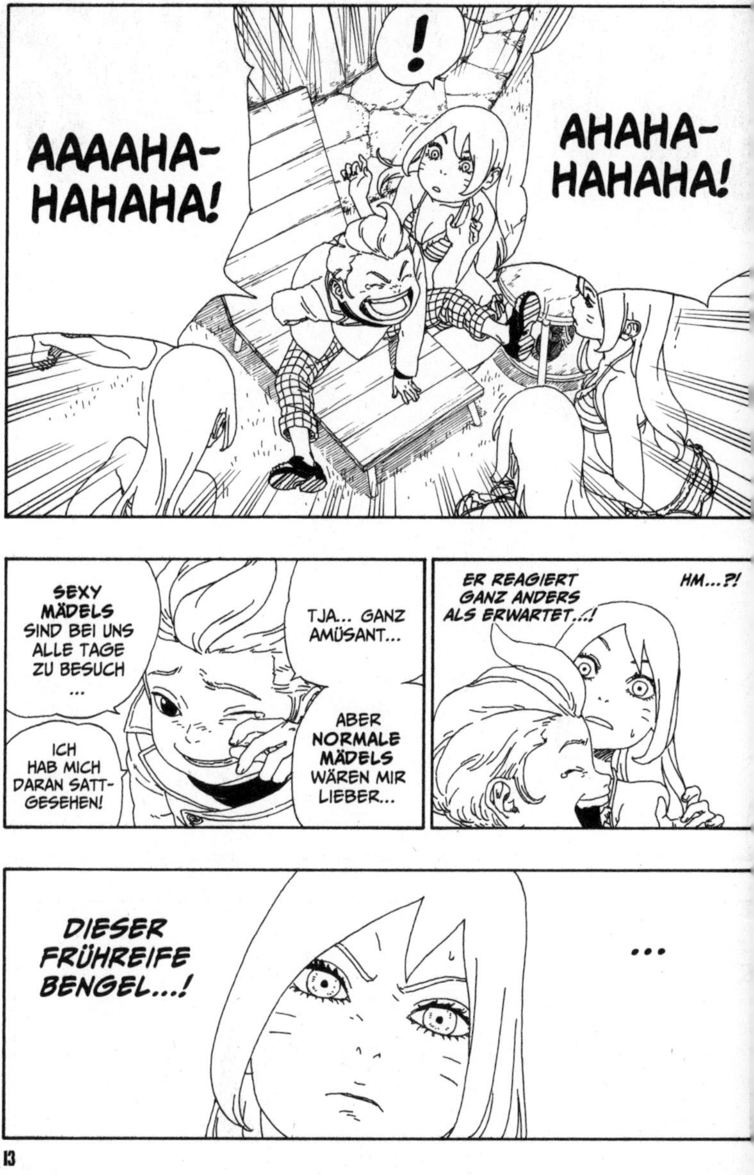
!
AHAHA-HAHAHA!
AAAAHA-HAHAHA!
HM...?!
ER REAGIERT GANZ ANDERS ALS ERWARTET...!
TJA... GANZ AMÜSANT...
SEXY MÄDELS SIND BEI UNS ALLE TAGE ZU BESUCH ...
ICH HAB MICH DARAN SATT-GESEHEN!
ABER NORMALE MÄDELS WÄREN MIR LIEBER...
...
DIESER FRÜHREIFE BENGEL...!

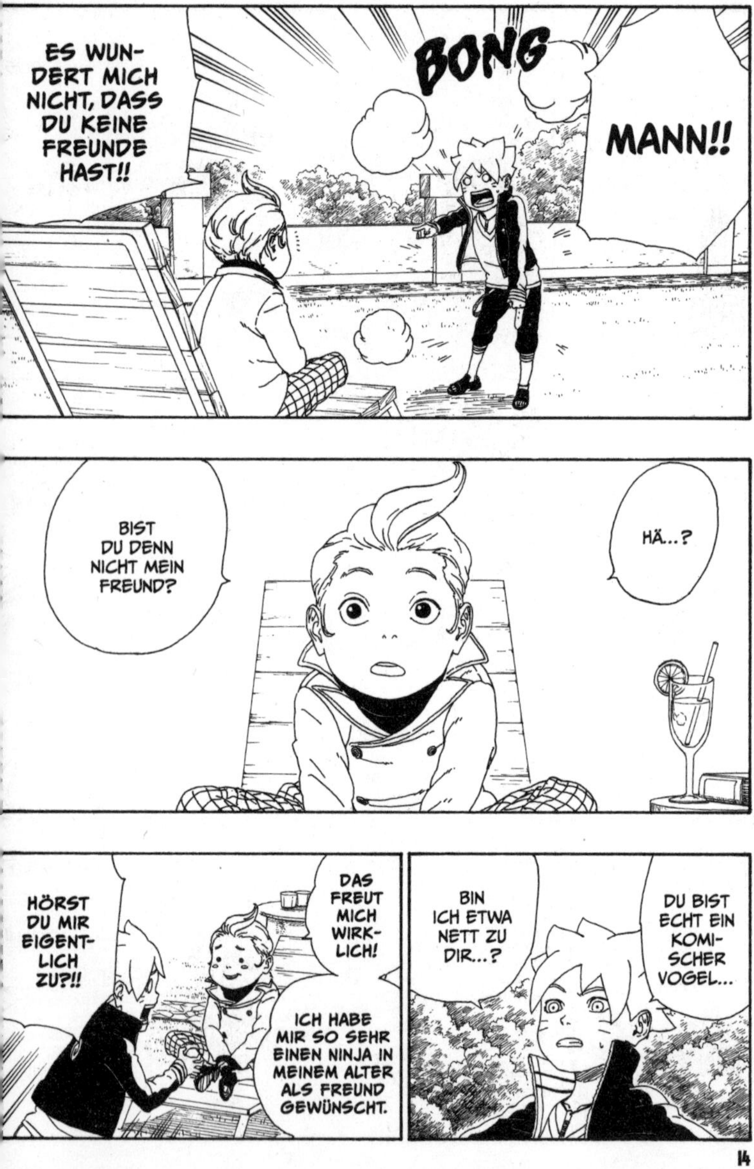
BONG
MANN!!
ES WUNDERT MICH NICHT, DASS DU KEINE FREUNDE HAST!!
HÄ...?
BIST DU DENN NICHT MEIN FREUND?
DU BIST ECHT EIN KOMISCHER VOGEL...
BIN ICH ETWA NETT ZU DIR...?
DAS FREUT MICH WIRKLICH!
ICH HABE MIR SO SEHR EINEN NINJA IN MEINEM ALTER ALS FREUND GEWÜNSCHT.
HÖRST DU MIR EIGENTLICH ZU?!!

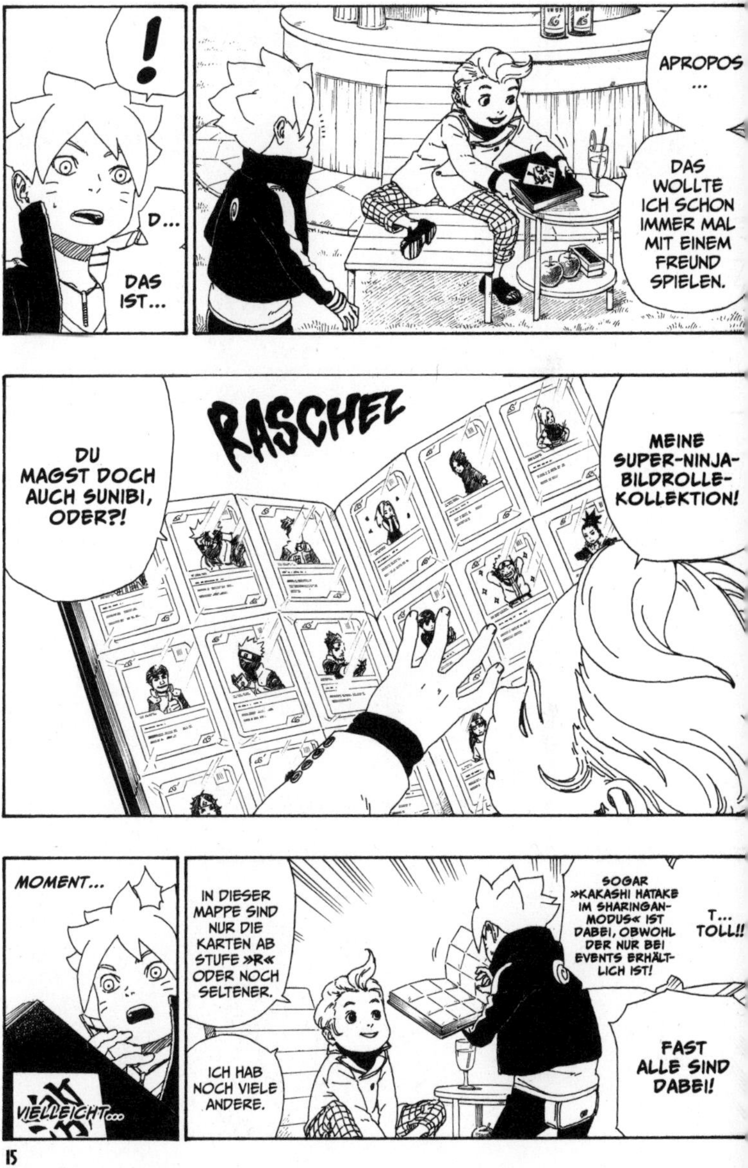

APROPOS ...
DAS WOLLTE ICH SCHON IMMER MAL MIT EINEM FREUND SPIELEN.
!
D...
DAS IST...
MEINE SUPER-NINJA-BILDROLLE-KOLLEKTION!
RASCHEL
DU MAGST DOCH AUCH SUNIBI, ODER?!
T... TOLL!!
SOGAR »KAKASHI HATAKE IM SHARINGAN-MODUS« IST DABEI, OBWOHL DER NUR BEI EVENTS ERHÄLTLICH IST!
FAST ALLE SIND DABEI!
IN DIESER MAPPE SIND NUR DIE KARTEN AB STUFE »R« ODER NOCH SELTENER.
ICH HAB NOCH VIELE ANDERE.
MOMENT...
VIELLEICHT...

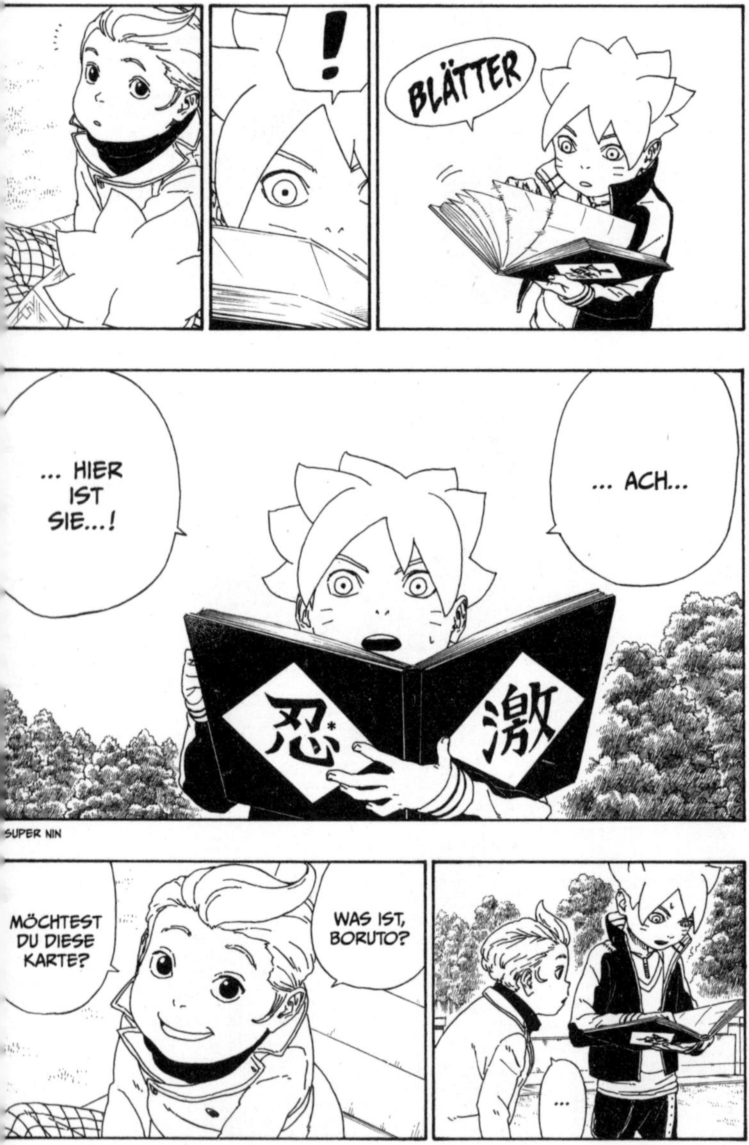
BLÄTTER
!
... ACH...
... HIER IST SIE...!
忍*
激
SUPER NIN
WAS IST, BORUTO?
MÖCHTEST DU DIESE KARTE?
...

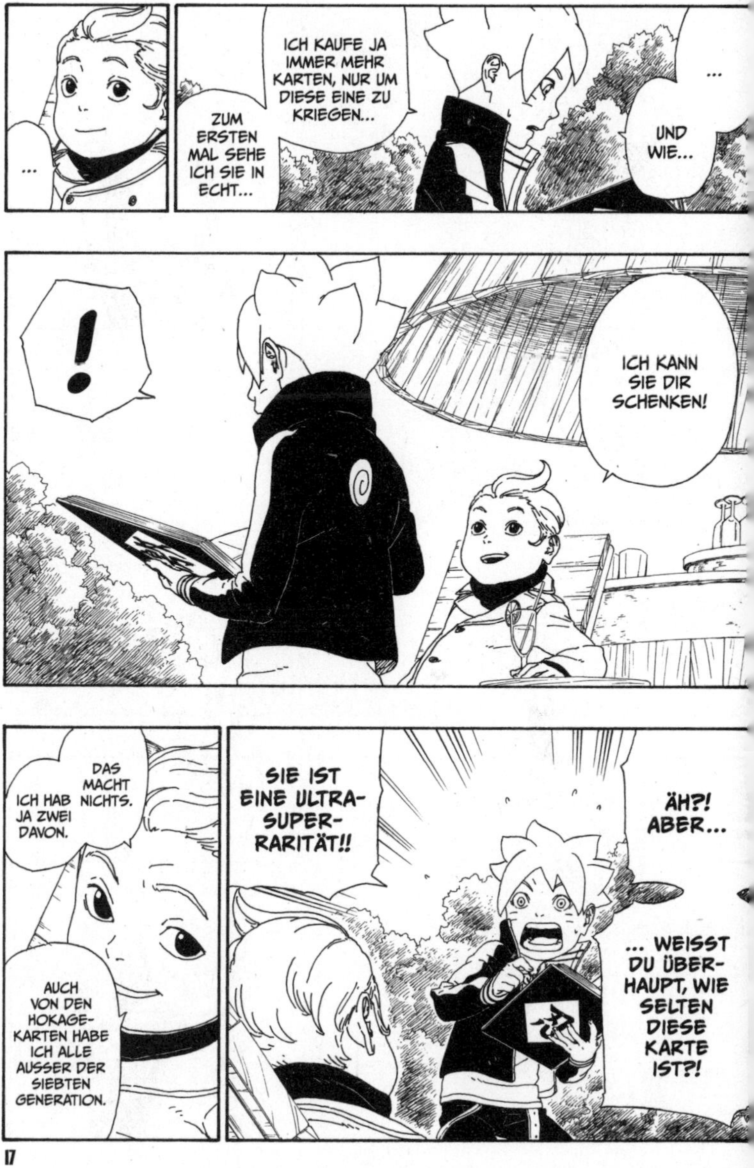
...
UND WIE...
ICH KAUFE JA IMMER MEHR KARTEN, NUR UM DIESE EINE ZU KRIEGEN...
ZUM ERSTEN MAL SEHE ICH SIE IN ECHT...
...
ICH KANN SIE DIR SCHENKEN!
!
ÄH?! ABER...
... WEISST DU ÜBERHAUPT, WIE SELTEN DIESE KARTE IST?!
SIE IST EINE ULTRA-SUPER-RARITÄT!!
DAS MACHT NICHTS.
ICH HAB JA ZWEI DAVON.
AUCH VON DEN HOKAGE-KARTEN HABE ICH ALLE AUSSER DER SIEBTEN GENERATION.

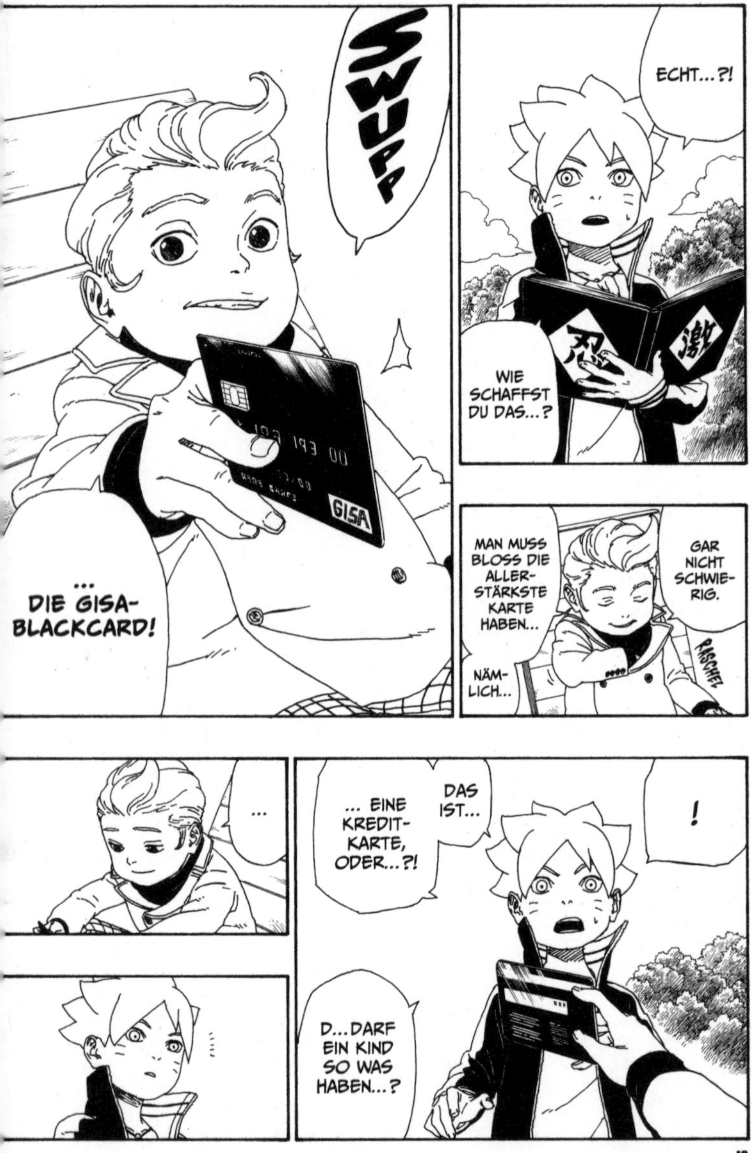
ECHT...?!
WIE SCHAFFST DU DAS...?
GAR NICHT SCHWIERIG.
MAN MUSS BLOSS DIE ALLER-STÄRKSTE KARTE HABEN...
NÄMLICH...
RASCHEL
SWUPP
GISA
... DIE GISA-BLACKCARD!
!
DAS IST...
... EINE KREDIT-KARTE, ODER...?!
D...DARF EIN KIND SO WAS HABEN...?
...

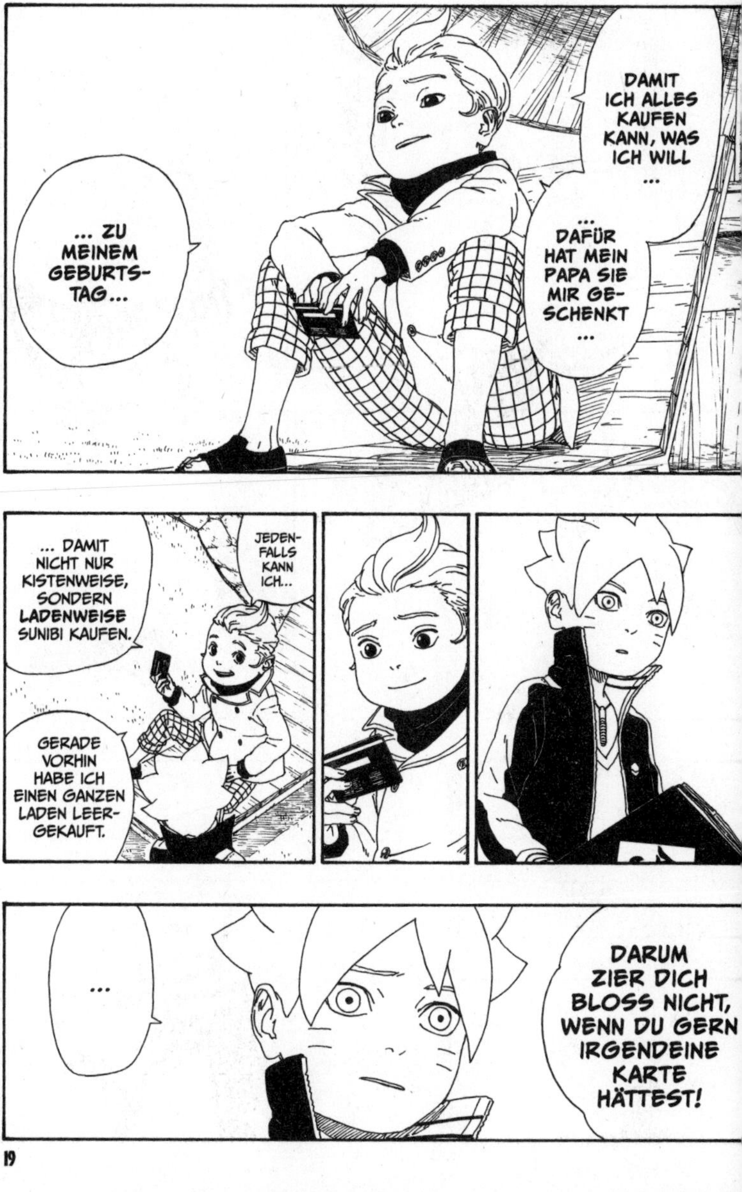
DAMIT ICH ALLES KAUFEN KANN, WAS ICH WILL ...
... DAFÜR HAT MEIN PAPA SIE MIR GESCHENKT ...
... ZU MEINEM GEBURTSTAG...
JEDENFALLS KANN ICH...
... DAMIT NICHT NUR KISTENWEISE, SONDERN LADENWEISE SUNIBI KAUFEN.
GERADE VORHIN HABE ICH EINEN GANZEN LADEN LEERGEKAUFT.
DARUM ZIER DICH BLOSS NICHT, WENN DU GERN IRGENDEINE KARTE HÄTTEST!
...

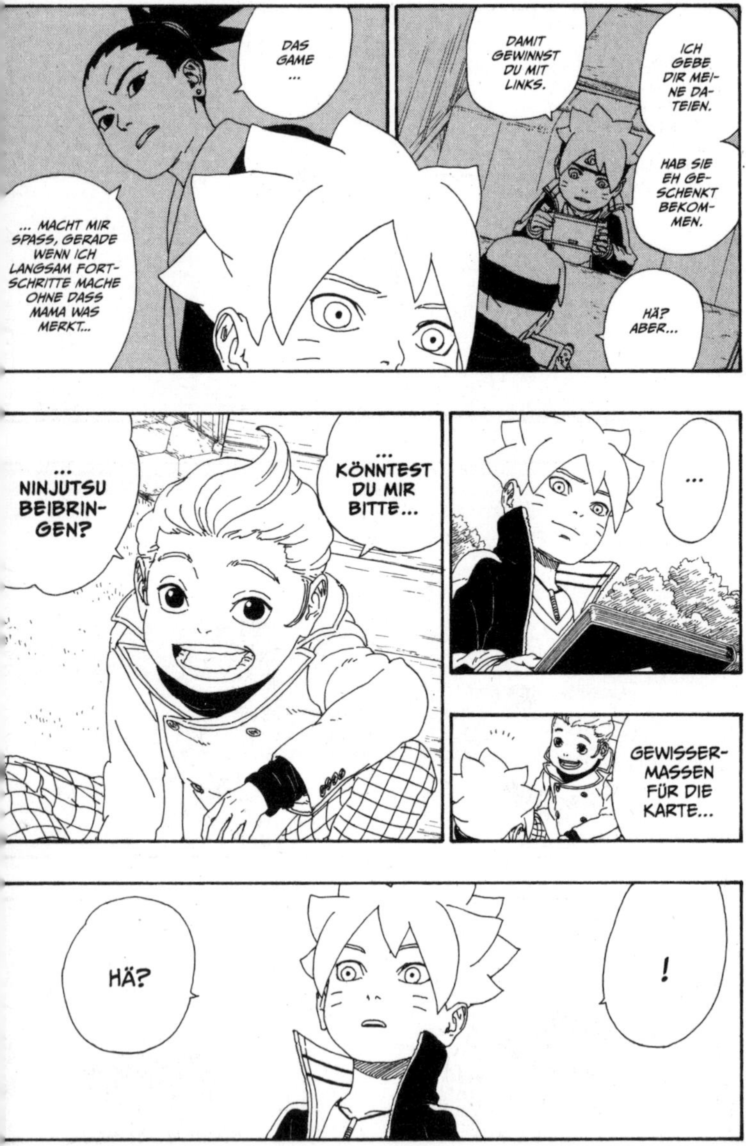
ICH GEBE DIR MEINE DATEIEN.
HAB SIE EH GESCHENKT BEKOMMEN.
DAMIT GEWINNST DU MIT LINKS.
HÄ? ABER...
DAS GAME ...
... MACHT MIR SPASS, GERADE WENN ICH LANGSAM FORTSCHRITTE MACHE OHNE DASS MAMA WAS MERKT...
...
... KÖNNTEST DU MIR BITTE...
... NINJUTSU BEIBRINGEN?
GEWISSERMASSEN FÜR DIE KARTE...
!
HÄ?

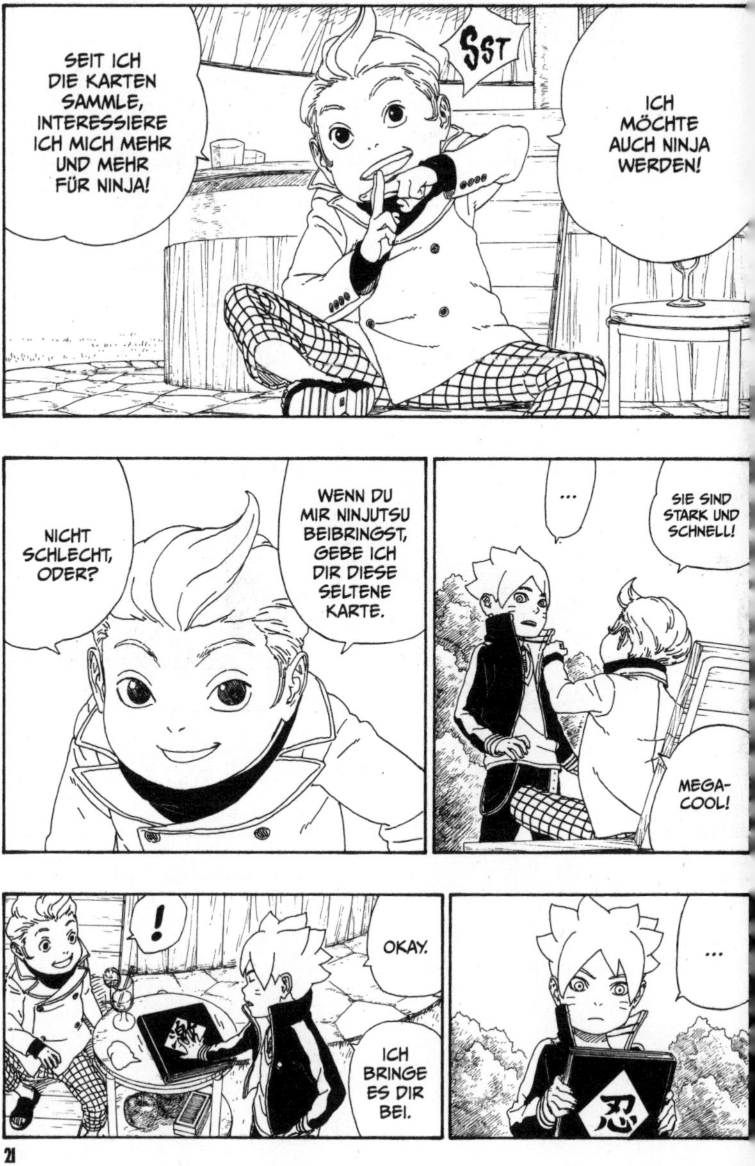
ICH MÖCHTE AUCH NINJA WERDEN!
SST
SEIT ICH DIE KARTEN SAMMLE, INTERESSIERE ICH MICH MEHR UND MEHR FÜR NINJA!
SIE SIND STARK UND SCHNELL!
MEGA-COOL!
...
WENN DU MIR NINJUTSU BEIBRINGST, GEBE ICH DIR DIESE SELTENE KARTE.
NICHT SCHLECHT, ODER?
...
OKAY.
ICH BRINGE ES DIR BEI.
!

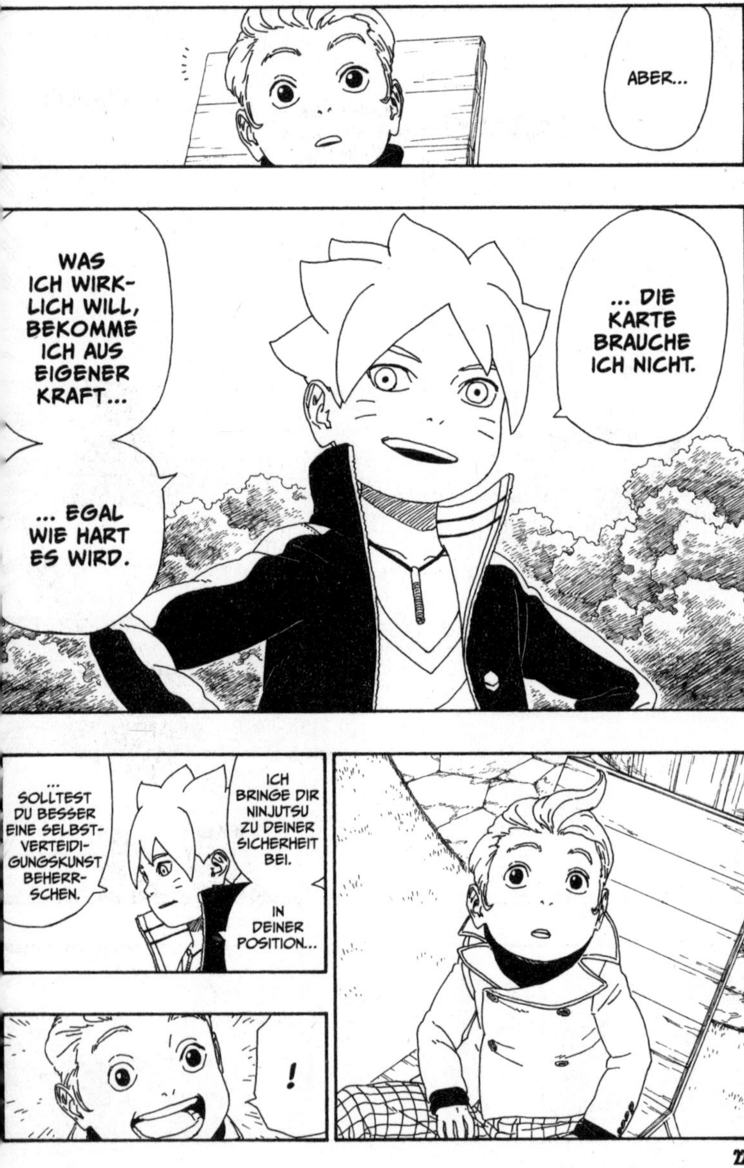
ABER...
... DIE KARTE BRAUCHE ICH NICHT.
WAS ICH WIRKLICH WILL, BEKOMME ICH AUS EIGENER KRAFT...
... EGAL WIE HART ES WIRD.
ICH BRINGE DIR NINJUTSU ZU DEINER SICHERHEIT BEI.
IN DEINER POSITION...
... SOLLTEST DU BESSER EINE SELBSTVERTEIDIGUNGSKUNST BEHERRSCHEN.
!

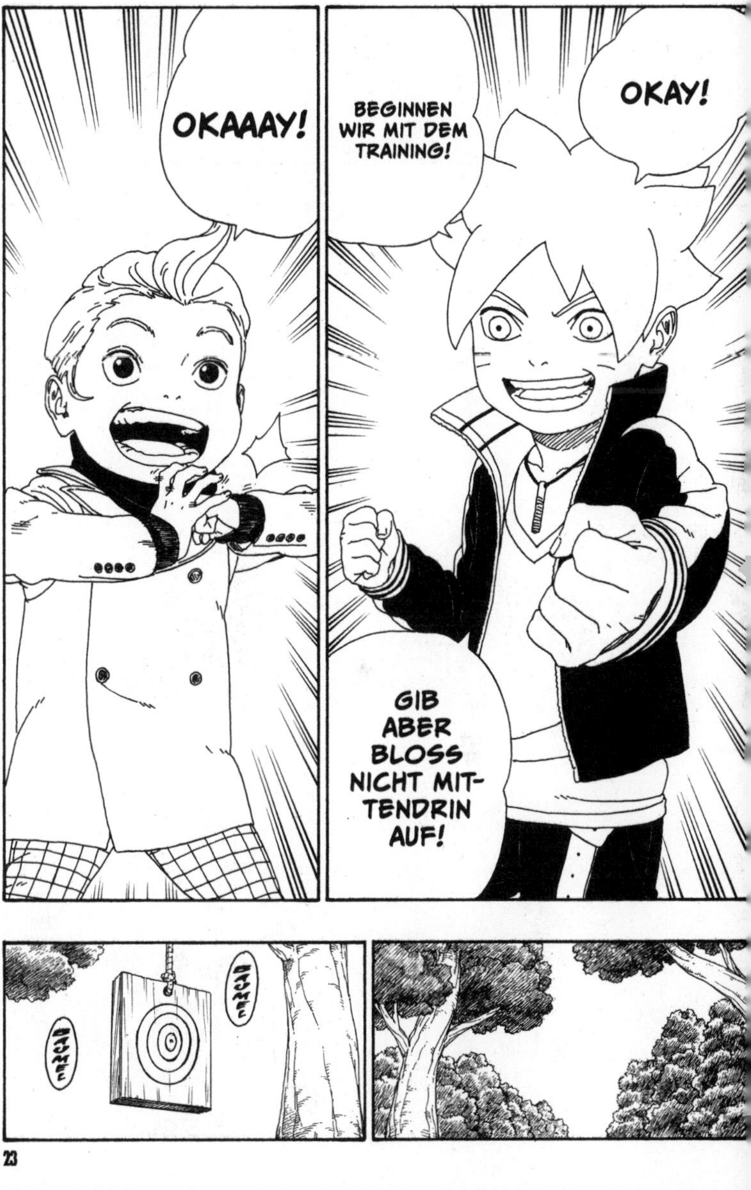
OKAY!
BEGINNEN WIR MIT DEM TRAINING!
GIB ABER BLOSS NICHT MIT-TENDRIN AUF!
OKAAAY!
BAUMEL
BAUMEL

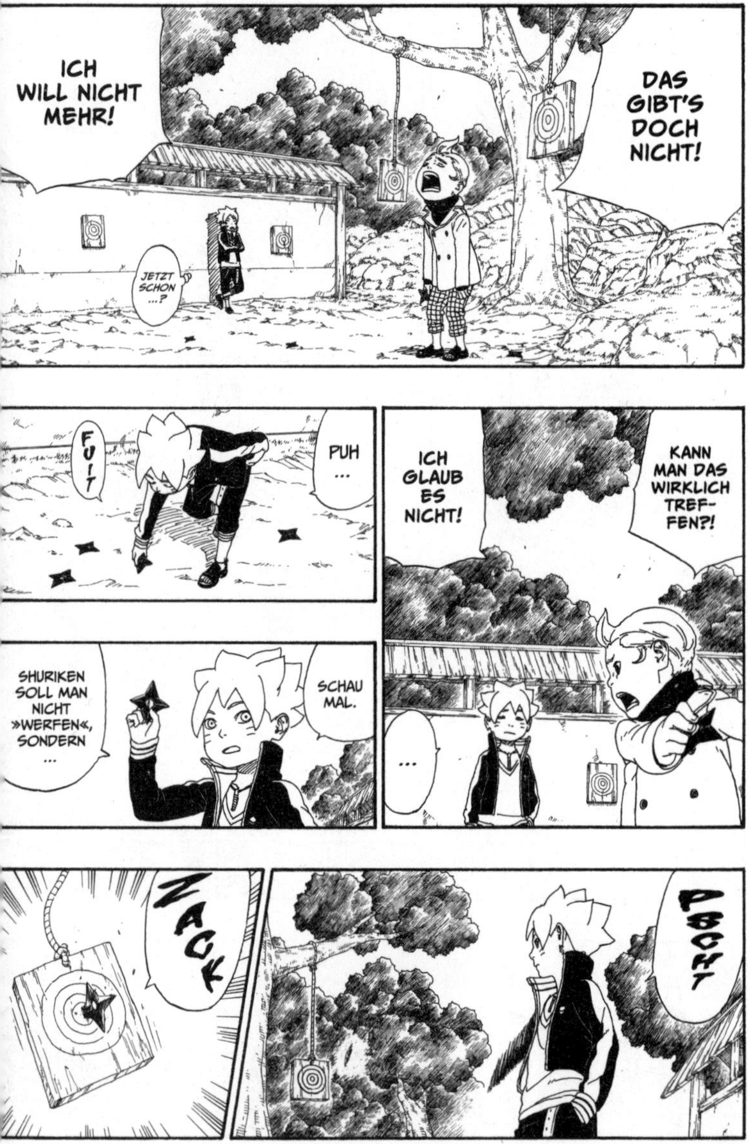

DAS GIBT'S DOCH NICHT!
ICH WILL NICHT MEHR!
JETZT SCHON ...?
KANN MAN DAS WIRKLICH TREF-FEN?!
ICH GLAUB ES NICHT!
...
PUH ...
FUIT
SCHAU MAL.
SHURIKEN SOLL MAN NICHT »WERFEN«, SONDERN ...
PSCHT
ZACK

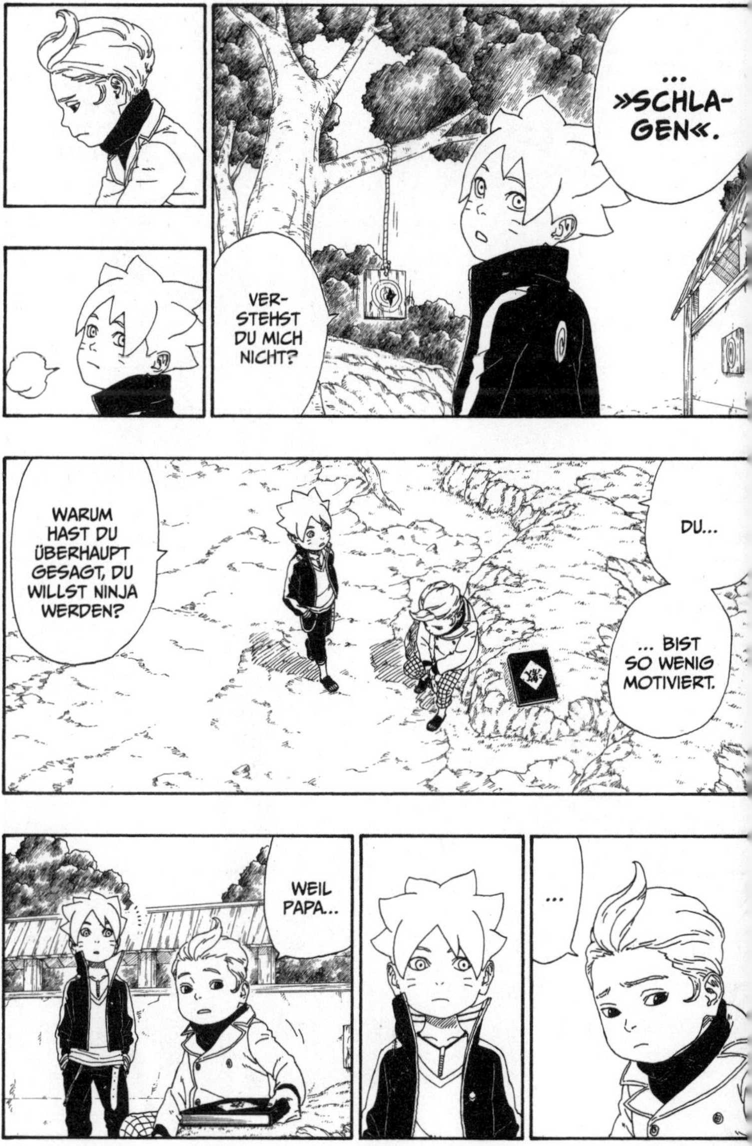
… »SCHLAGEN«.
VERSTEHST DU MICH NICHT?
DU…
… BIST SO WENIG MOTIVIERT.
WARUM HAST DU ÜBERHAUPT GESAGT, DU WILLST NINJA WERDEN?
…
WEIL PAPA…

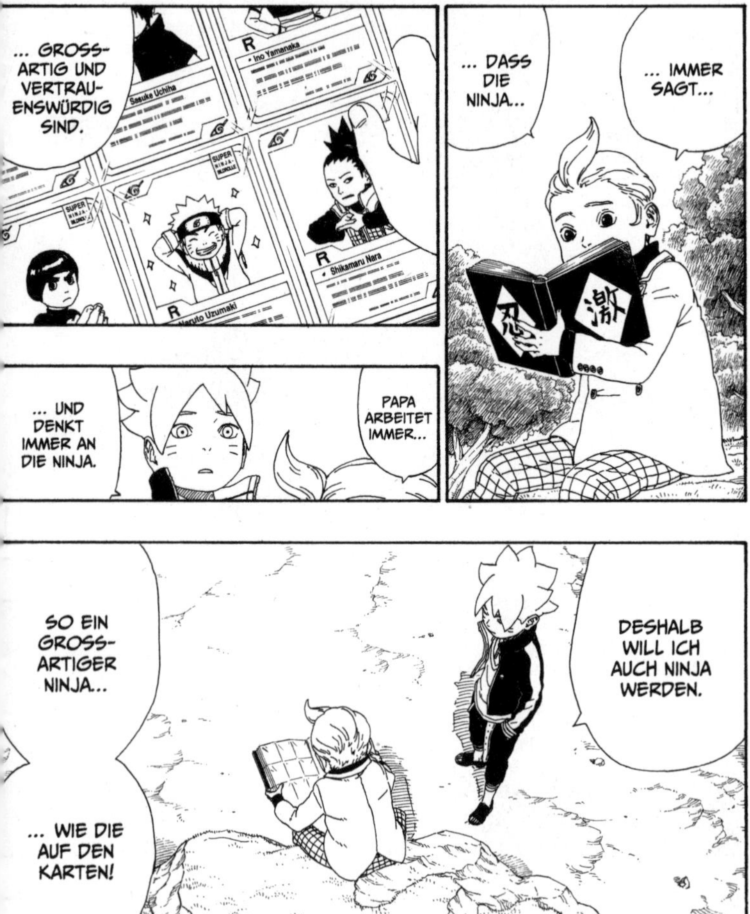
... IMMER SAGT...
... DASS DIE NINJA...
... GROSSARTIG UND VERTRAUENSWÜRDIG SIND.
Sasuke Uchiha
Ino Yamanaka
Shikamaru Nara
Naruto Uzumaki
PAPA ARBEITET IMMER...
... UND DENKT IMMER AN DIE NINJA.
DESHALB WILL ICH AUCH NINJA WERDEN.
SO EIN GROSSARTIGER NINJA...
... WIE DIE AUF DEN KARTEN!
...
DANN...

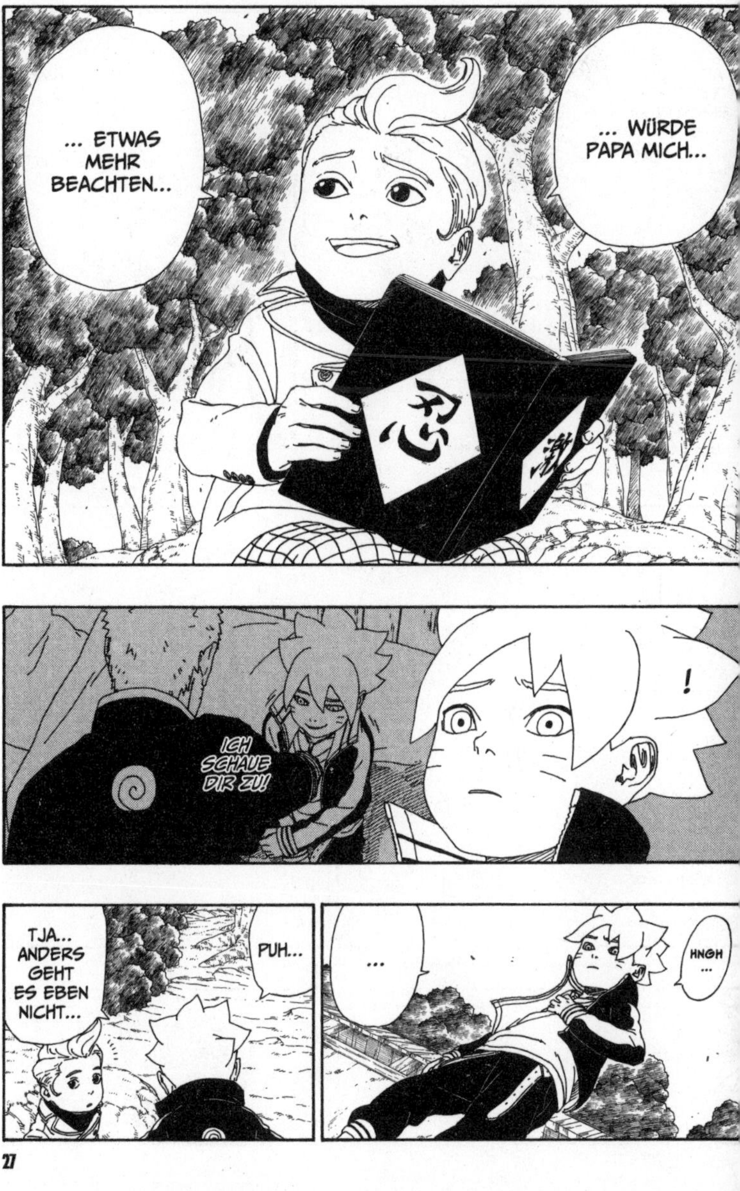

... WÜRDE PAPA MICH...
... ETWAS MEHR BEACHTEN...
!
ICH SCHAUE DIR ZU!
HNGH ...
...
PUH...
TJA... ANDERS GEHT ES EBEN NICHT...

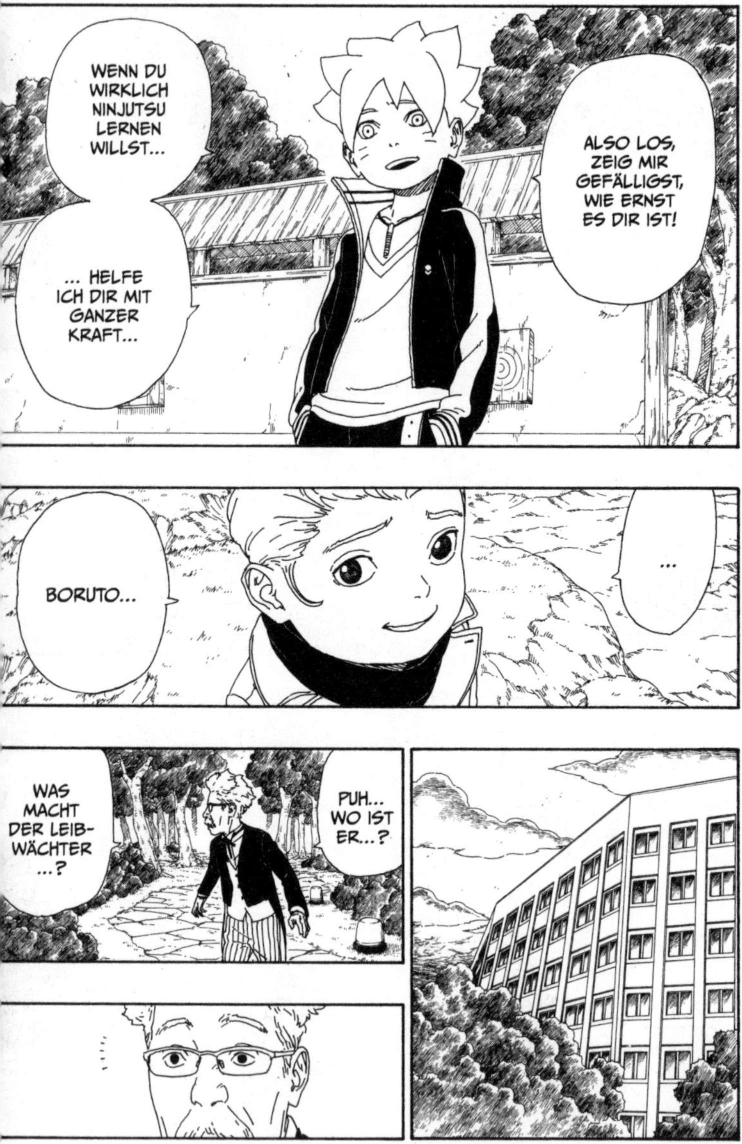
ALSO LOS, ZEIG MIR GEFÄLLIGST, WIE ERNST ES DIR IST!
WENN DU WIRKLICH NINJUTSU LERNEN WILLST...
... HELFE ICH DIR MIT GANZER KRAFT...
...
BORUTO...
PUH... WO IST ER...?
WAS MACHT DER LEIB-WÄCHTER ...?

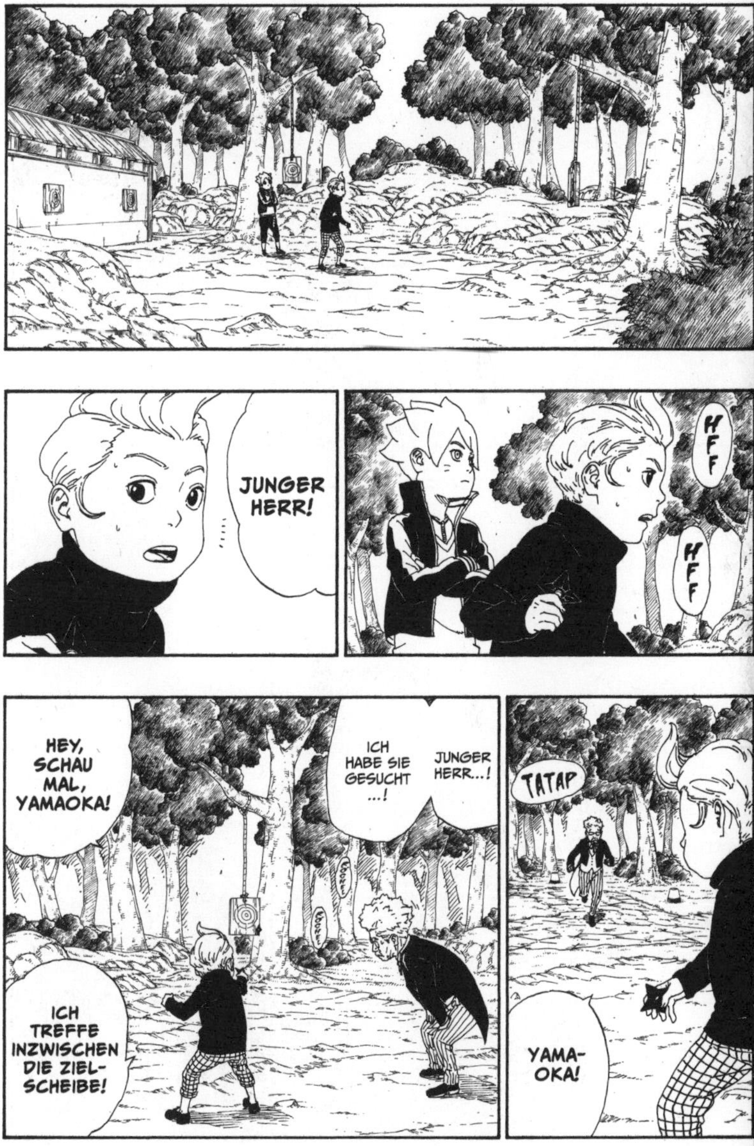

HFF
HFF
JUNGER HERR!
...
TATAP
JUNGER HERR...!
ICH HABE SIE GESUCHT ...!
HEY, SCHAU MAL, YAMAOKA!
ICH TREFFE INZWISCHEN DIE ZIEL-SCHEIBE!
YAMA-OKA!

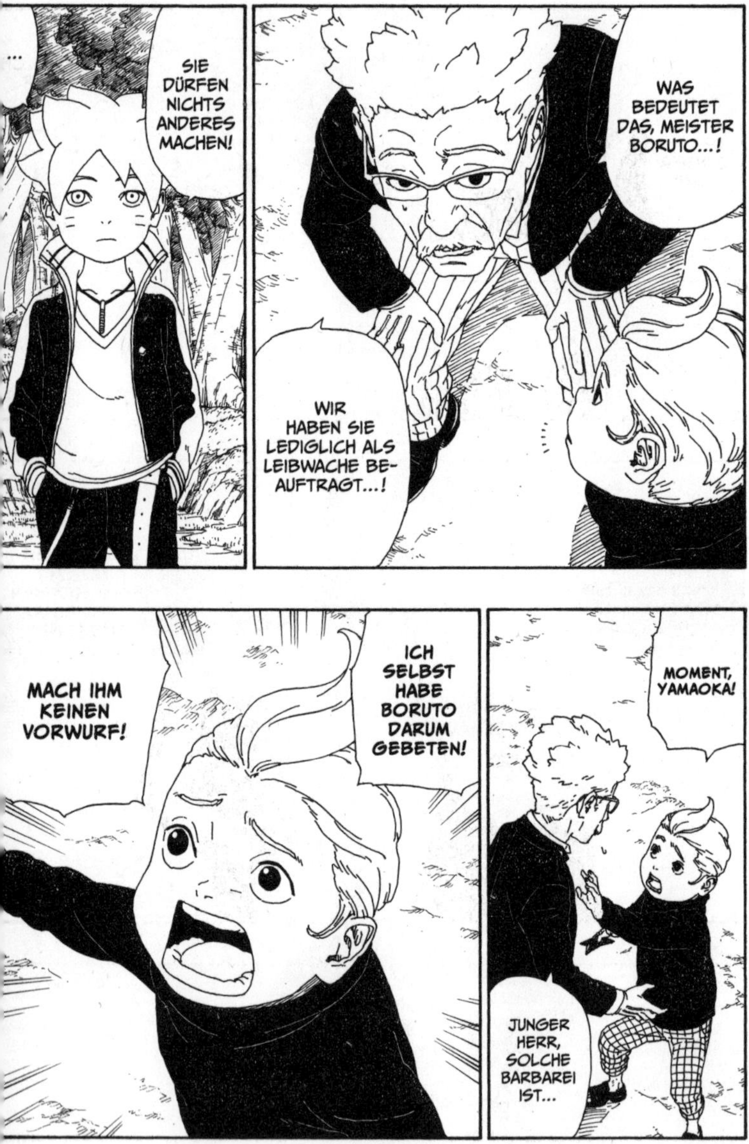
WAS BEDEUTET DAS, MEISTER BORUTO...!
WIR HABEN SIE LEDIGLICH ALS LEIBWACHE BEAUFTRAGT...!
...
SIE DÜRFEN NICHTS ANDERES MACHEN!
MOMENT, YAMAOKA!
JUNGER HERR, SOLCHE BARBAREI IST...
ICH SELBST HABE BORUTO DARUM GEBETEN!
MACH IHM KEINEN VORWURF!

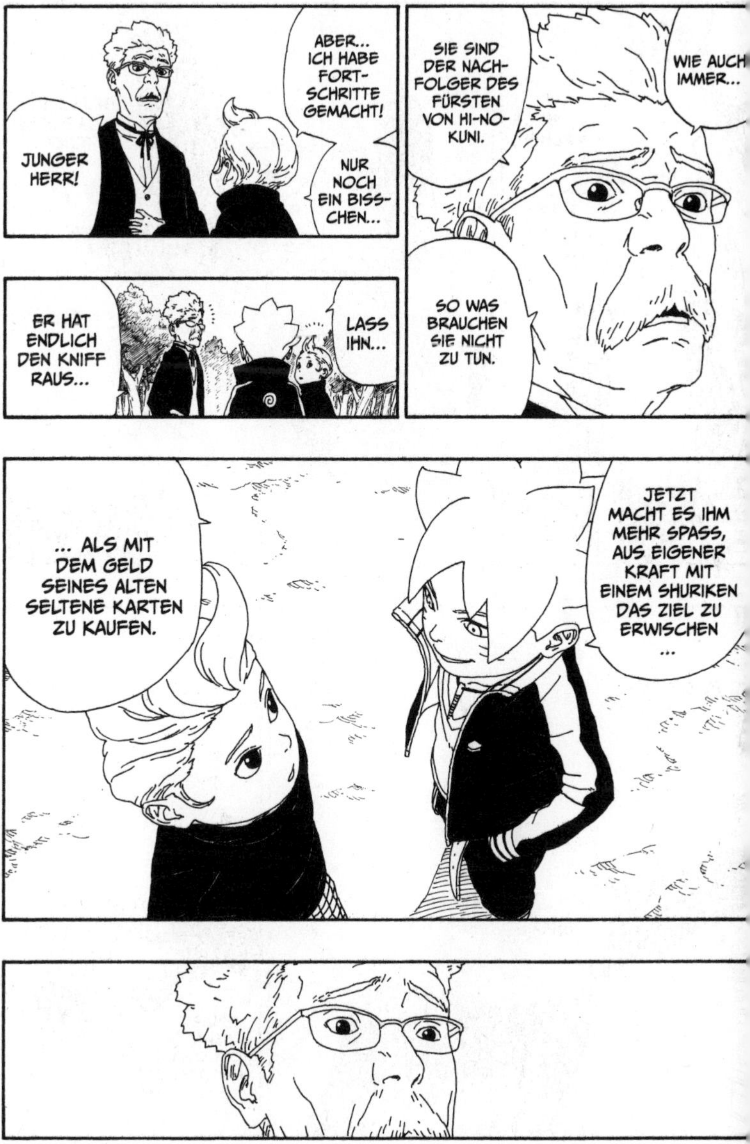
WIE AUCH IMMER...
SIE SIND DER NACHFOLGER DES FÜRSTEN VON HI-NO-KUNI.
SO WAS BRAUCHEN SIE NICHT ZU TUN.
ABER... ICH HABE FORTSCHRITTE GEMACHT!
NUR NOCH EIN BISSCHEN...
JUNGER HERR!
LASS IHN...
ER HAT ENDLICH DEN KNIFF RAUS...
JETZT MACHT ES IHM MEHR SPASS, AUS EIGENER KRAFT MIT EINEM SHURIKEN DAS ZIEL ZU ERWISCHEN ...
... ALS MIT DEM GELD SEINES ALTEN SELTENE KARTEN ZU KAUFEN.

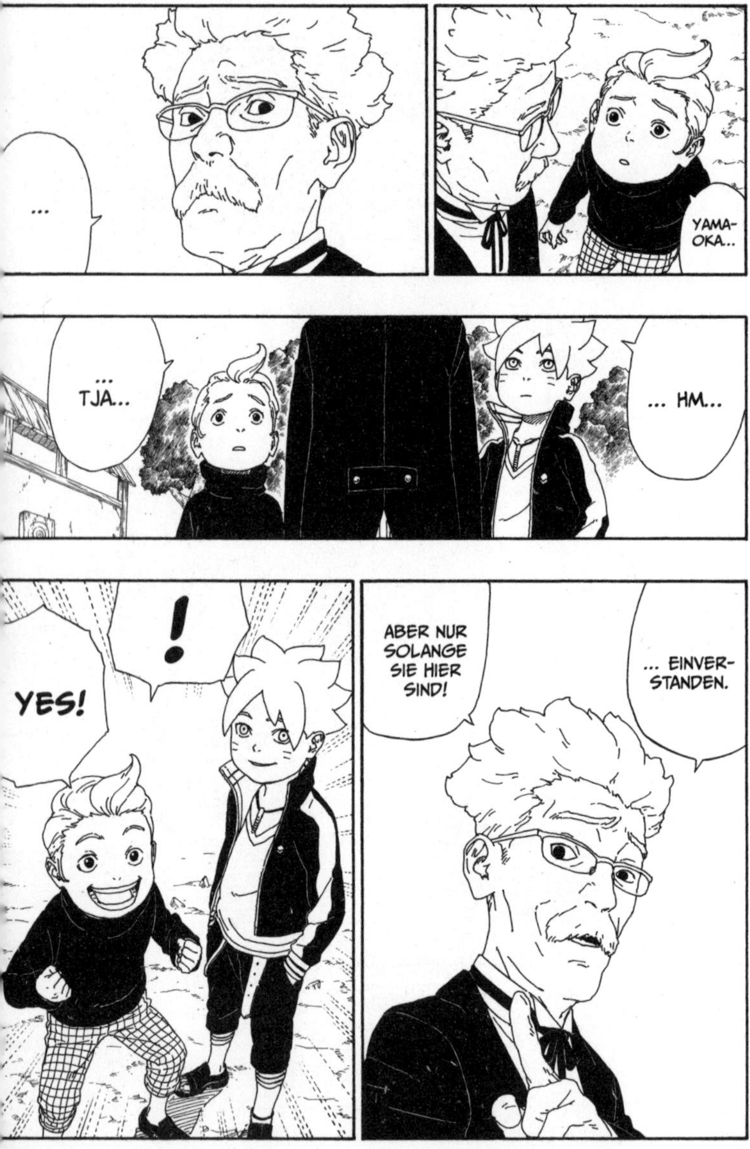
YAMA-OKA...
...
... HM...
... TJA...
... EINVER-STANDEN.
ABER NUR SOLANGE SIE HIER SIND!
!
YES!

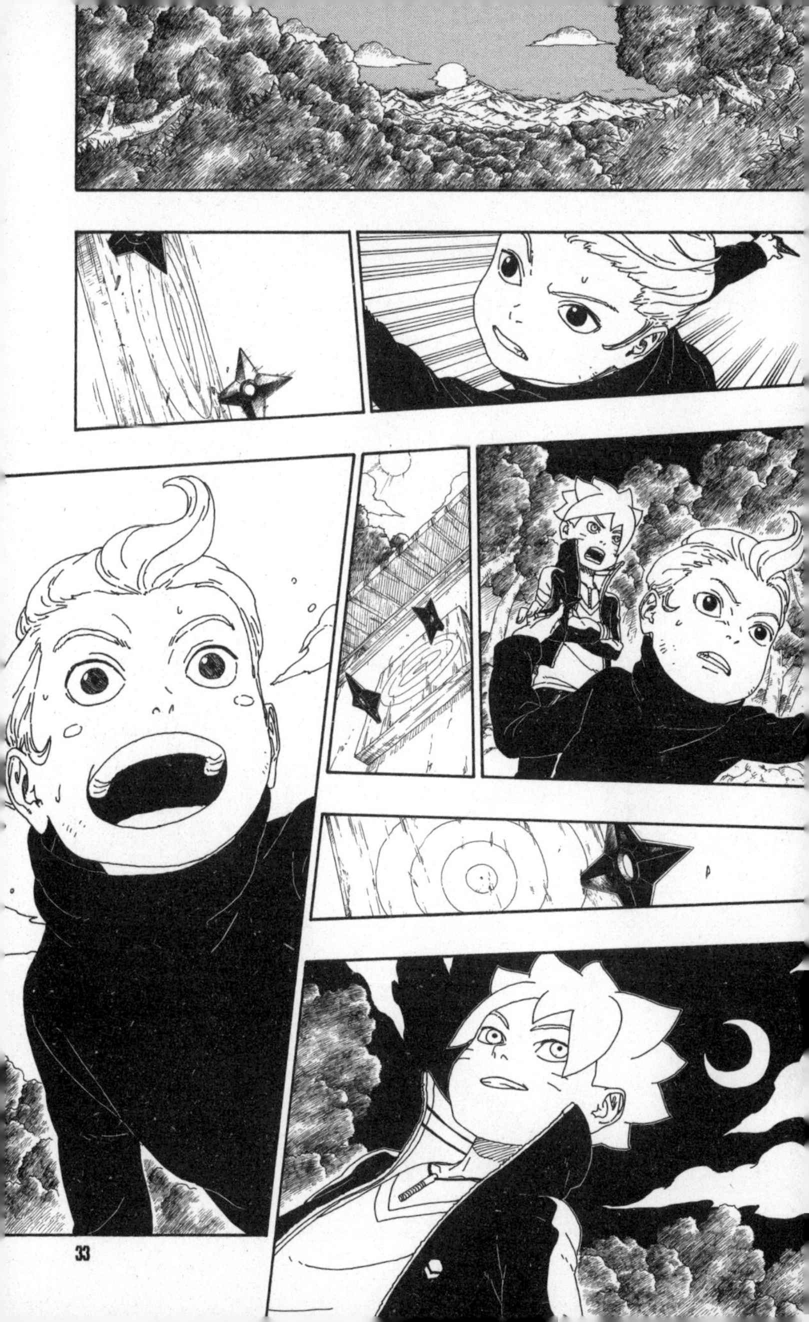

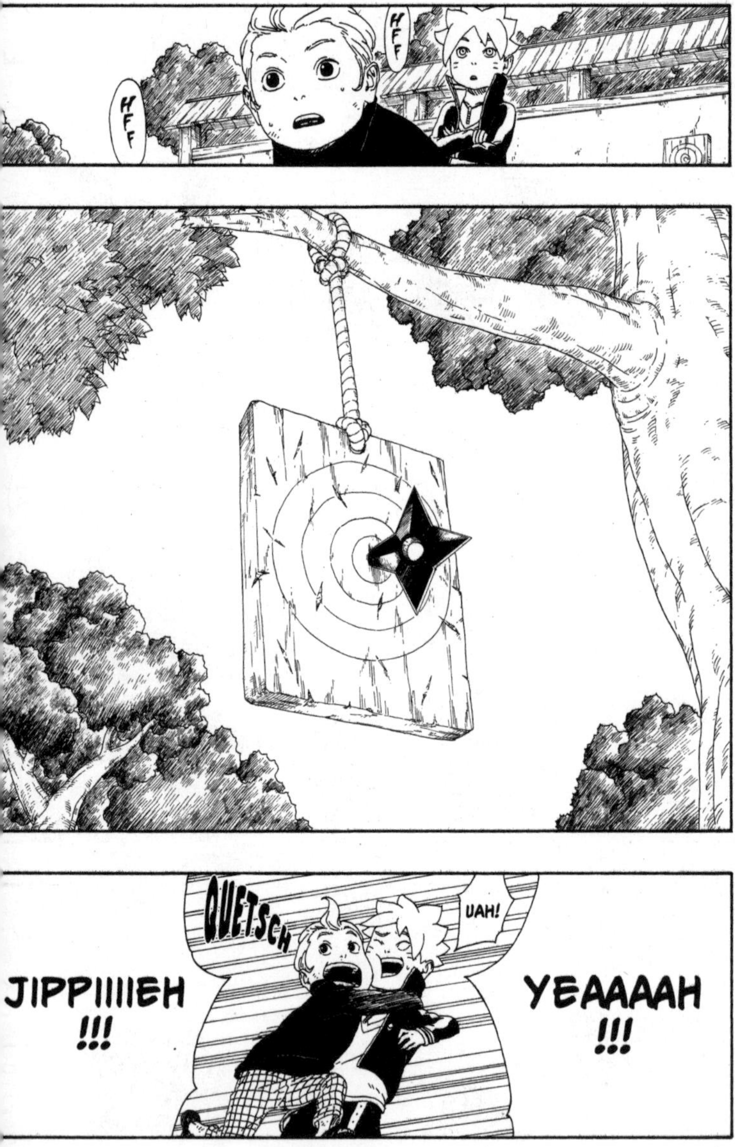
HFF
HFF
YEAAAAH!!!
UAH!
QUETSCH
JIPPIIIIEH!!!

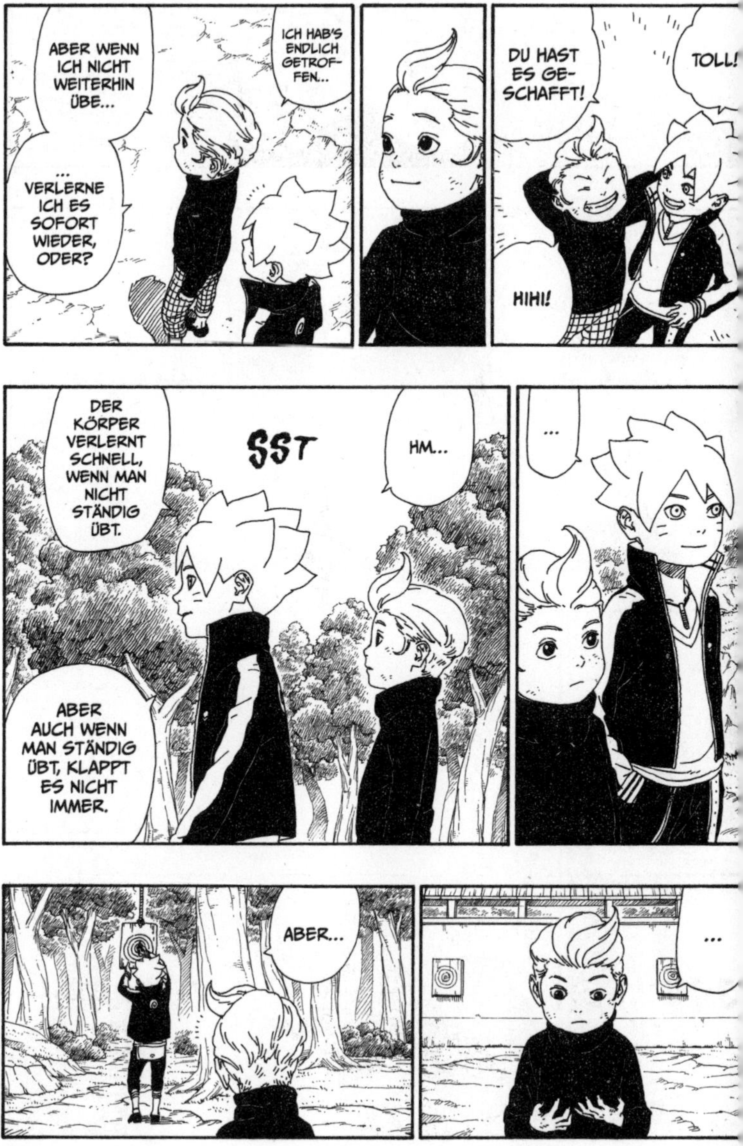
TOLL!
DU HAST ES GE-SCHAFFT!
HIHI!
ICH HAB'S ENDLICH GETROF-FEN...
ABER WENN ICH NICHT WEITERHIN ÜBE...
... VERLERNE ICH ES SOFORT WIEDER, ODER?
...
HM...
SST
DER KÖRPER VERLERNT SCHNELL, WENN MAN NICHT STÄNDIG ÜBT.
ABER AUCH WENN MAN STÄNDIG ÜBT, KLAPPT ES NICHT IMMER.
...
ABER...

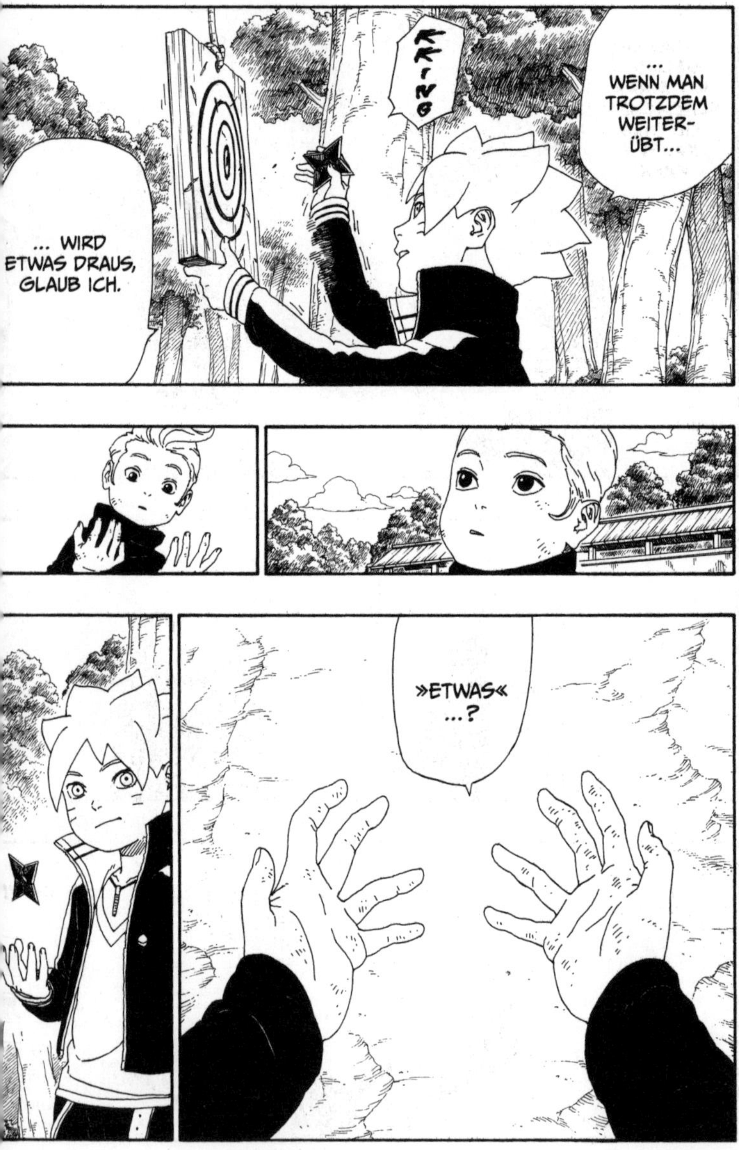
... WENN MAN TROTZDEM WEITER-ÜBT...
KKING
... WIRD ETWAS DRAUS, GLAUB ICH.
»ETWAS« ...?

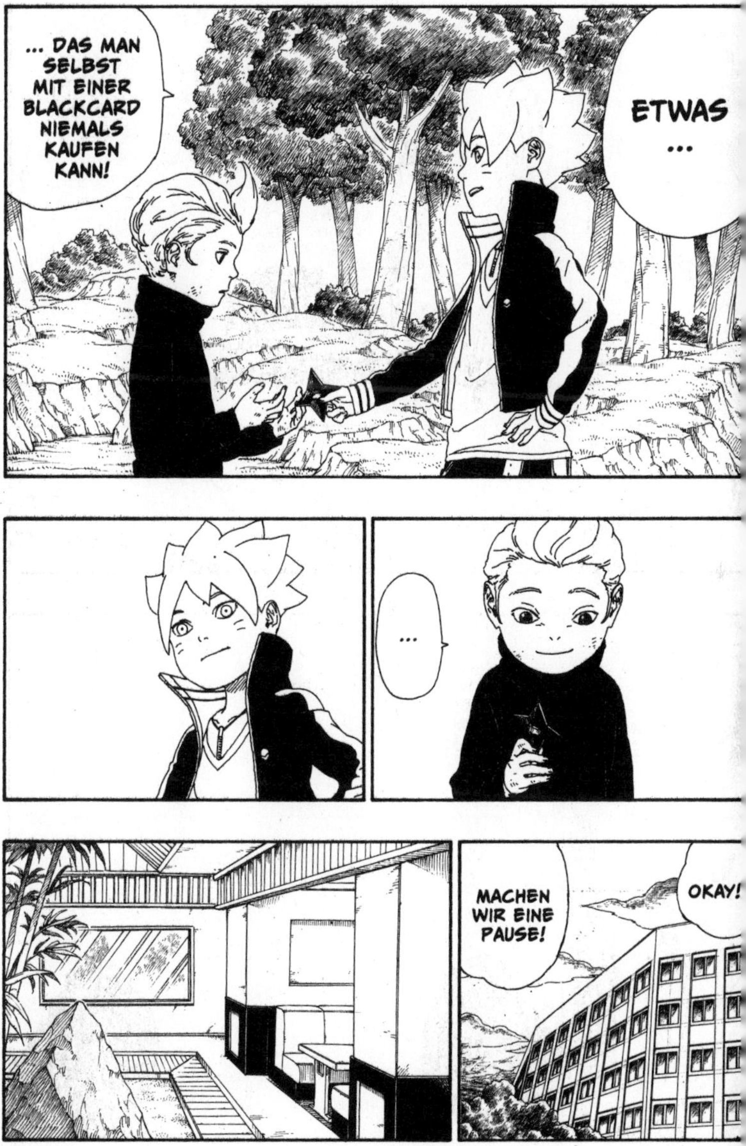
ETWAS ...
... DAS MAN SELBST MIT EINER BLACKCARD NIEMALS KAUFEN KANN!
...
OKAY!
MACHEN WIR EINE PAUSE!

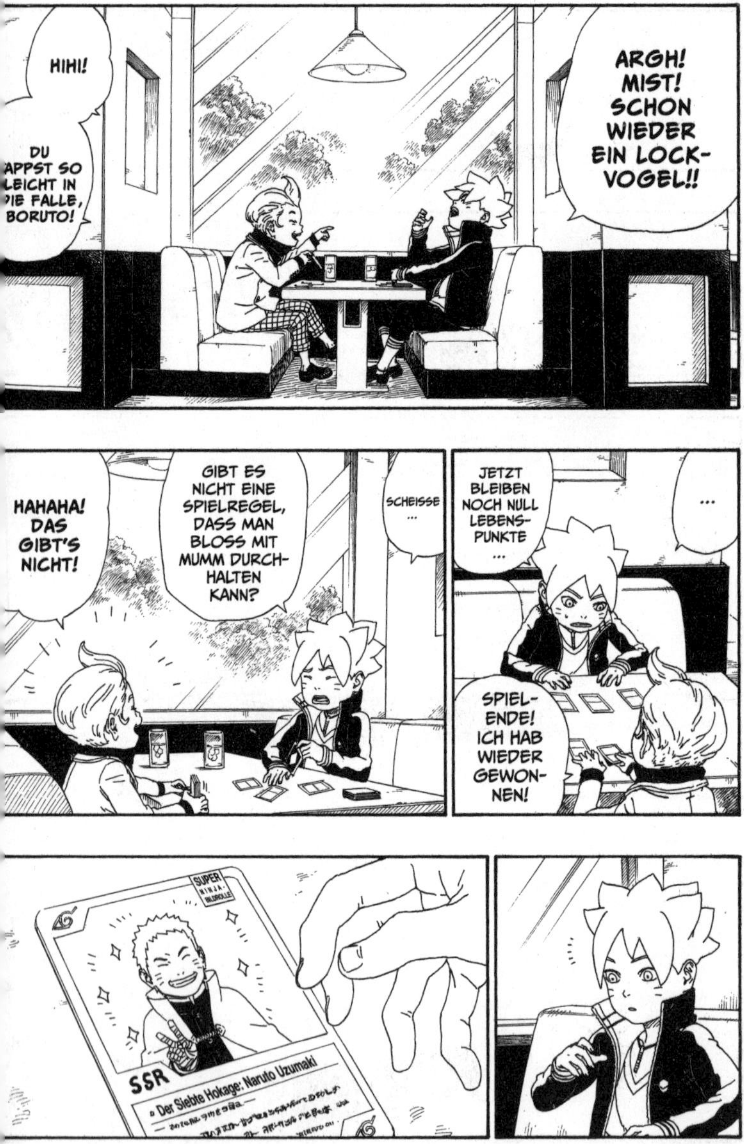
ARGH! MIST! SCHON WIEDER EIN LOCK-VOGEL!!
HIHI!
DU APPST SO LEICHT IN IE FALLE, BORUTO!
...
JETZT BLEIBEN NOCH NULL LEBENS-PUNKTE ...
SPIEL-ENDE! ICH HAB WIEDER GEWON-NEN!
SCHEISSE ...
GIBT ES NICHT EINE SPIELREGEL, DASS MAN BLOSS MIT MUMM DURCH-HALTEN KANN?
HAHAHA! DAS GIBT'S NICHT!
SUPER
SSR
Der Siebte Hokage: Naruto Uzumaki

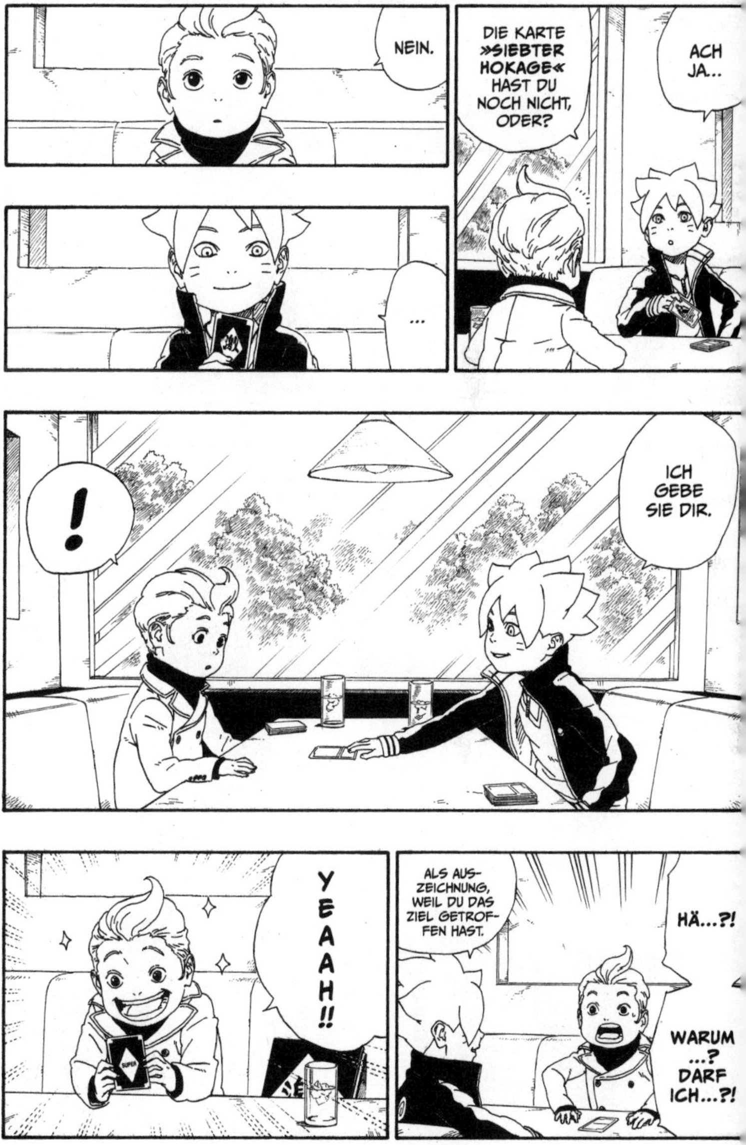
ACH JA...
DIE KARTE »SIEBTER HOKAGE« HAST DU NOCH NICHT, ODER?
NEIN.
...
ICH GEBE SIE DIR.
!
HÄ...?!
WARUM ...? DARF ICH...?!
ALS AUS-ZEICHNUNG, WEIL DU DAS ZIEL GETROF-FEN HAST.
YEAAAH!!

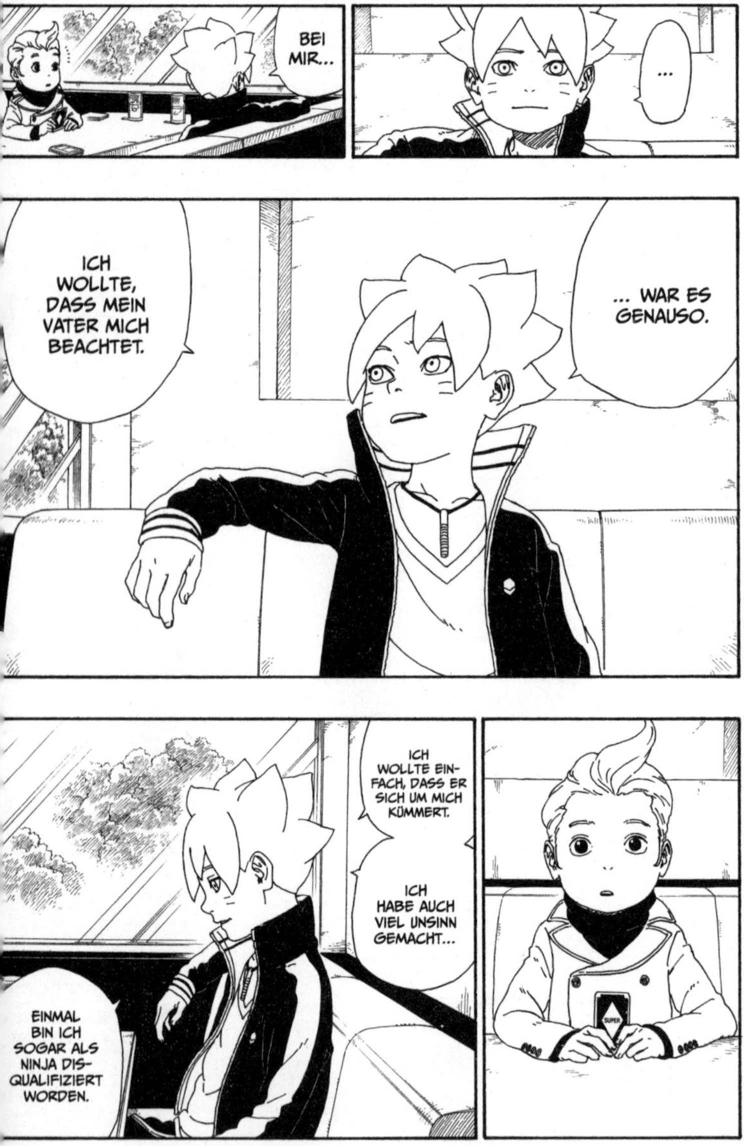
...
BEI MIR...
... WAR ES GENAUSO.
ICH WOLLTE, DASS MEIN VATER MICH BEACHTET.
SUPER
ICH WOLLTE EINFACH, DASS ER SICH UM MICH KÜMMERT.
ICH HABE AUCH VIEL UNSINN GEMACHT...
EINMAL BIN ICH SOGAR ALS NINJA DISQUALIFIZIERT WORDEN.

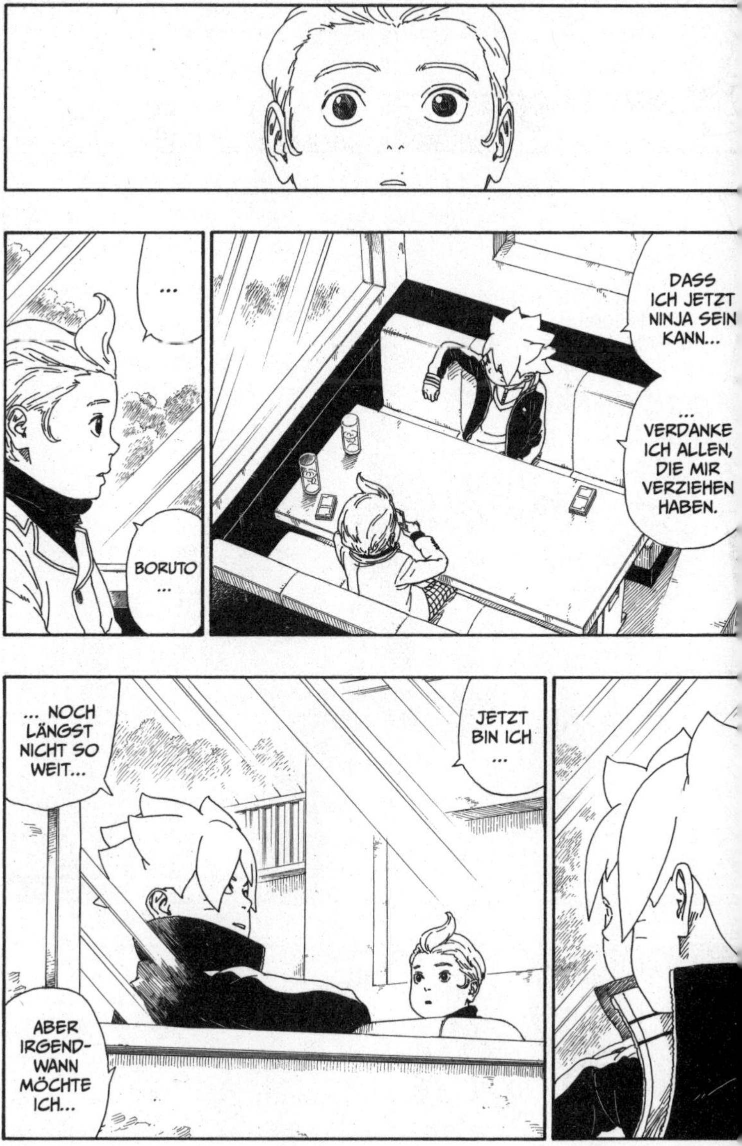
DASS ICH JETZT NINJA SEIN KANN...
... VERDANKE ICH ALLEN, DIE MIR VERZIEHEN HABEN.
...
BORUTO ...
JETZT BIN ICH ...
... NOCH LÄNGST NICHT SO WEIT...
ABER IRGENDWANN MÖCHTE ICH...

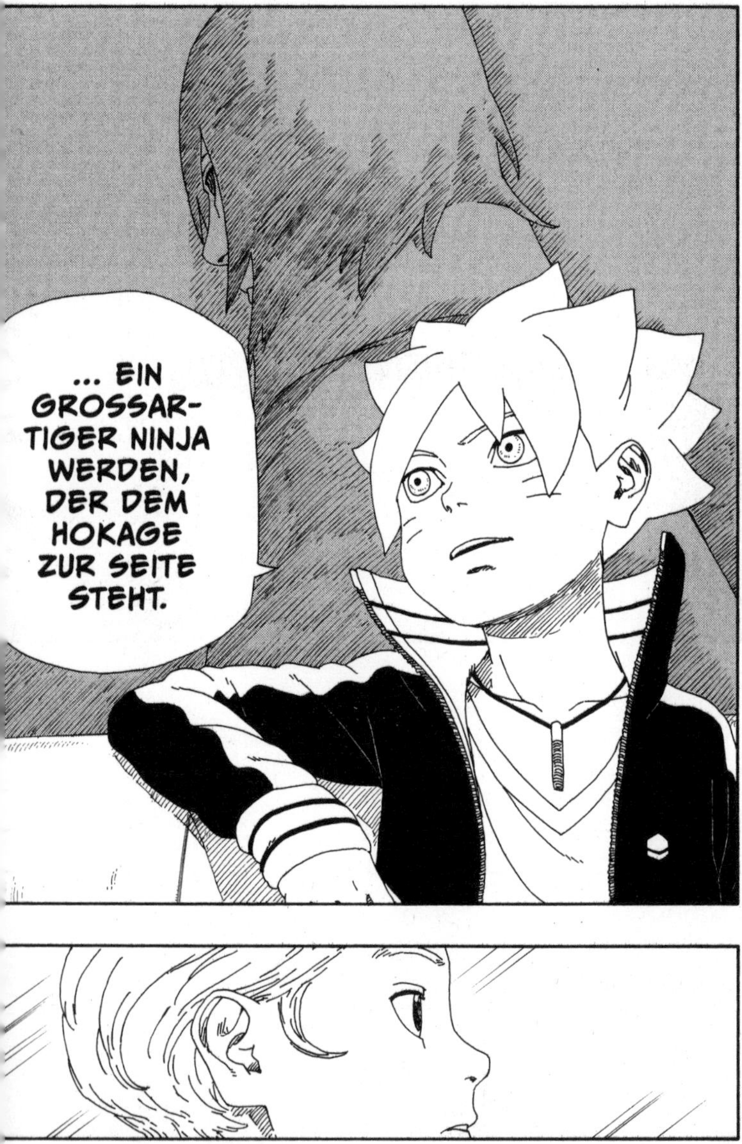
... EIN GROSSAR-TIGER NINJA WERDEN, DER DEM HOKAGE ZUR SEITE STEHT.

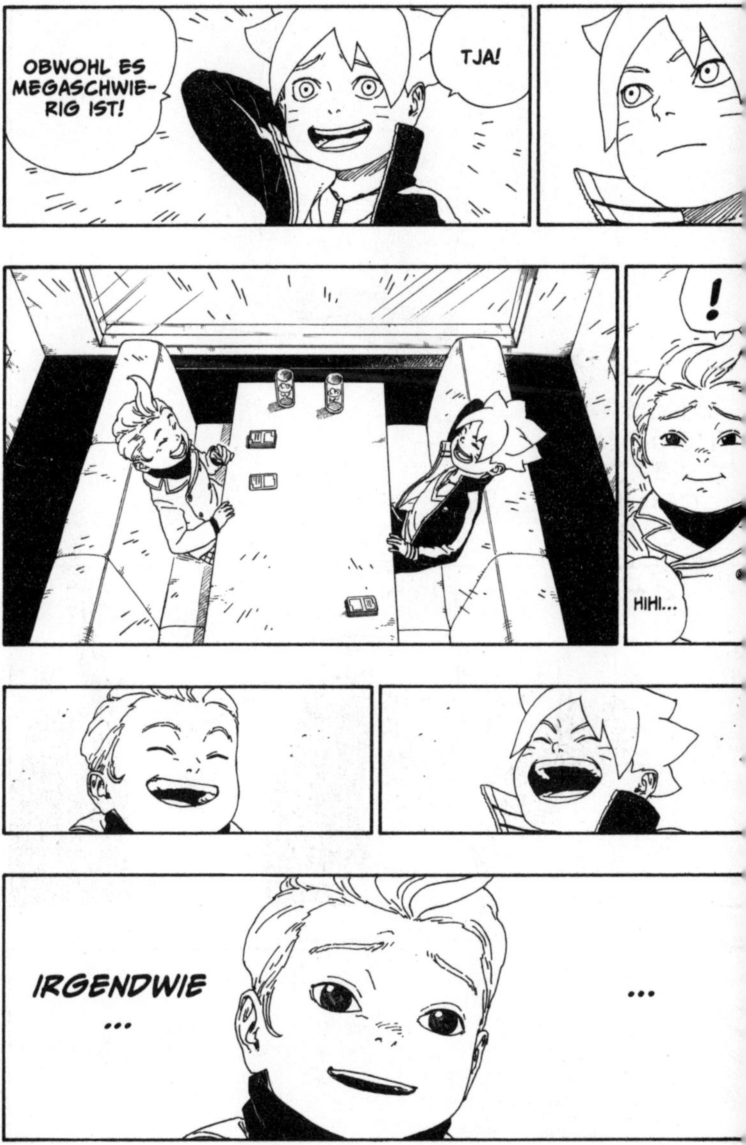
TJA!
OBWOHL ES MEGASCHWIERIG IST!
!
HIHI...
IRGENDWIE ...
...

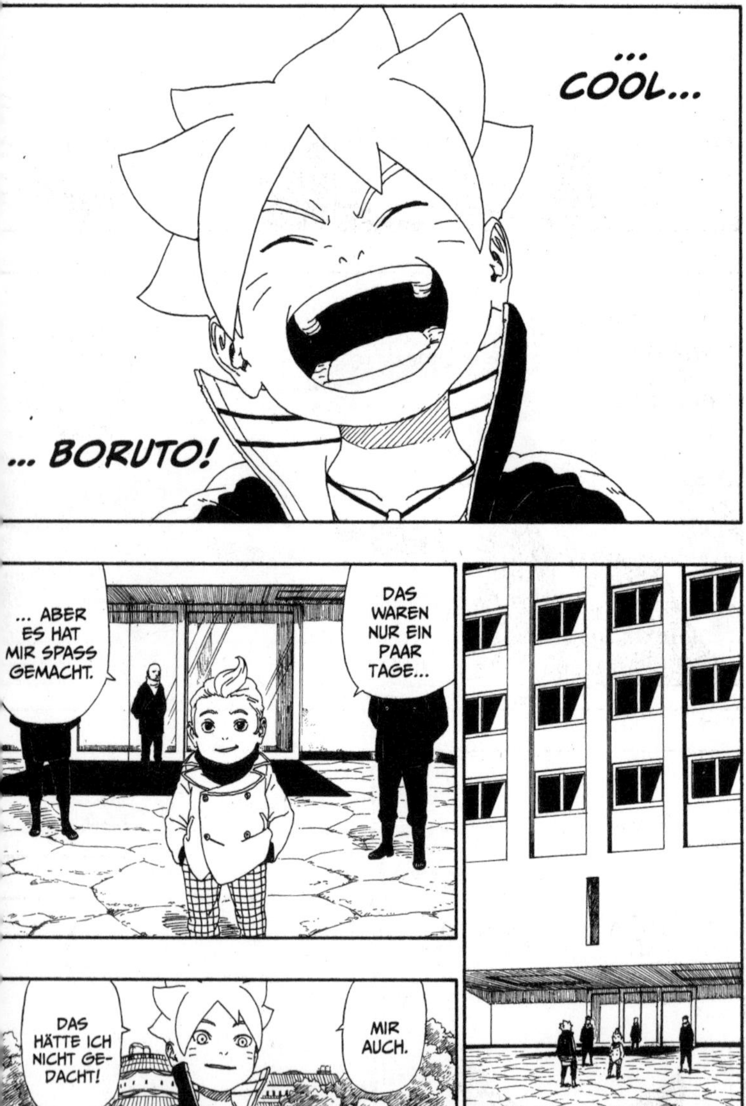
...
COOL...
... BORUTO!
DAS WAREN NUR EIN PAAR TAGE...
... ABER ES HAT MIR SPASS GEMACHT.
MIR AUCH.
DAS HÄTTE ICH NICHT GEDACHT!

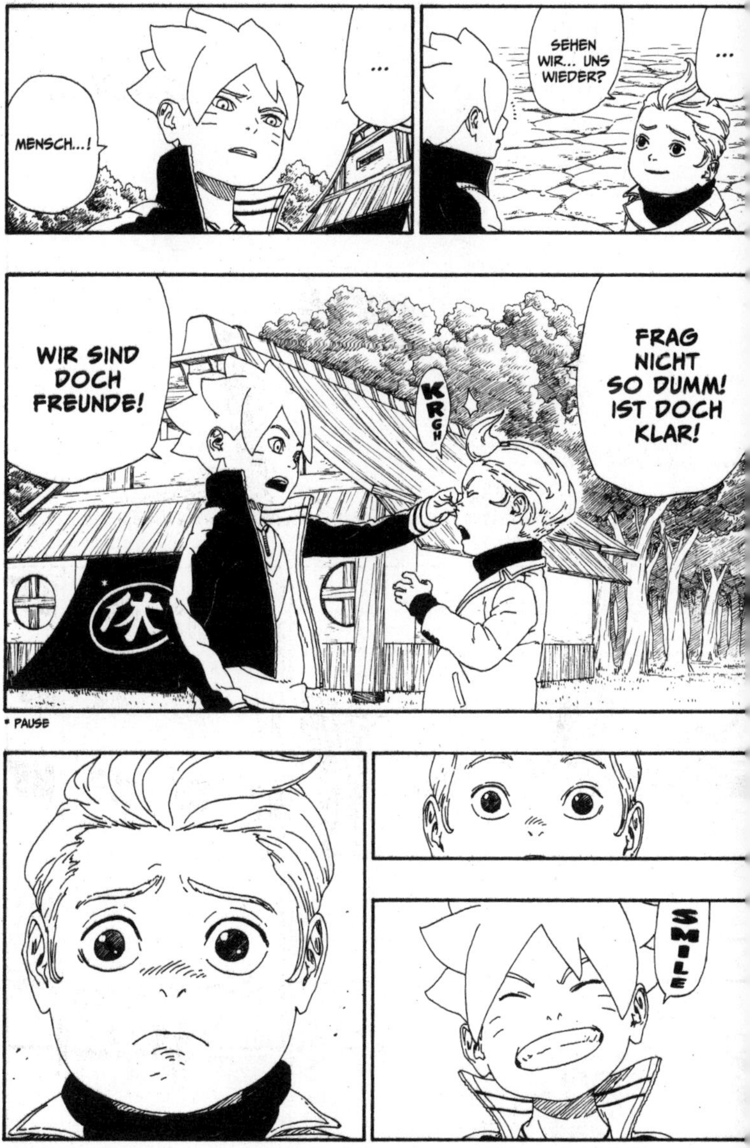
...
SEHEN WIR... UNS WIEDER?
...
MENSCH...!
FRAG NICHT SO DUMM! IST DOCH KLAR!
KRGH
WIR SIND DOCH FREUNDE!
SMILE

* PAUSE

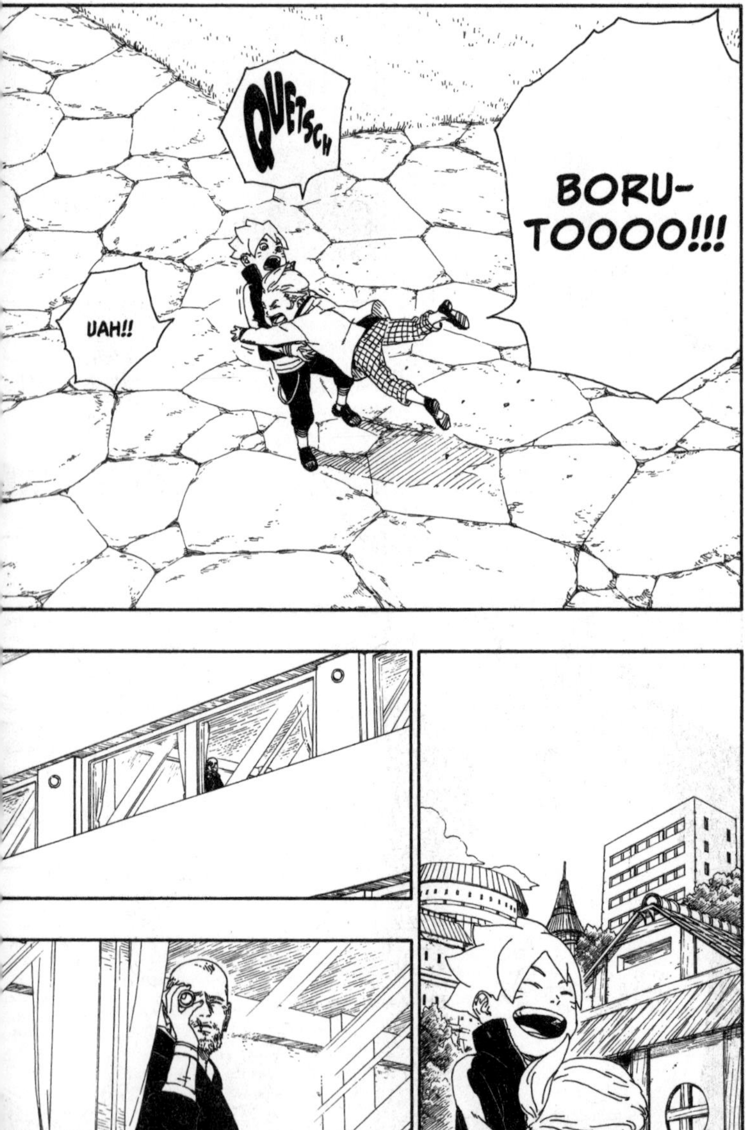
BORU-
TOOOO!!!
QUETSCH
UAH!!

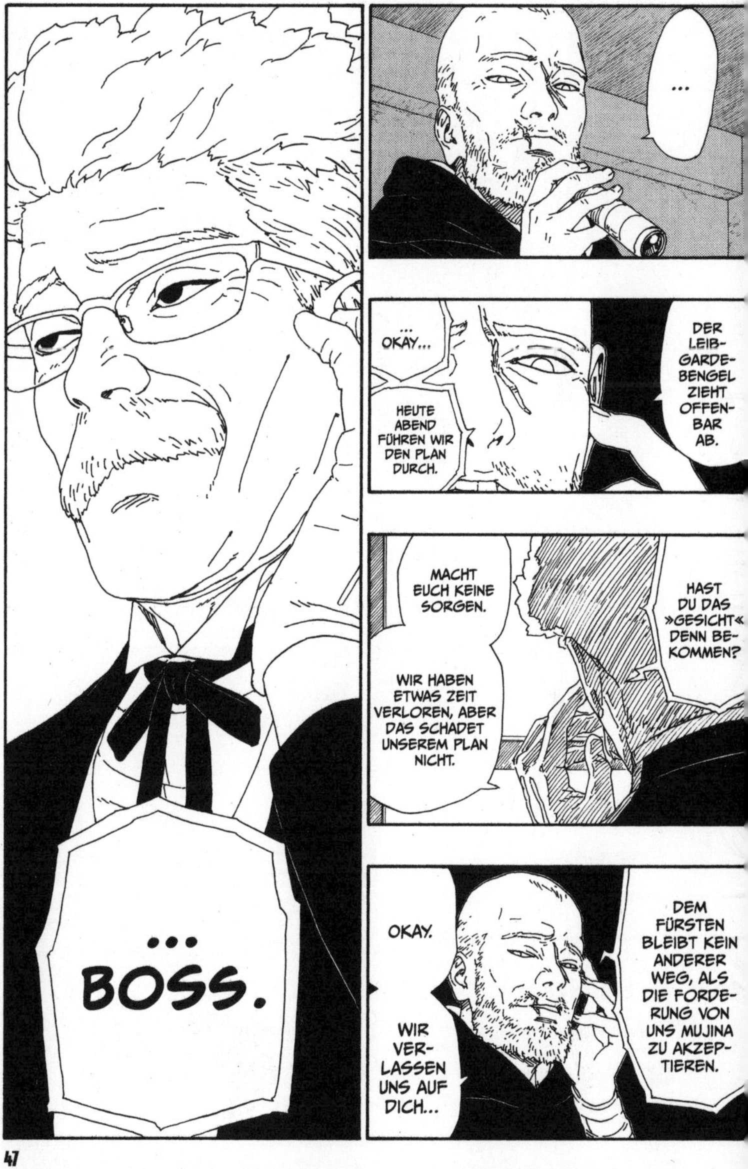
...
DER LEIB-GARDE-BENGEL ZIEHT OFFEN-BAR AB.
... OKAY...
HEUTE ABEND FÜHREN WIR DEN PLAN DURCH.
HAST DU DAS »GESICHT« DENN BE-KOMMEN?
MACHT EUCH KEINE SORGEN.
WIR HABEN ETWAS ZEIT VERLOREN, ABER DAS SCHADET UNSEREM PLAN NICHT.
DEM FÜRSTEN BLEIBT KEIN ANDERER WEG, ALS DIE FORDE-RUNG VON UNS MUJINA ZU AKZEP-TIEREN.
OKAY.
WIR VER-LASSEN UNS AUF DICH...
... BOSS.

GROSSES NINJA-LEXIKON – TEIL 10

SHIKAMARU NARA

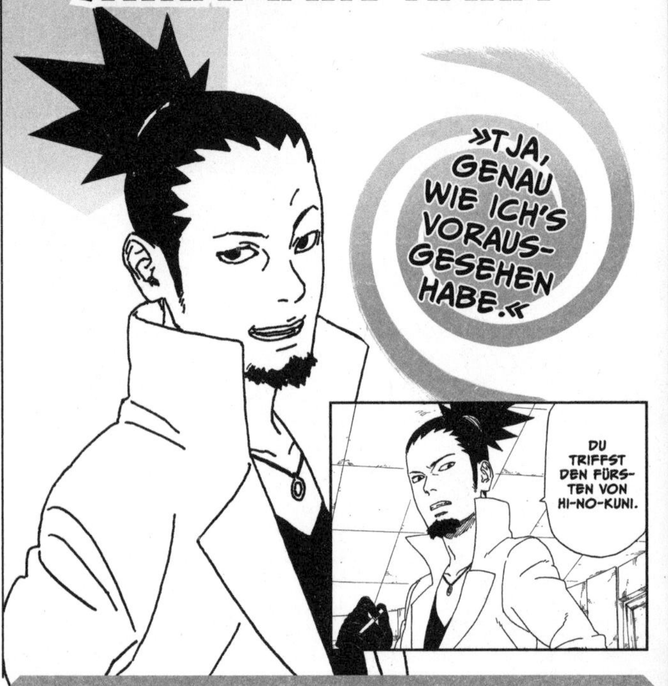

Eigenschaften

Körperkraft	115	Schnelligkeit	133
Intelligenz	210	Chakra	100
Wahrnehmungskraft	160	Verhandlungsgeschick	130

Fähigkeiten

Manipulation ☆☆☆☆☆ **Beobachtung** ☆☆☆☆☆ **u. a.**

Ninja-Künste

Kagemane-no-Jutsu, Kageshibari-no-Jutsu, Kagekubishibari-no-Jutsu u. a.

Die durchschnittlichen Eigenschaftswerte liegen bei normalen Menschen um die 60, bei Ge-Nin um die 90. Fähigkeitsgrade gibt es von 1-5. Mit 5 Sternen gehört man zur Spitzenklasse. 6 gilt als übermenschlicher Wert.

13: DER WERT DES TRUMPFS

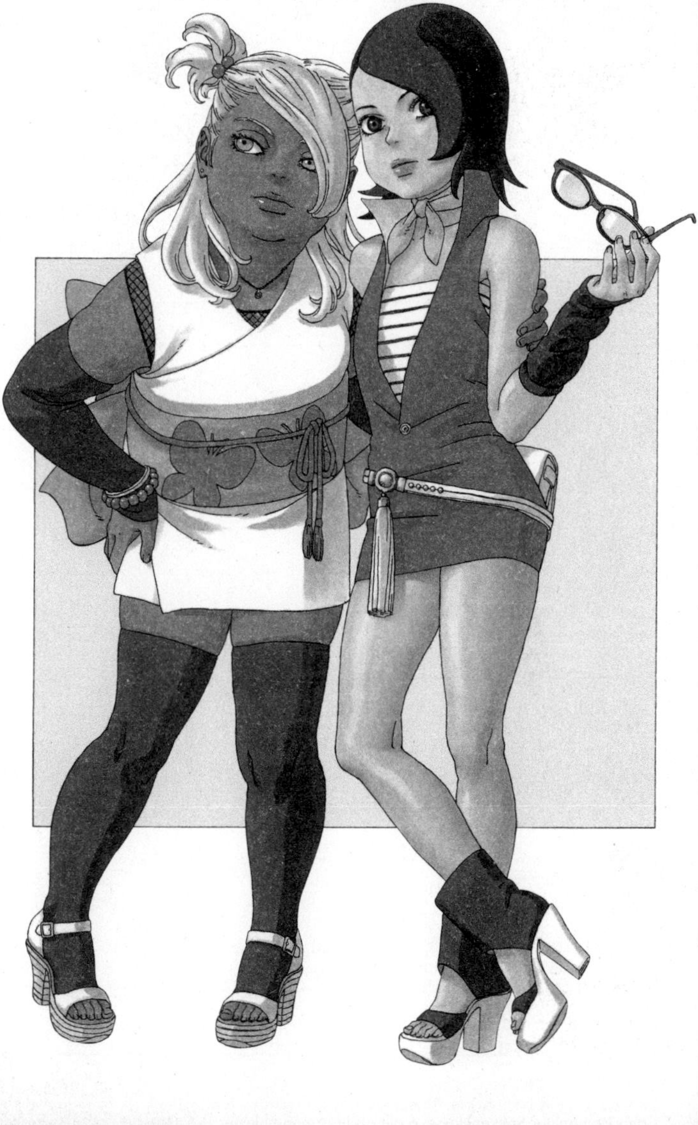

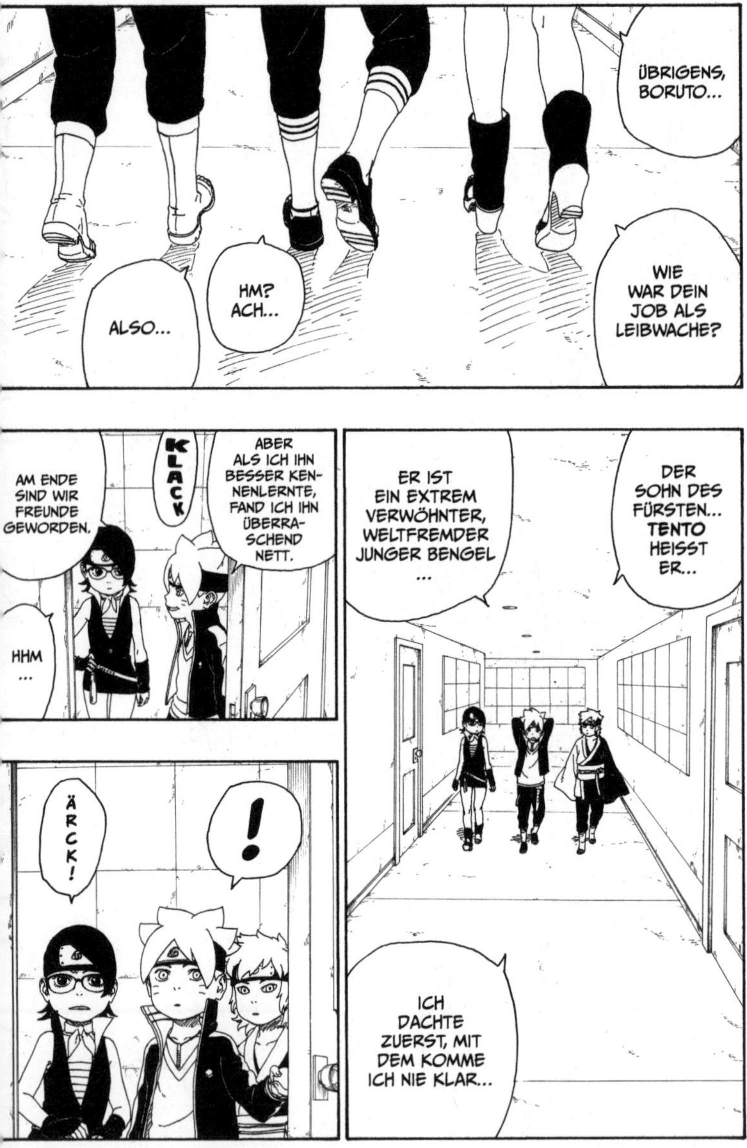
ÜBRIGENS, BORUTO...
WIE WAR DEIN JOB ALS LEIBWACHE?
HM? ACH...
ALSO...
DER SOHN DES FÜRSTEN... TENTO HEISST ER...
ER IST EIN EXTREM VERWÖHNTER, WELTFREMDER JUNGER BENGEL ...
ICH DACHTE ZUERST, MIT DEM KOMME ICH NIE KLAR...
ABER ALS ICH IHN BESSER KEN-NENLERNTE, FAND ICH IHN ÜBERRA-SCHEND NETT.
KLACK
AM ENDE SIND WIR FREUNDE GEWORDEN.
HHM ...
!
ÄRCK!

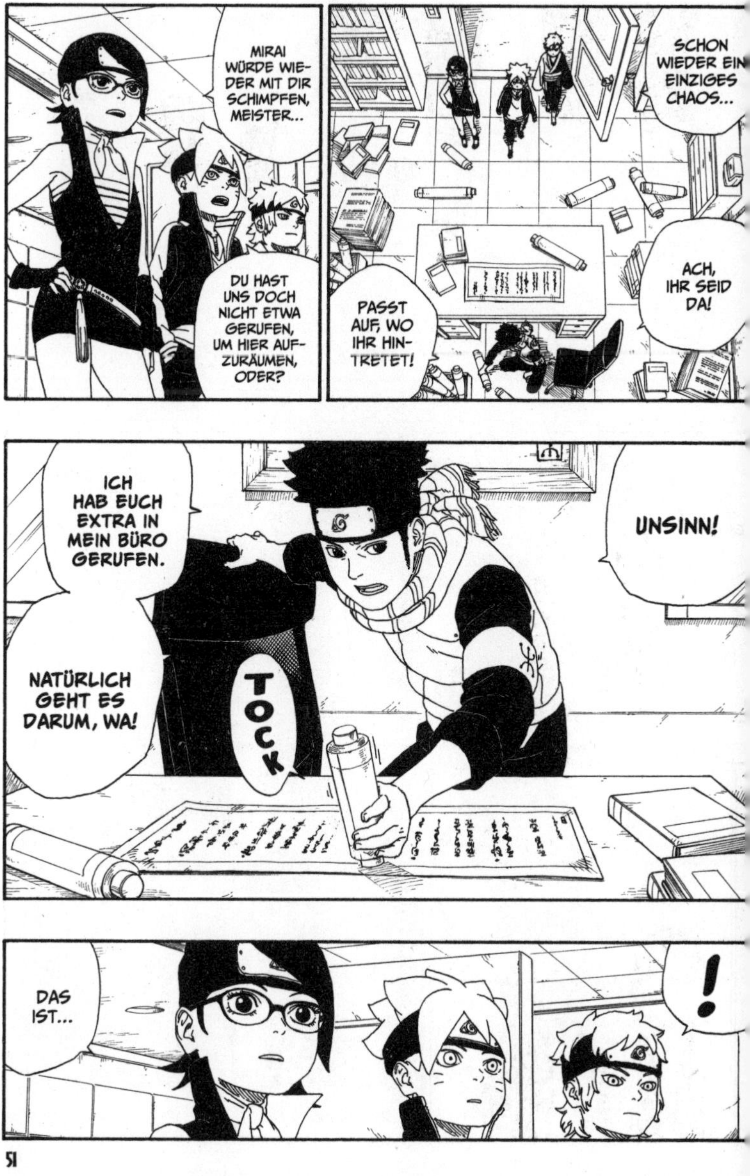
SCHON WIEDER EIN EINZIGES CHAOS...
ACH, IHR SEID DA!
PASST AUF, WO IHR HINTRETET!
MIRAI WÜRDE WIEDER MIT DIR SCHIMPFEN, MEISTER...
DU HAST UNS DOCH NICHT ETWA GERUFEN, UM HIER AUFZURÄUMEN, ODER?
UNSINN!
ICH HAB EUCH EXTRA IN MEIN BÜRO GERUFEN.
NATÜRLICH GEHT ES DARUM, WA!
TOCK
!
DAS IST...

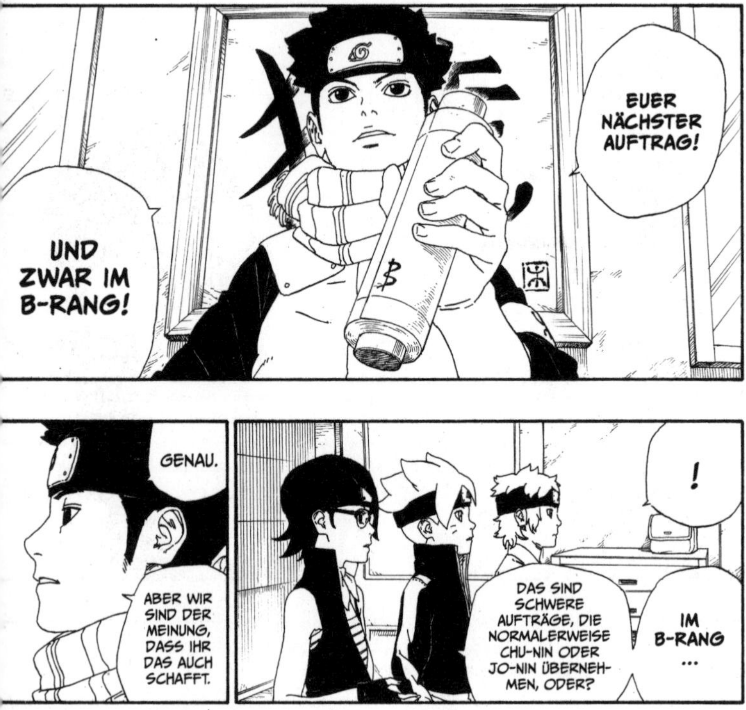
EUER NÄCHSTER AUFTRAG!
UND ZWAR IM B-RANG!
!
IM B-RANG ...
DAS SIND SCHWERE AUFTRÄGE, DIE NORMALERWEISE CHU-NIN ODER JO-NIN ÜBERNEHMEN, ODER?
GENAU.
ABER WIR SIND DER MEINUNG, DASS IHR DAS AUCH SCHAFFT.
SO SELTEN IST DAS NICHT.
AUCH DER JETZIGE KAZEKAGE HAT EINEN AUFTRAG IM B-RANG AUSGEFÜHRT, ALS ER NOCH GE-NIN WAR.
ONKEL GAARA...
...

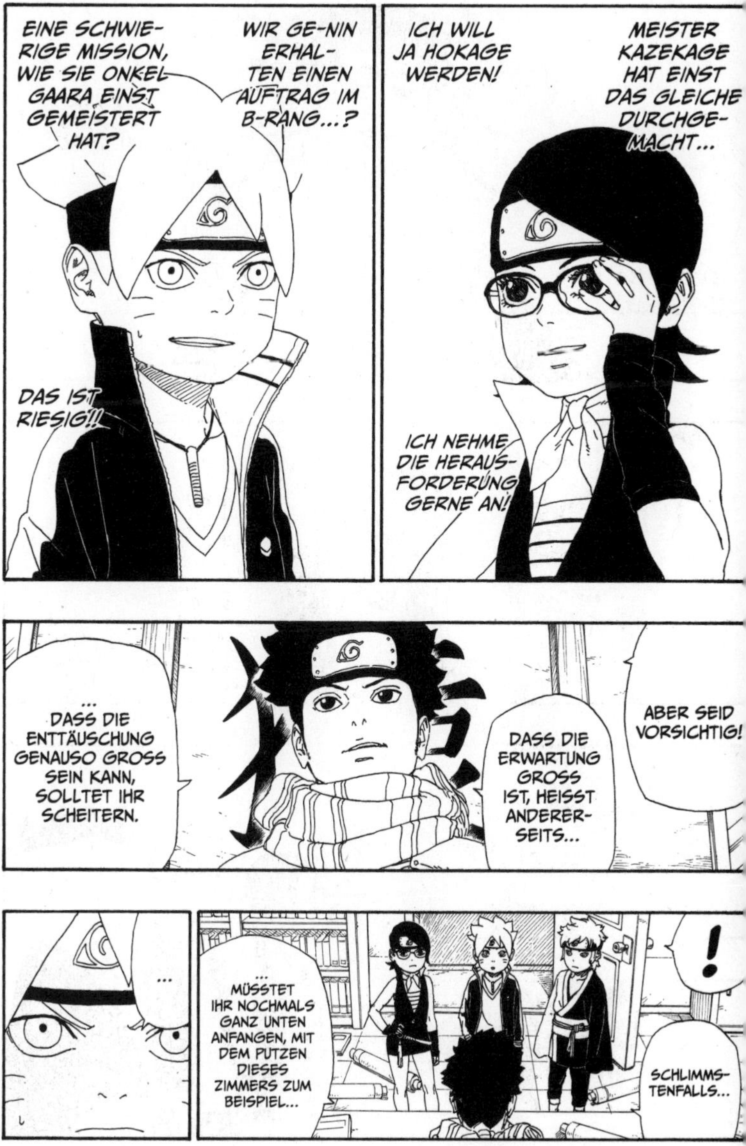
MEISTER KAZEKAGE HAT EINST DAS GLEICHE DURCHGEMACHT...
ICH WILL JA HOKAGE WERDEN!
ICH NEHME DIE HERAUSFORDERUNG GERNE AN!
WIR GE-NIN ERHALTEN EINEN AUFTRAG IM B-RANG...?
EINE SCHWIERIGE MISSION, WIE SIE ONKEL GAARA EINST GEMEISTERT HAT?
DAS IST RIESIG!!
ABER SEID VORSICHTIG!
DASS DIE ERWARTUNG GROSS IST, HEISST ANDERERSEITS...
... DASS DIE ENTTÄUSCHUNG GENAUSO GROSS SEIN KANN, SOLLTET IHR SCHEITERN.
!
SCHLIMMSTENFALLS...
... MÜSSTET IHR NOCHMALS GANZ UNTEN ANFANGEN, MIT DEM PUTZEN DIESES ZIMMERS ZUM BEISPIEL...
...

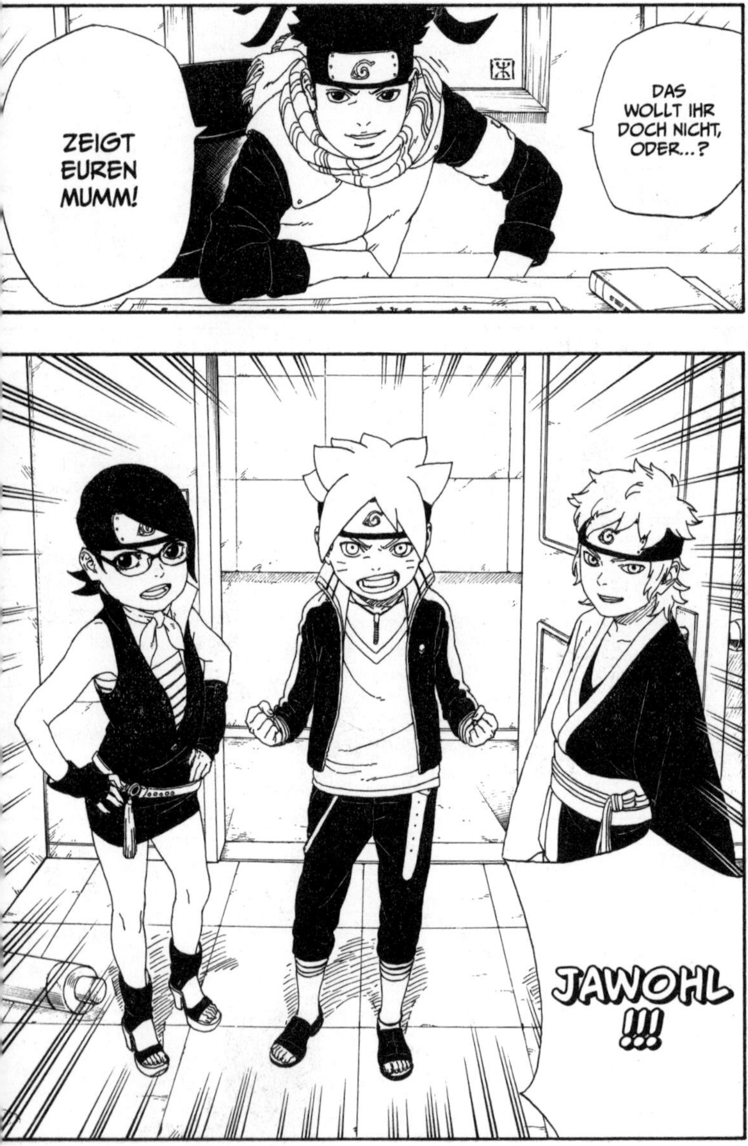
DAS WOLLT IHR DOCH NICHT, ODER...?
ZEIGT EUREN MUMM!
JAWOHL !!!

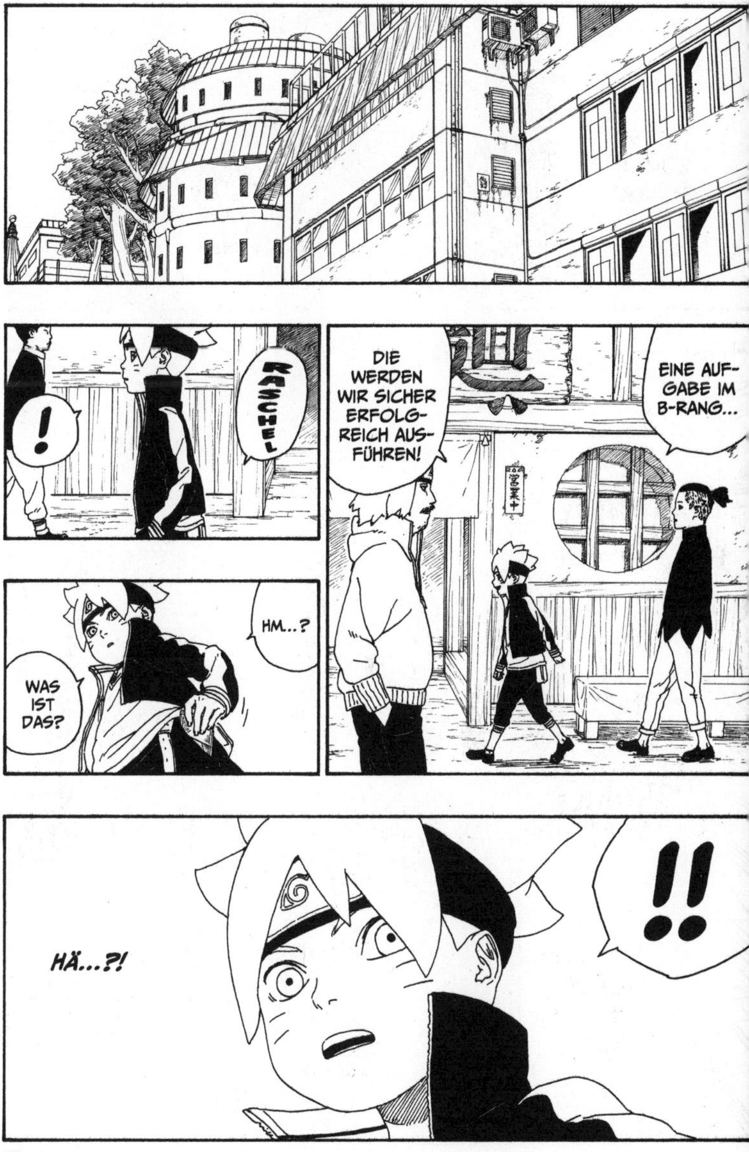
EINE AUF-
GABE IM
B-RANG...
DIE WERDEN WIR SICHER ERFOLGREICH AUSFÜHREN!
営業中
RASCHEL
!
HM...?
WAS IST DAS?
!!
HÄ...?!

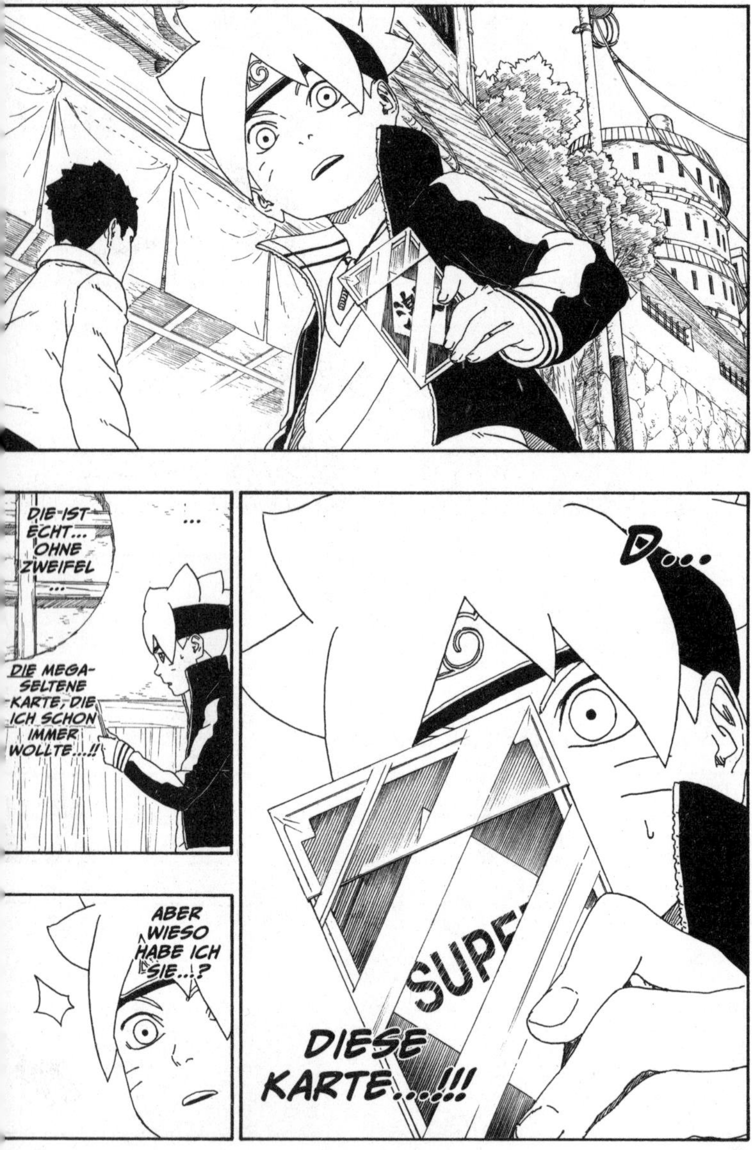
...
DIE IST ECHT... OHNE ZWEIFEL ...
DIE MEGA-SELTENE KARTE, DIE ICH SCHON IMMER WOLLTE...!!
D...
DIESE KARTE...!!!
SUPE
ABER WIESO HABE ICH SIE...?

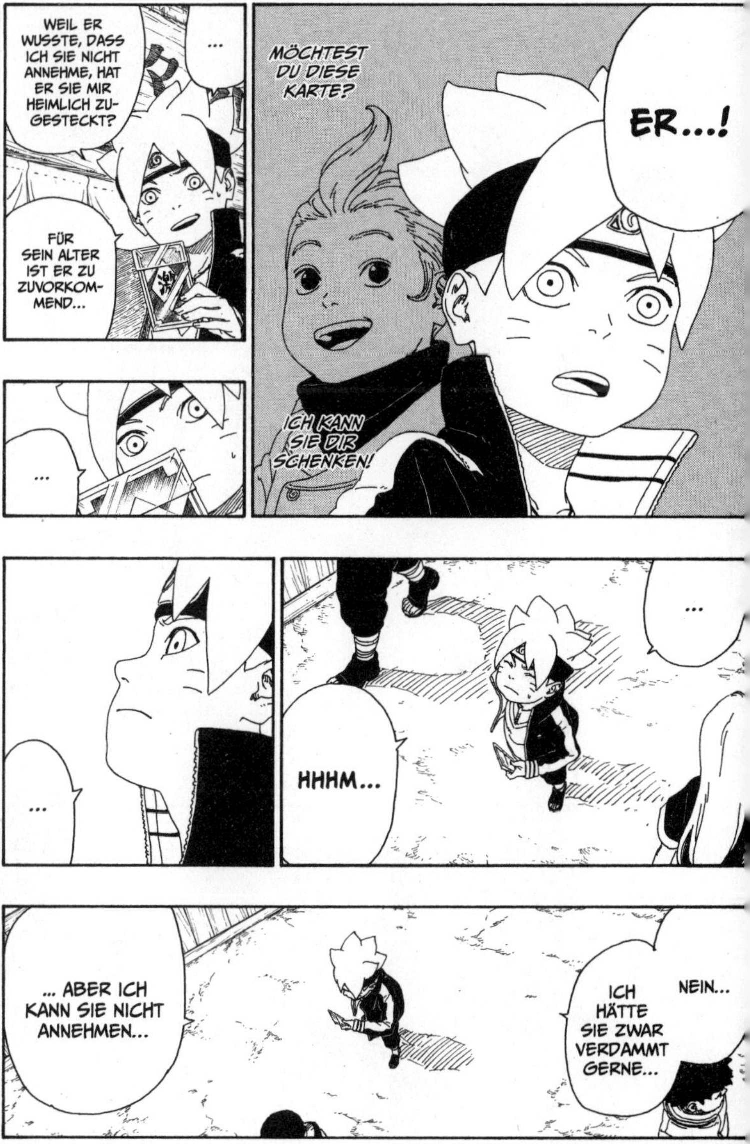
ER...!
MÖCHTEST DU DIESE KARTE?
ICH KANN SIE DIR SCHENKEN!
...
WEIL ER WUSSTE, DASS ICH SIE NICHT ANNEHME, HAT ER SIE MIR HEIMLICH ZUGESTECKT?
FÜR SEIN ALTER IST ER ZU ZUVORKOMMEND...
...
...
HHHM...
...
NEIN...
ICH HÄTTE SIE ZWAR VERDAMMT GERNE...
... ABER ICH KANN SIE NICHT ANNEHMEN...

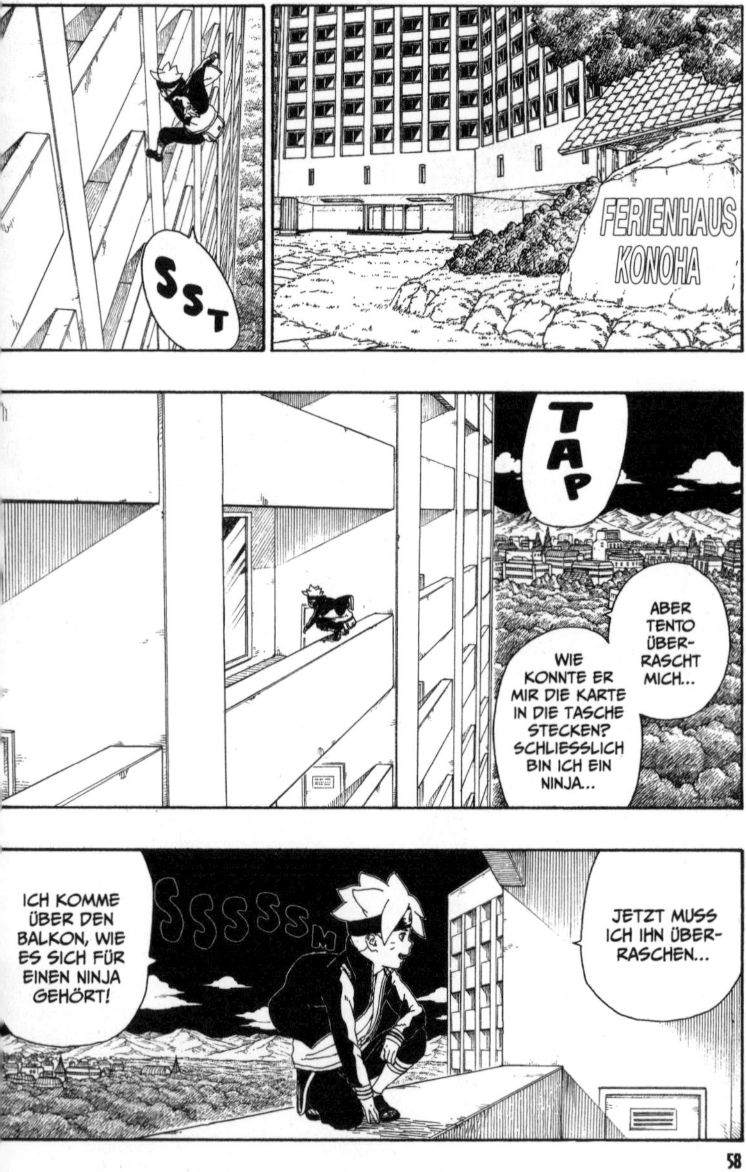
FERIENHAUS KONOHA
SST
TAP
ABER TENTO ÜBERRASCHT MICH...
WIE KONNTE ER MIR DIE KARTE IN DIE TASCHE STECKEN? SCHLIESSLICH BIN ICH EIN NINJA...
JETZT MUSS ICH IHN ÜBERRASCHEN...
SSSSSM
ICH KOMME ÜBER DEN BALKON, WIE ES SICH FÜR EINEN NINJA GEHÖRT!

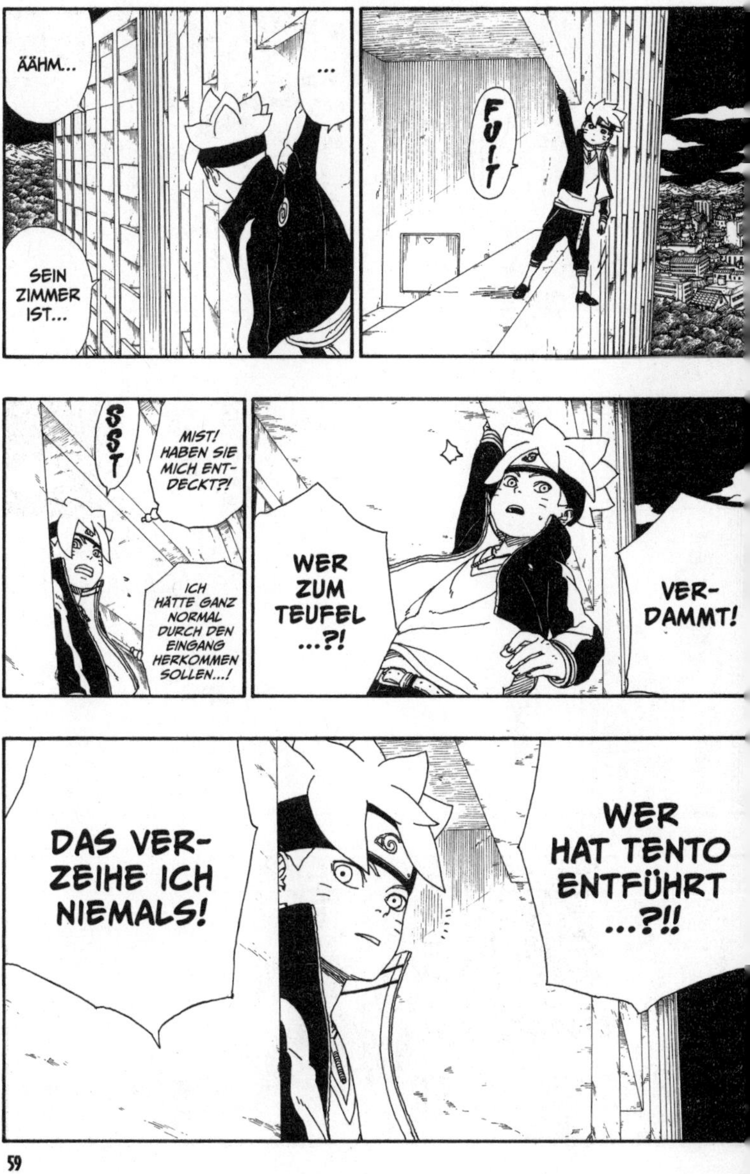
FUIT
...
ÄÄHM...
SEIN ZIMMER IST...
VER-DAMMT!
WER ZUM TEUFEL ...?!
SST
MIST! HABEN SIE MICH ENT-DECKT?!
ICH HÄTTE GANZ NORMAL DURCH DEN EINGANG HERKOMMEN SOLLEN...!
WER HAT TENTO ENTFÜHRT ...?!!
DAS VER-ZEIHE ICH NIEMALS!

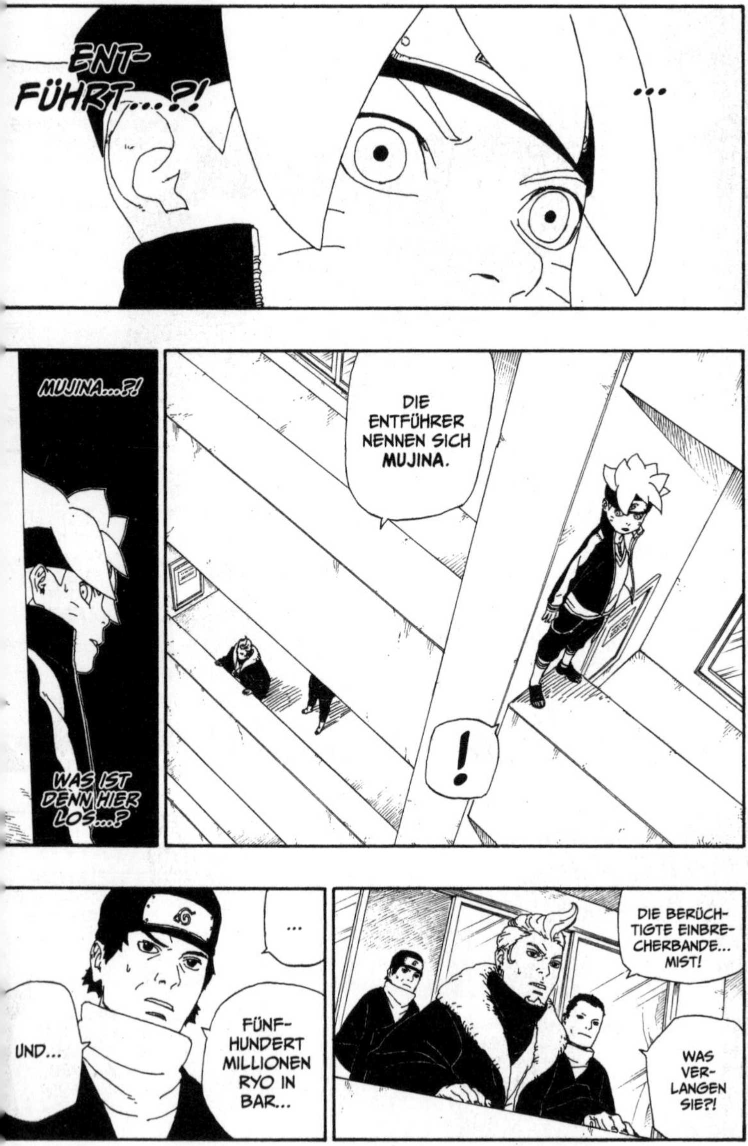
...
ENT-FÜHRT...?!
DIE ENTFÜHRER NENNEN SICH MUJINA.
!
MUJINA...?!
WAS IST DENN HIER LOS...?
DIE BERÜCHTIGTE EINBRECHERBANDE... MIST!
WAS VERLANGEN SIE?!
...
FÜNFHUNDERT MILLIONEN RYO IN BAR...
UND...

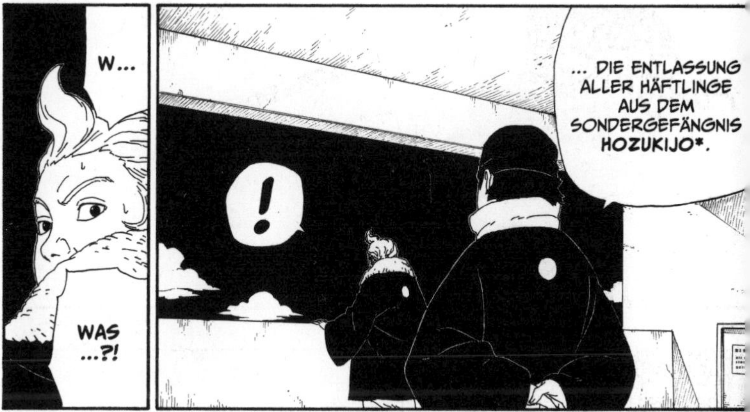

* HOZUKI = PHYSALIS ALKEKENGI (LAMPIONBLUME), JO = FESTUNG/SCHLOS

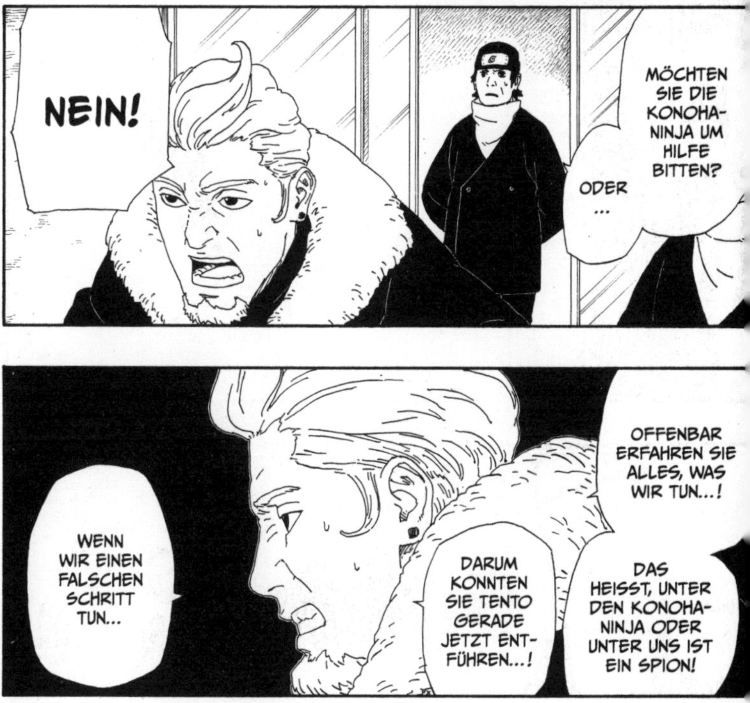

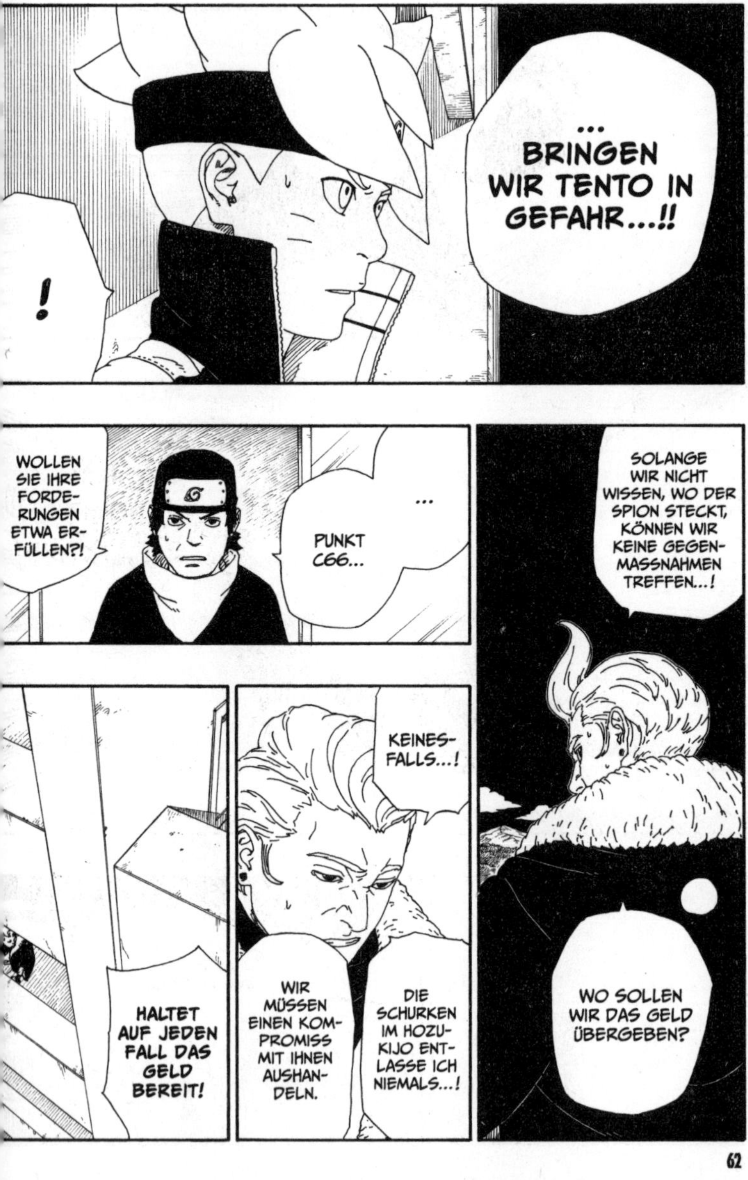
... BRINGEN WIR TENTO IN GEFAHR...!!
!
SOLANGE WIR NICHT WISSEN, WO DER SPION STECKT, KÖNNEN WIR KEINE GEGEN-MASSNAHMEN TREFFEN...!
WO SOLLEN WIR DAS GELD ÜBERGEBEN?
...
PUNKT C66...
WOLLEN SIE IHRE FORDE-RUNGEN ETWA ER-FÜLLEN?!
KEINES-FALLS...!
DIE SCHURKEN IM HOZU-KIJO ENT-LASSE ICH NIEMALS...!
WIR MÜSSEN EINEN KOM-PROMISS MIT IHNEN AUSHAN-DELN.
HALTET AUF JEDEN FALL DAS GELD BEREIT!

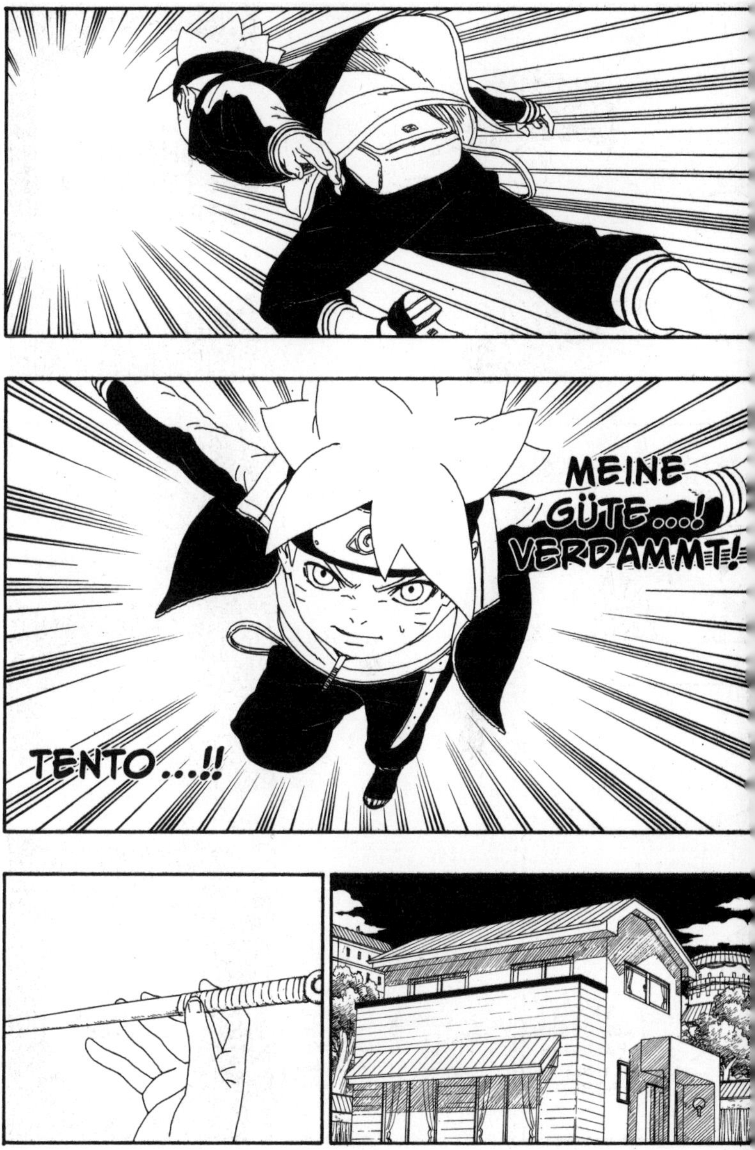
MEINE GÜTE...! VERDAMMT!
TENTO...!!

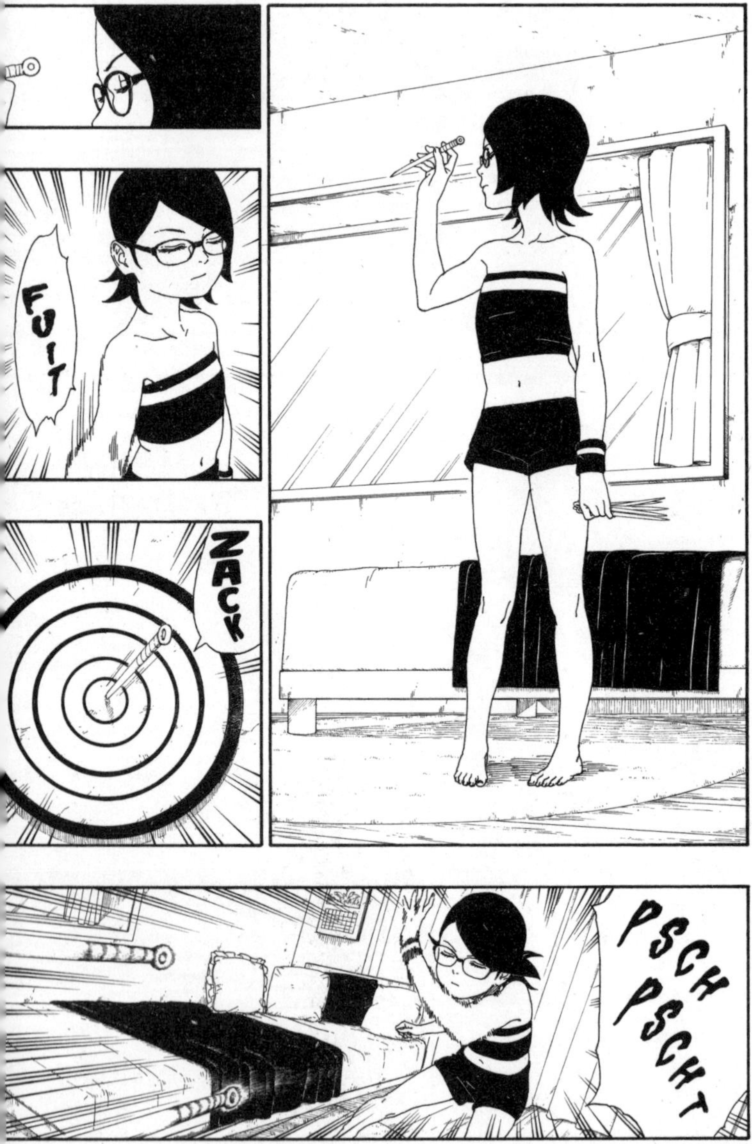
FUITT
ZACK
PSCH
PSCHT

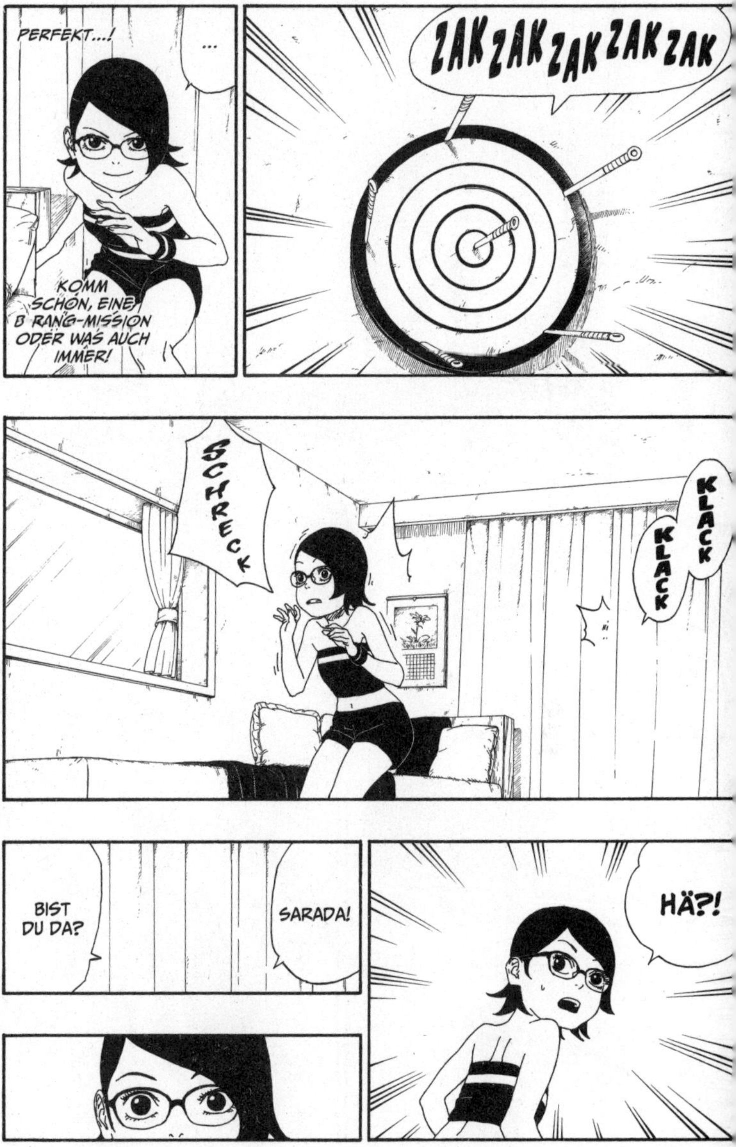

...
PERFEKT...!
KOMM SCHÖN, EINE B RANG-MISSION ODER WAS AUCH IMMER!
ZAK ZAK ZAK ZAK ZAK
KLACK KLACK
SCHRECK
SARADA!
BIST DU DA?
HÄ?!

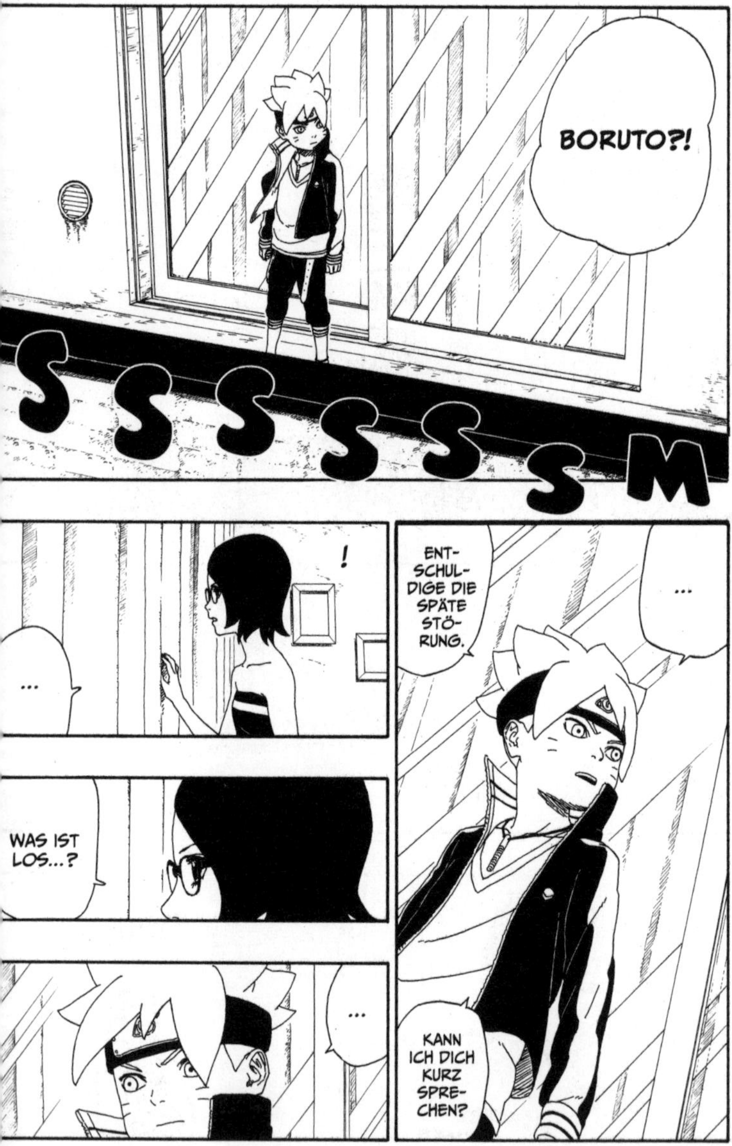

BORUTO?!
SSSSSSM
...
ENTSCHULDIGE DIE SPÄTE STÖRUNG.
KANN ICH DICH KURZ SPRECHEN?
!
...
WAS IST LOS...?
...

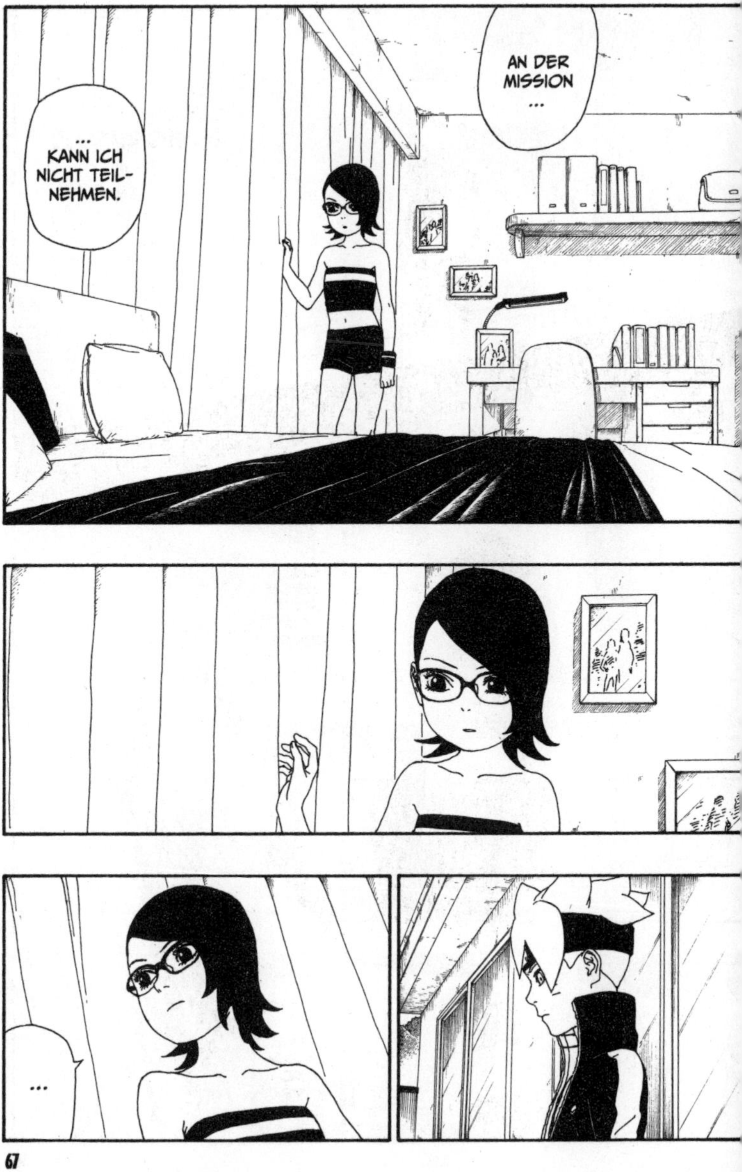
AN DER MISSION ...
... KANN ICH NICHT TEIL-NEHMEN.
...

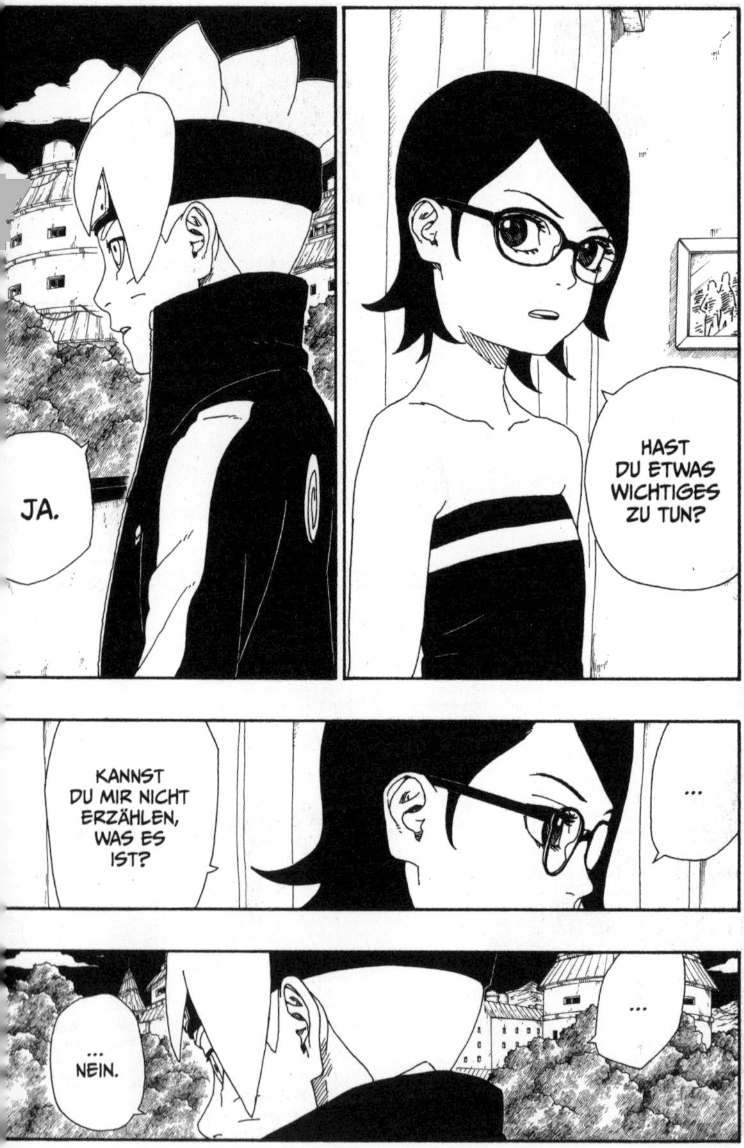
HAST DU ETWAS WICHTIGES ZU TUN?
JA.
...
KANNST DU MIR NICHT ERZÄHLEN, WAS ES IST?
...
... NEIN.

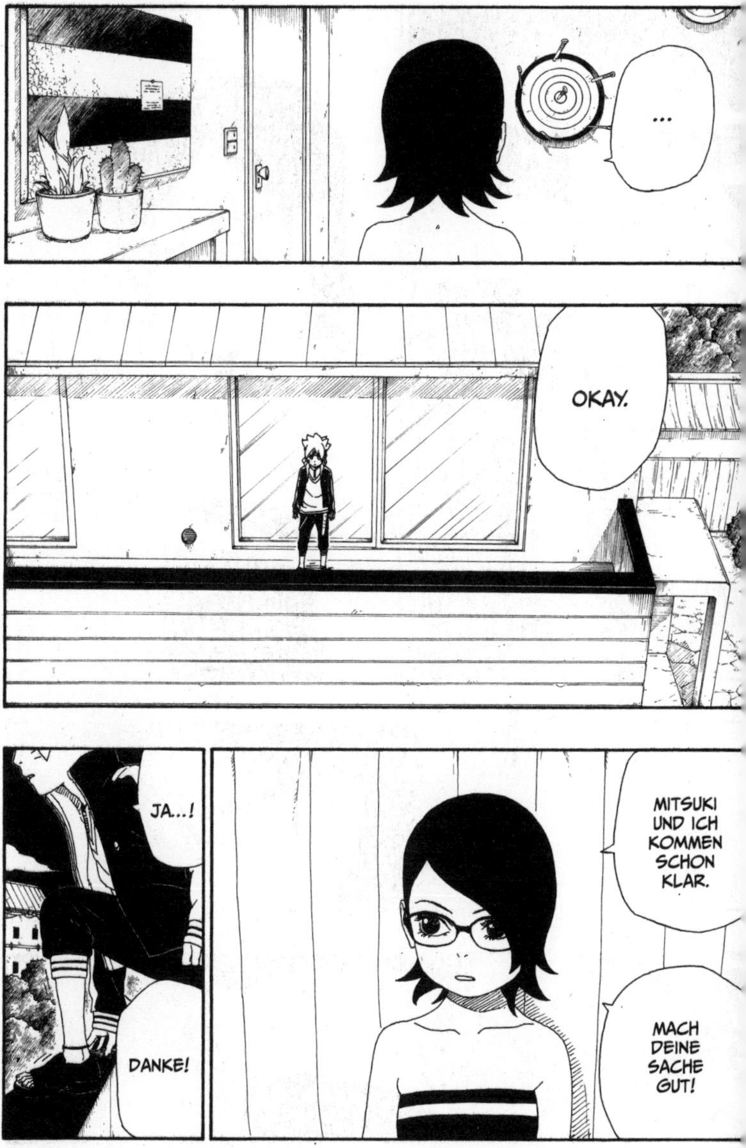
...
OKAY.
MITSUKI UND ICH KOMMEN SCHON KLAR.
MACH DEINE SACHE GUT!
JA...!
DANKE!

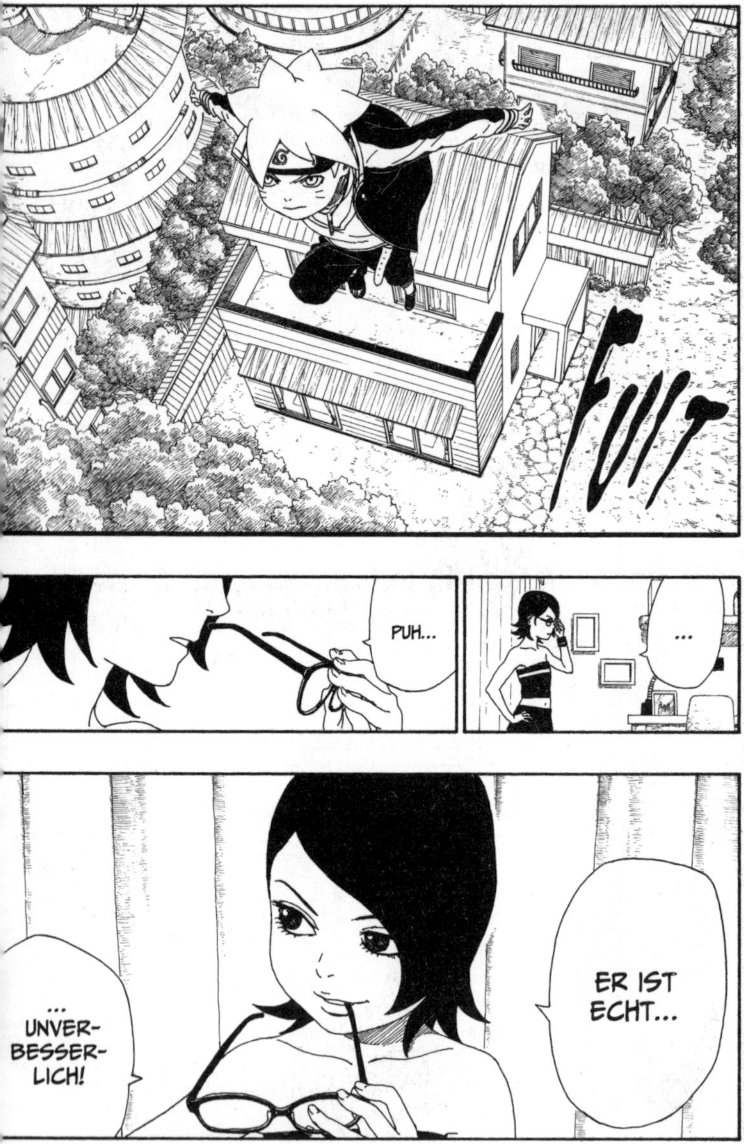
FUIT
PUH...
...
ER IST ECHT...
... UNVER-BESSER-LICH!

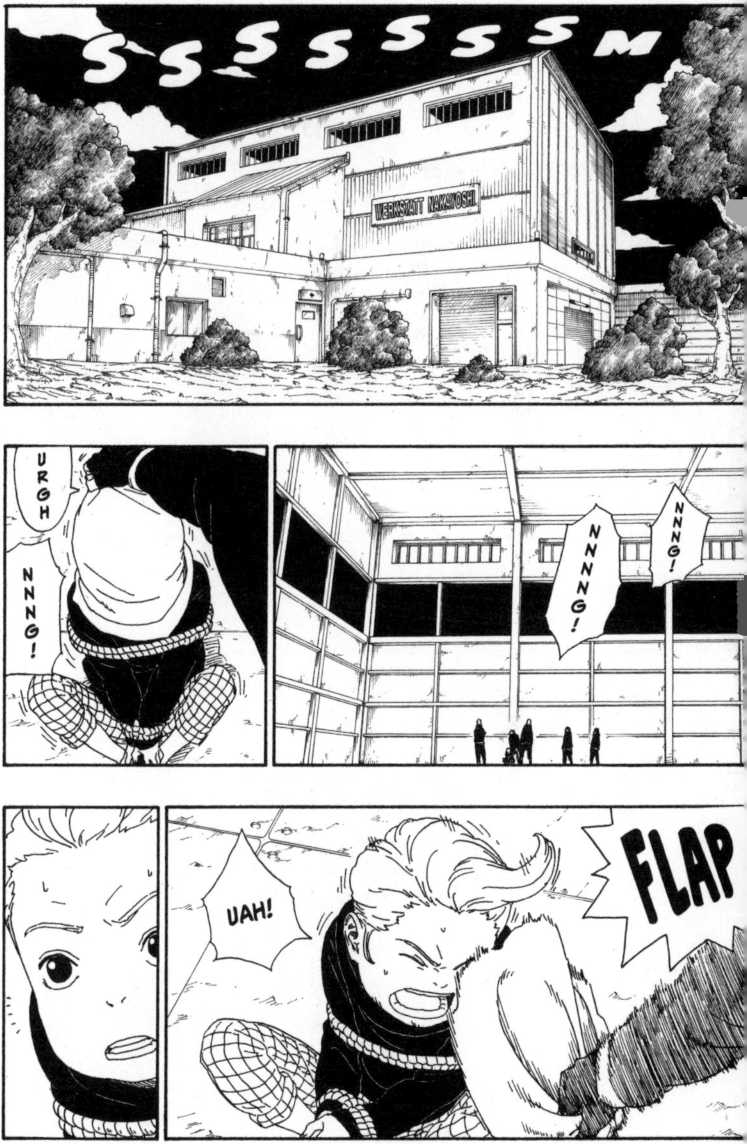
SSSSSSSM
WERKSTATT NAKAYOSHI
NNNG!
NNNNG!
URGH
NNNG!
FLAP
UAH!

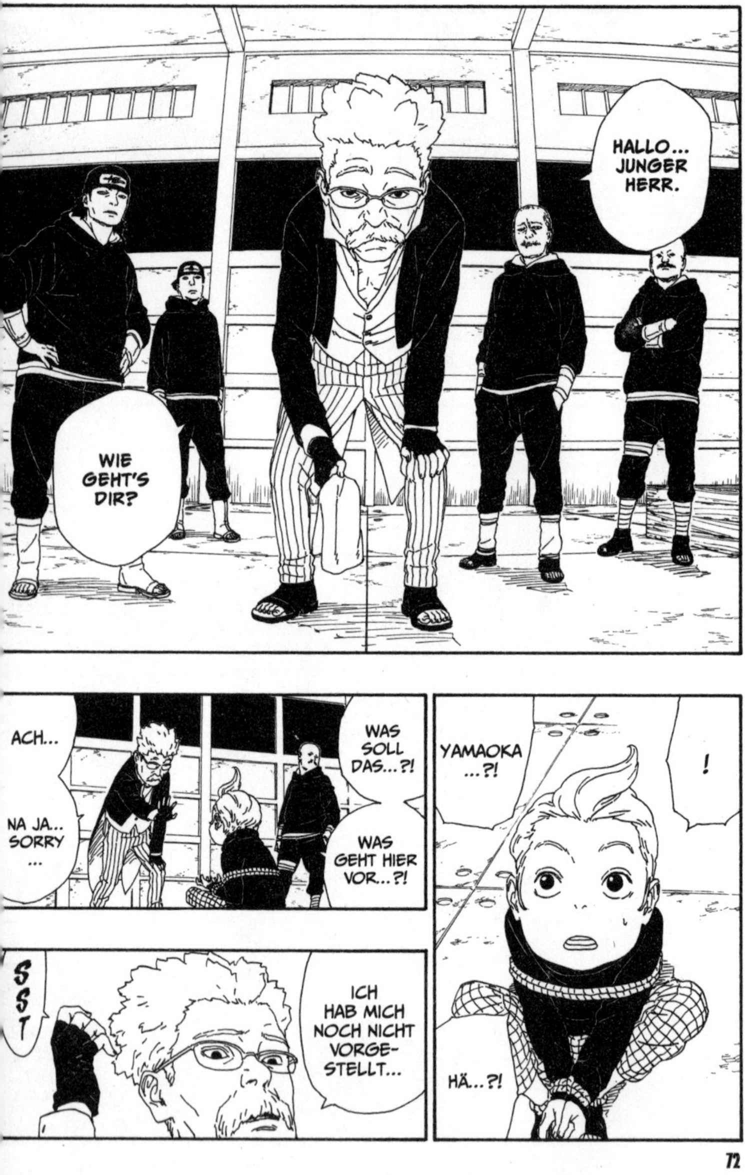
HALLO... JUNGER HERR.
WIE GEHT'S DIR?
!
YAMAOKA ...?!
HÄ...?!
WAS SOLL DAS...?!
WAS GEHT HIER VOR...?!
ACH...
NA JA... SORRY ...
ICH HAB MICH NOCH NICHT VORGE-STELLT...
SST

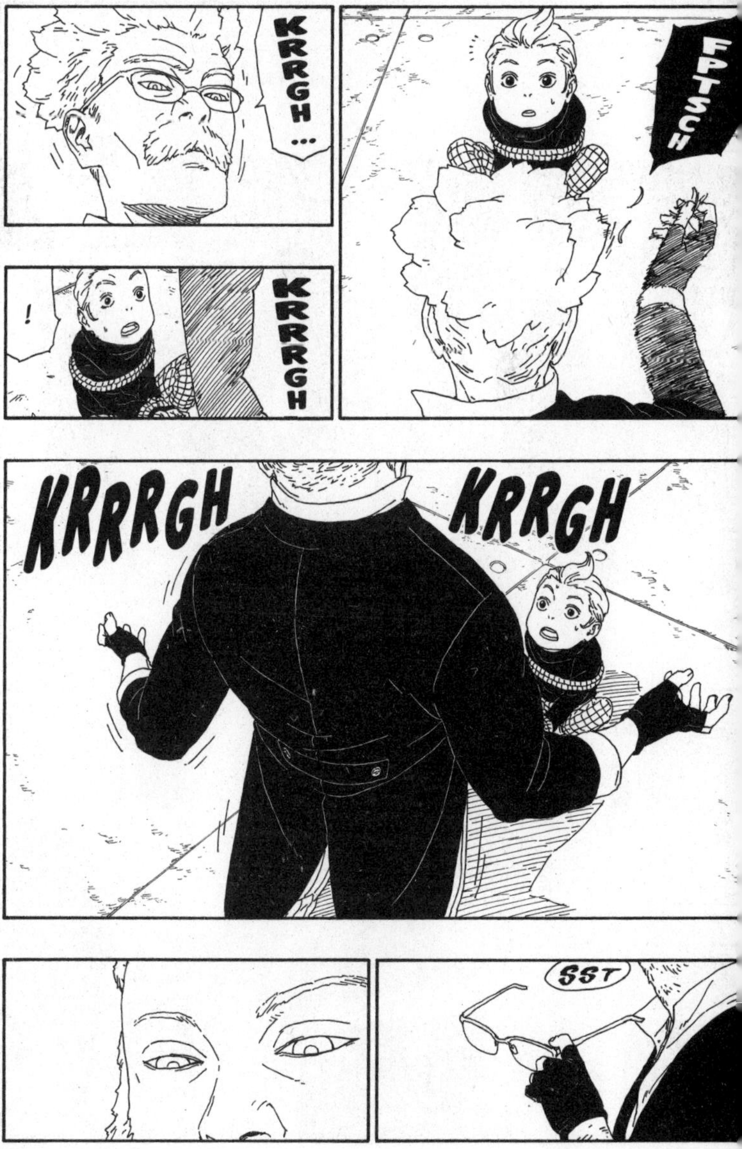
FPTSCH
KRRGH ...
KRRRRGH
KRRRGH
KRRGH
SST

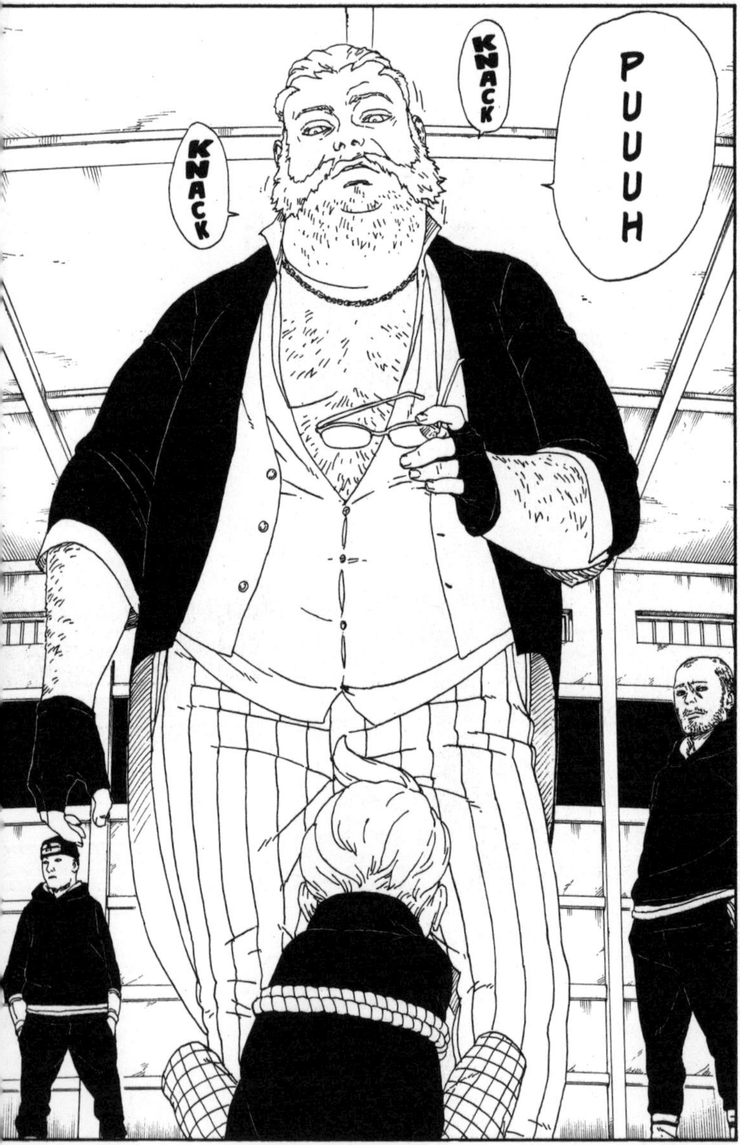
PUUUH
KNACK
KNACK

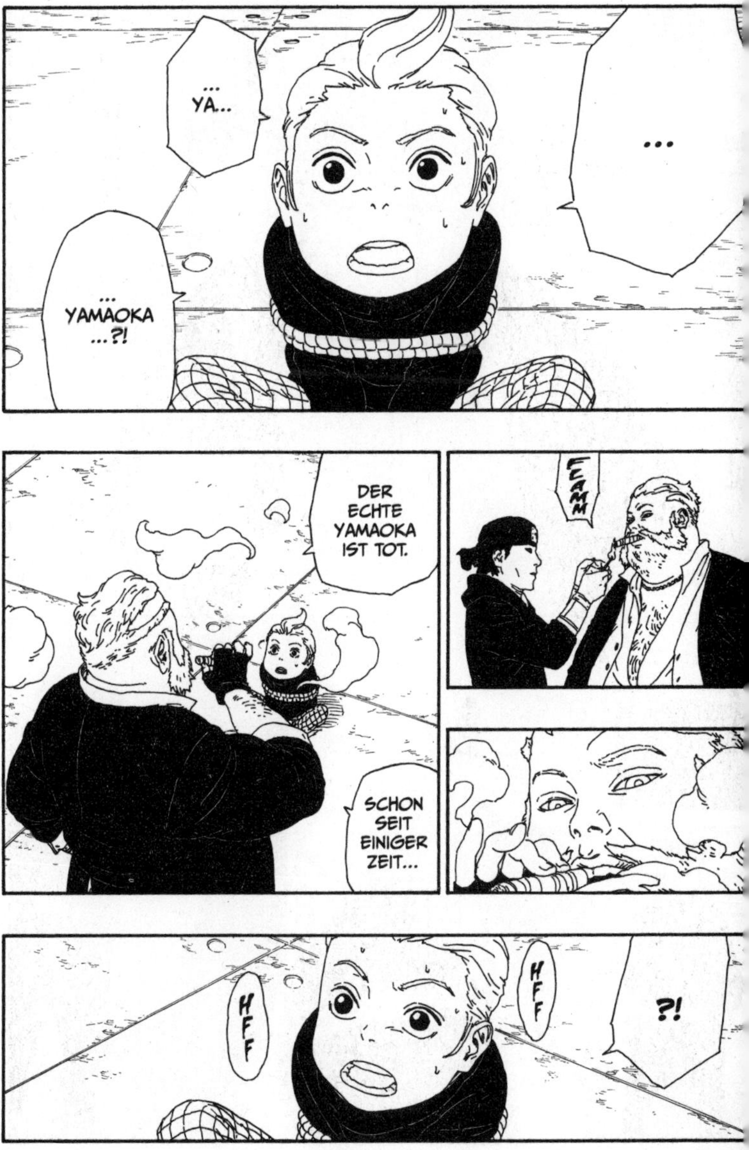
...
... YA...
... YAMAOKA ...?!
DER ECHTE YAMAOKA IST TOT.
FLAMM
SCHON SEIT EINIGER ZEIT...
?!
HFF
HFF

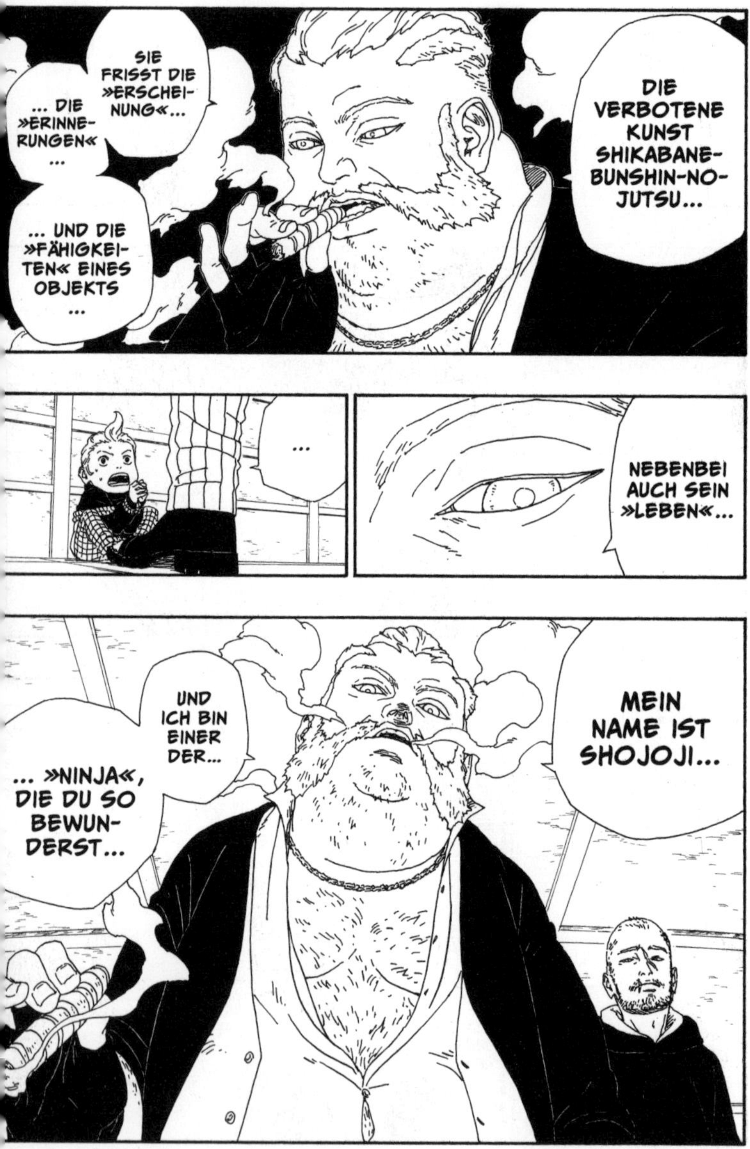
DIE VERBOTENE KUNST SHIKABANE-BUNSHIN-NO-JUTSU ...
SIE FRISST DIE »ERSCHEI-NUNG« ...
... DIE »ERINNE-RUNGEN« ...
... UND DIE »FÄHIGKEI-TEN« EINES OBJEKTS ...
NEBENBEI AUCH SEIN »LEBEN« ...
...
MEIN NAME IST SHOJOJI ...
UND ICH BIN EINER DER ...
... »NINJA«, DIE DU SO BEWUN-DERST ...

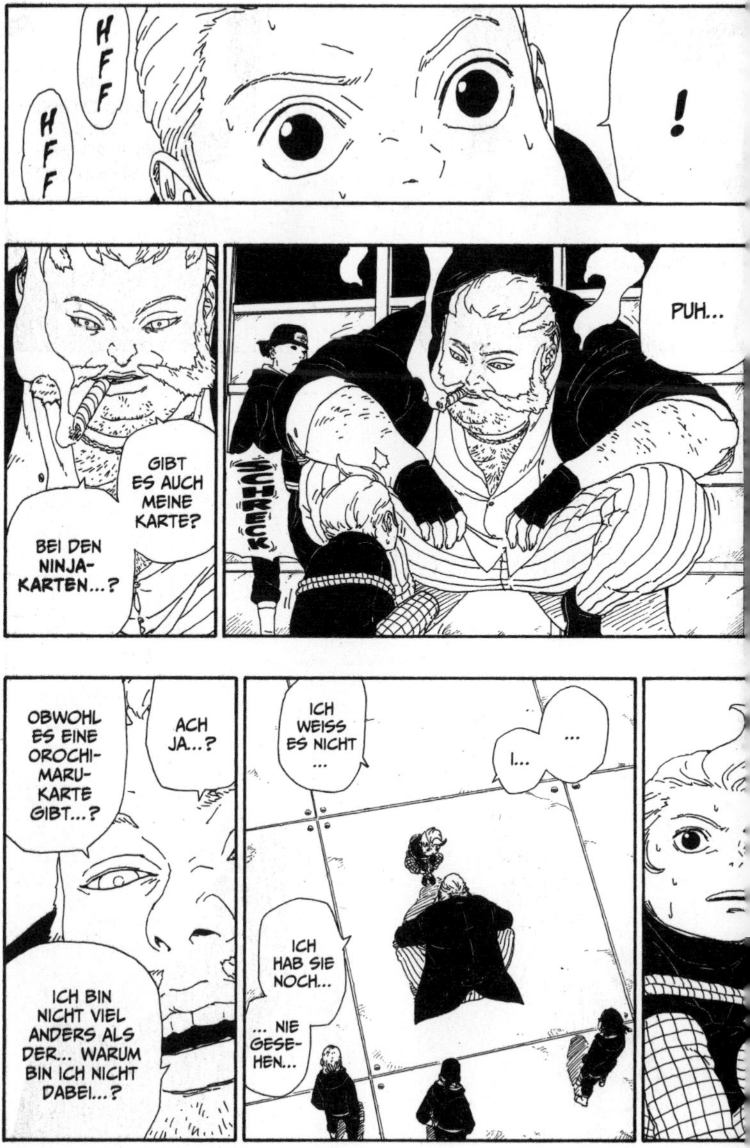
!
HFF
HFF
PUH...
SCHRECK
BEI DEN NINJA-KARTEN...?
GIBT ES AUCH MEINE KARTE?
...
I...
ICH WEISS ES NICHT ...
ICH HAB SIE NOCH...
... NIE GESEHEN...
ACH JA...?
OBWOHL ES EINE OROCHI-MARU-KARTE GIBT...?
ICH BIN NICHT VIEL ANDERS ALS DER... WARUM BIN ICH NICHT DABEI...?

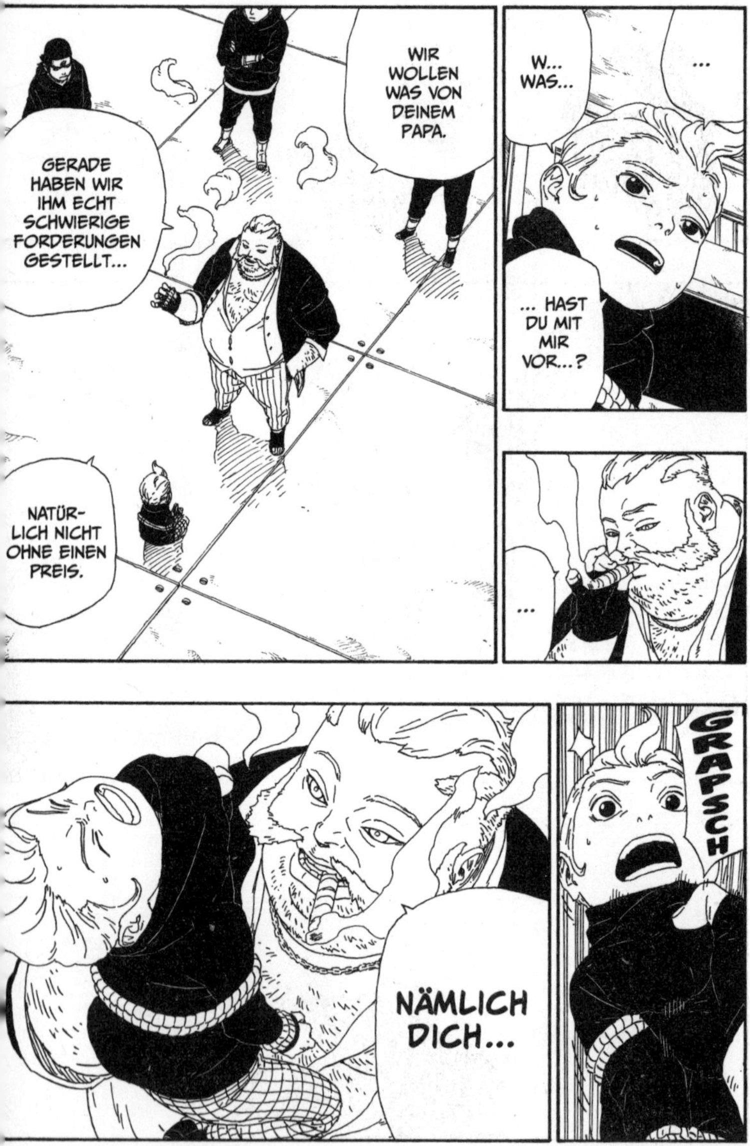
...
W... WAS...
... HAST DU MIT MIR VOR...?
WIR WOLLEN WAS VON DEINEM PAPA.
GERADE HABEN WIR IHM ECHT SCHWIERIGE FORDERUNGEN GESTELLT...
NATÜRLICH NICHT OHNE EINEN PREIS.
...
GRAPSCH
NÄMLICH DICH...

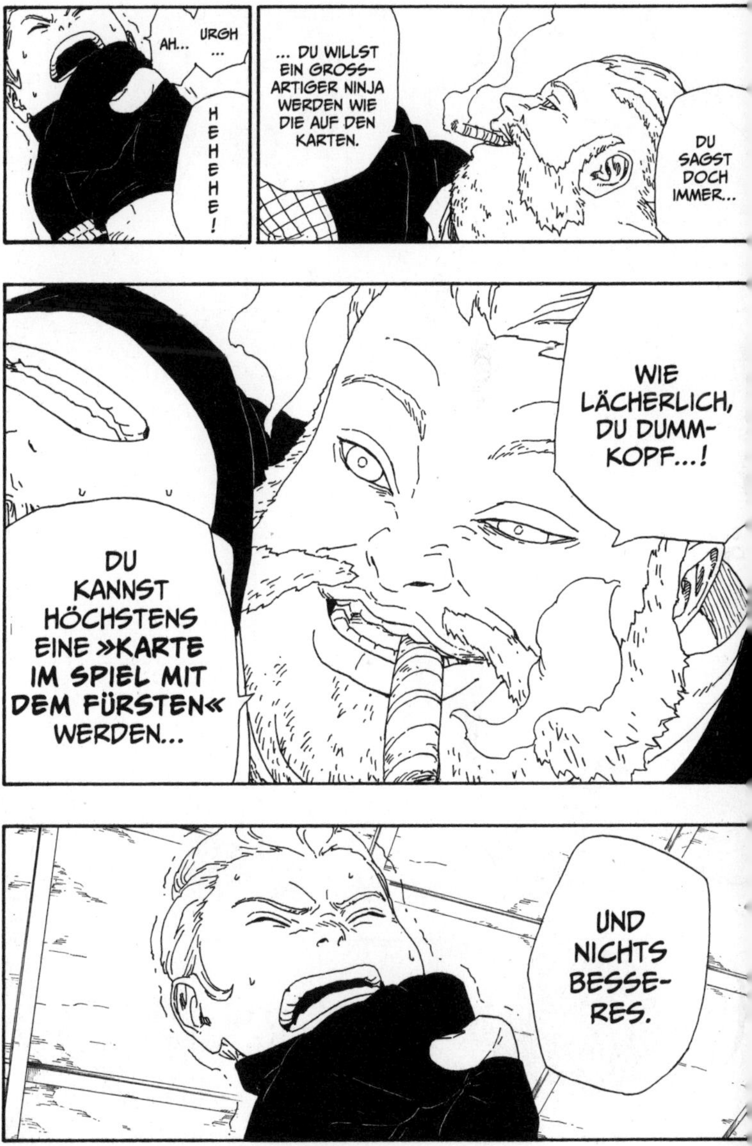

DU SAGST DOCH IMMER...
... DU WILLST EIN GROSS-ARTIGER NINJA WERDEN WIE DIE AUF DEN KARTEN.
AH... URGH ...
HEHEHE!
WIE LÄCHERLICH, DU DUMM-KOPF...!
DU KANNST HÖCHSTENS EINE »KARTE IM SPIEL MIT DEM FÜRSTEN« WERDEN...
UND NICHTS BESSE-RES.

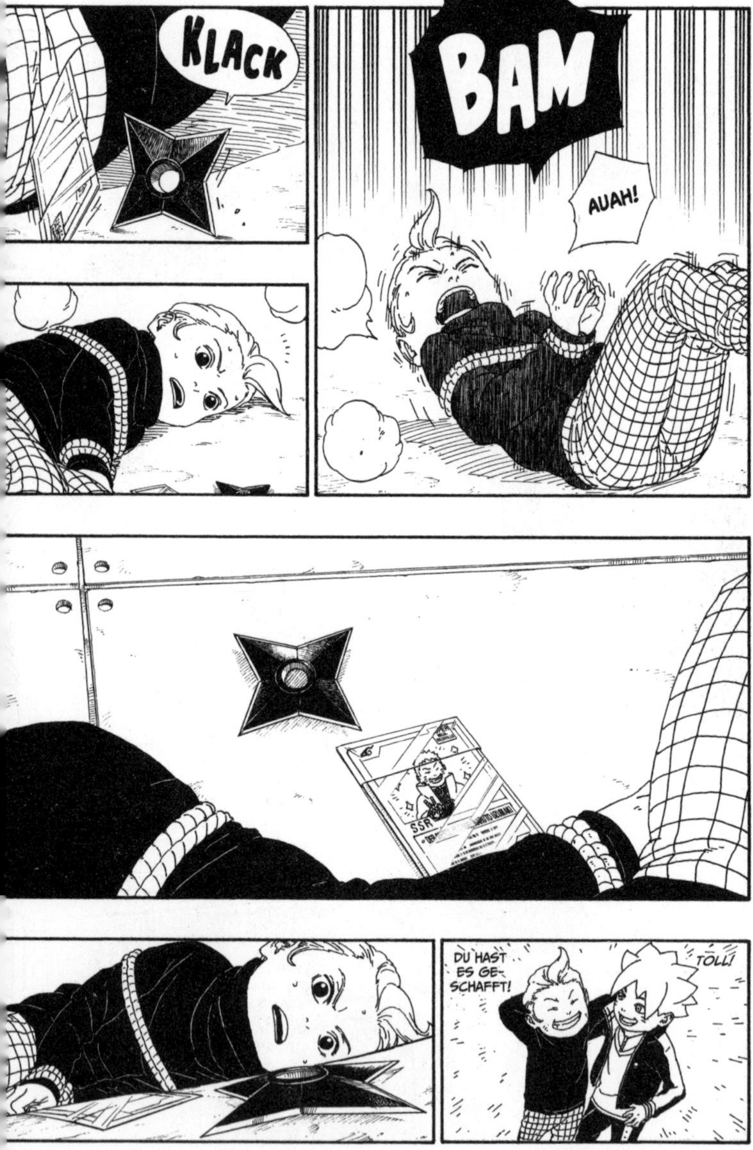
KLACK
BAM
AUAH!
TOLL!
DU HAST ES GE-SCHAFFT!

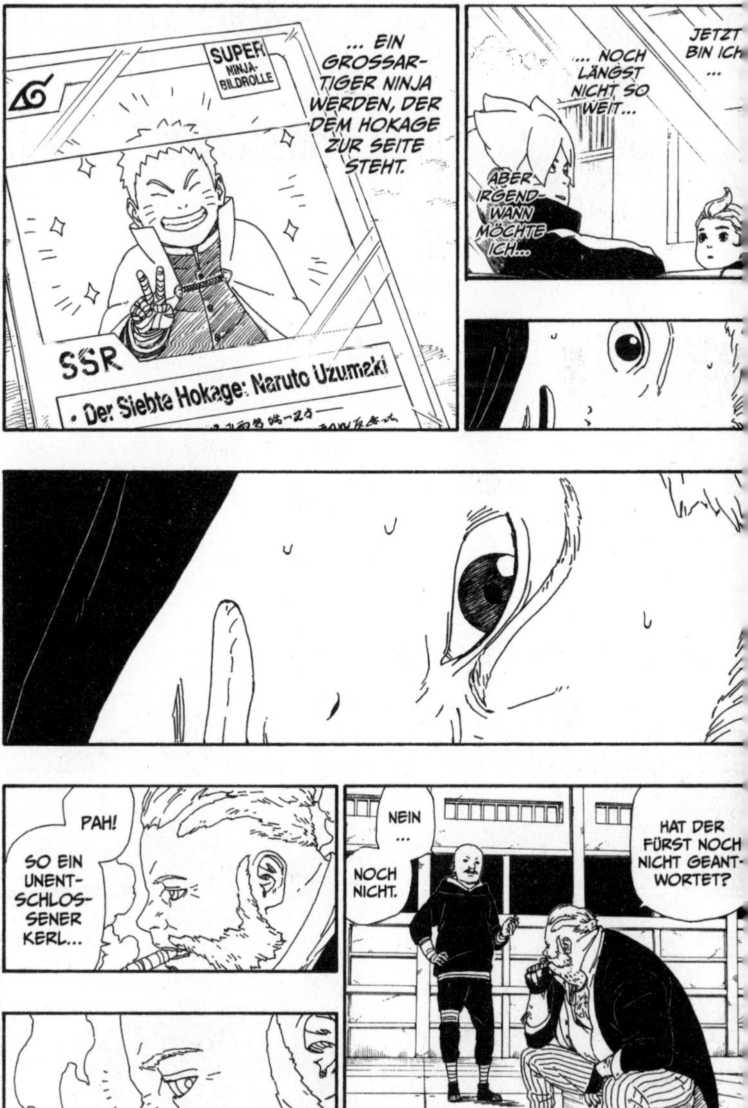
JETZT BIN ICH ...
... NOCH LÄNGST NICHT SO WEIT...
ABER IRGENDWANN MÖCHTE ICH...
... EIN GROSSARTIGER NINJA WERDEN, DER DEM HOKAGE ZUR SEITE STEHT.
SUPER NINJA-BILDROLLE
SSR
• Der Siebte Hokage: Naruto Uzumaki
HAT DER FÜRST NOCH NICHT GEANTWORTET?
NEIN ...
NOCH NICHT.
PAH!
SO EIN UNENTSCHLOSSENER KERL...

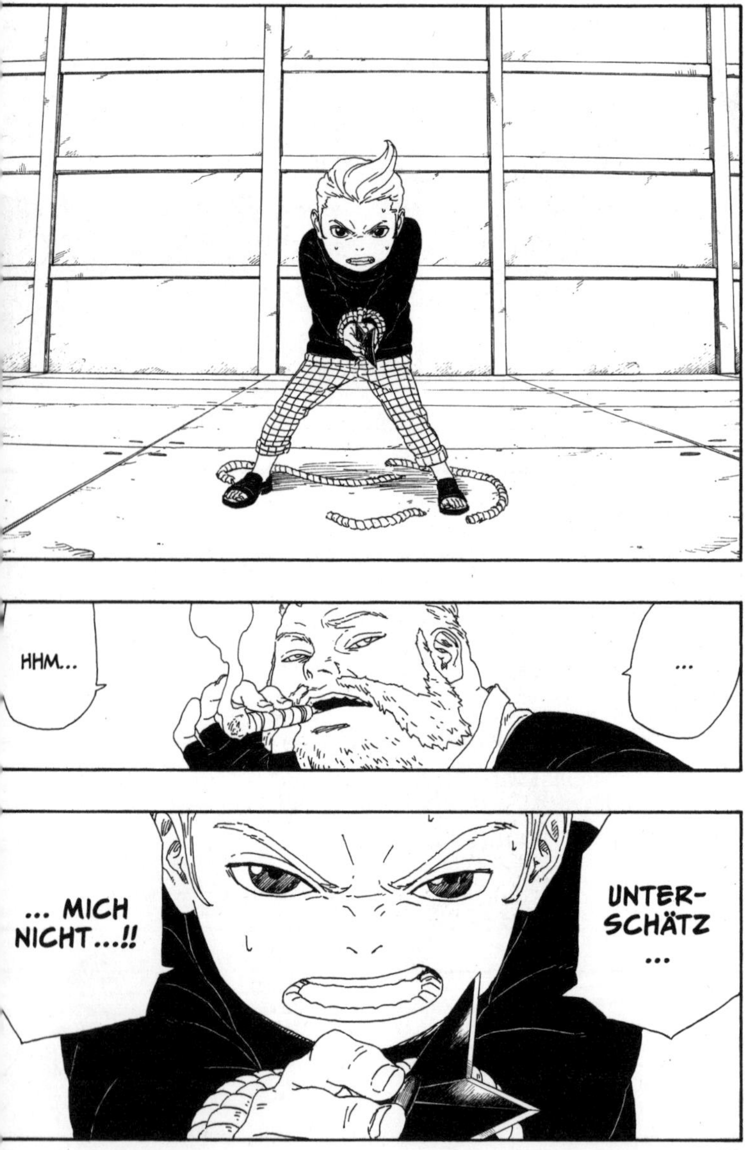
...
HHM...
UNTER-
SCHÄTZ
...
... MICH
NICHT...!!

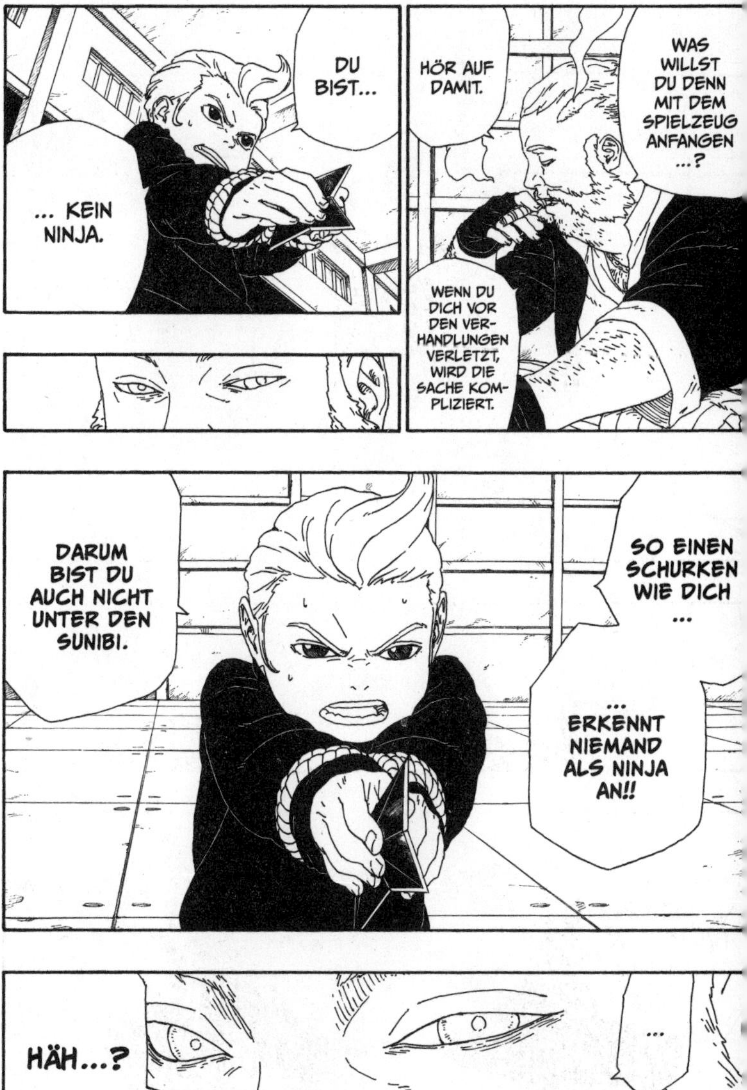
WAS WILLST DU DENN MIT DEM SPIELZEUG ANFANGEN ...?
HÖR AUF DAMIT.
WENN DU DICH VOR DEN VERHANDLUNGEN VERLETZT, WIRD DIE SACHE KOMPLIZIERT.
DU BIST...
... KEIN NINJA.
SO EINEN SCHURKEN WIE DICH ...
... ERKENNT NIEMAND ALS NINJA AN!!
DARUM BIST DU AUCH NICHT UNTER DEN SUNIBI.
...
HÄH...?

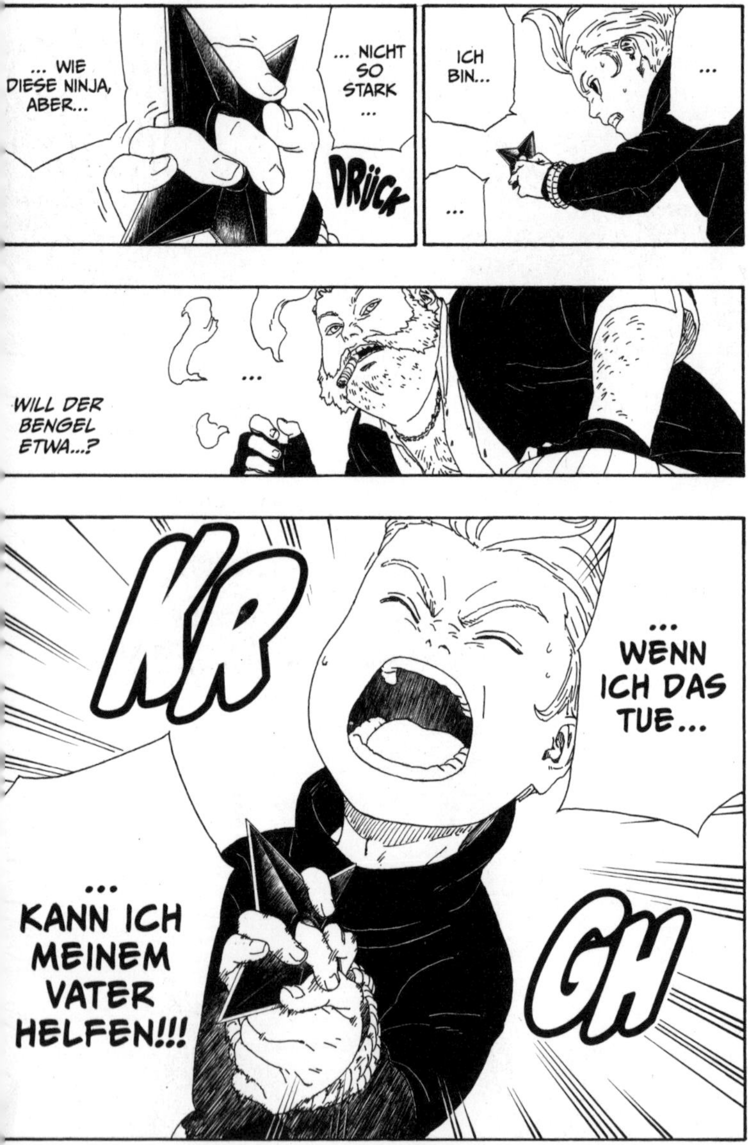
...
ICH BIN...
...
... NICHT SO STARK ...
DRÜCK
... WIE DIESE NINJA, ABER...
...
WILL DER BENGEL ETWA...?
... WENN ICH DAS TUE...
KR
GH
... KANN ICH MEINEM VATER HELFEN!!!

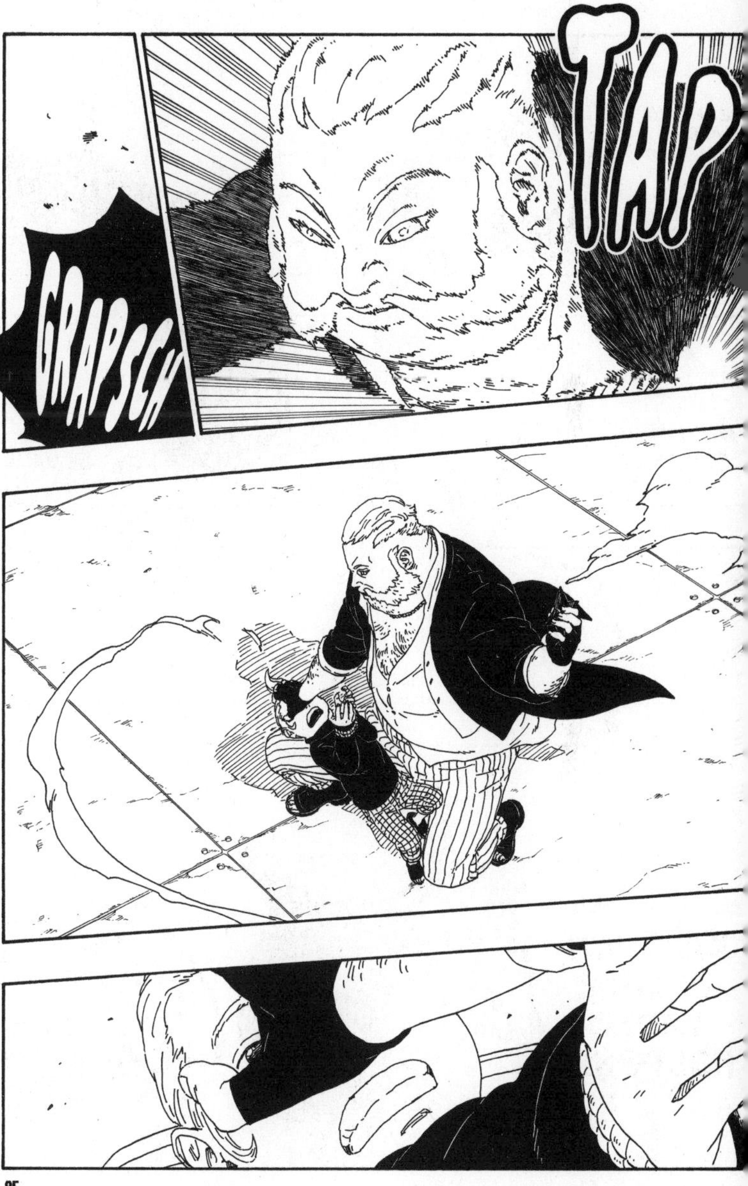
TAP
GRAPSCH

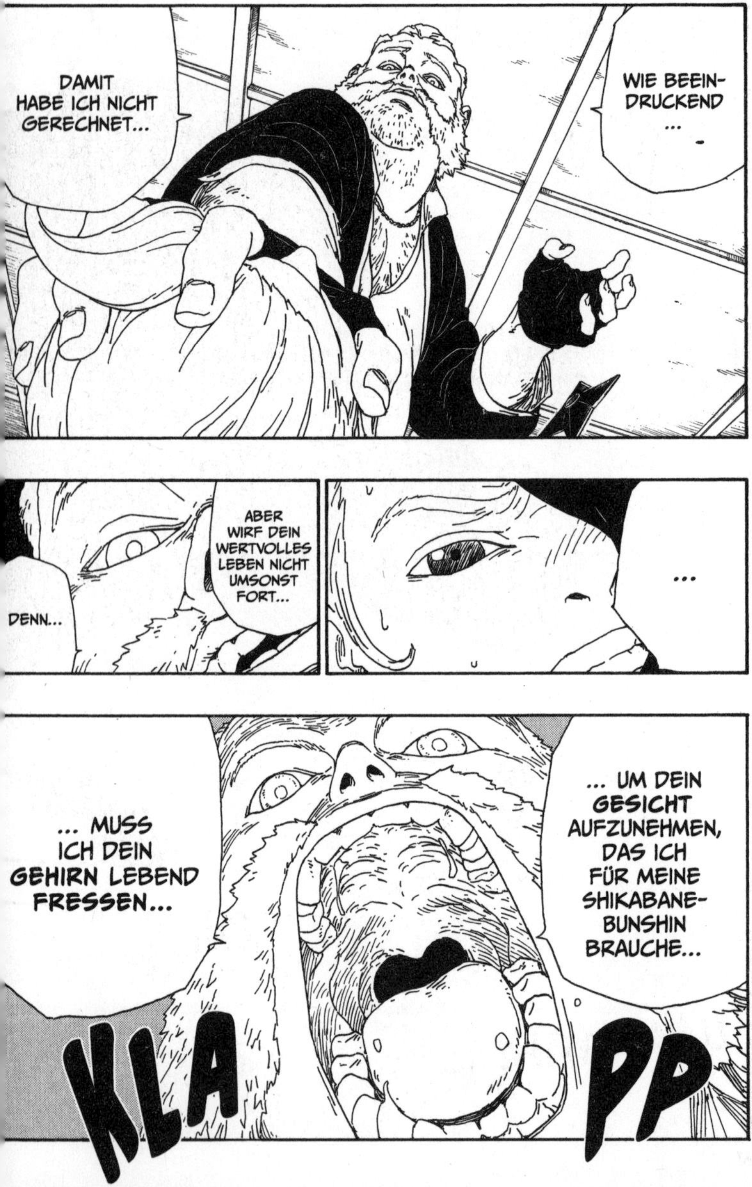
WIE BEEIN-DRUCKEND ...
DAMIT HABE ICH NICHT GERECHNET...
...
ABER WIRF DEIN WERTVOLLES LEBEN NICHT UMSONST FORT...
DENN...
... UM DEIN GESICHT AUFZUNEHMEN, DAS ICH FÜR MEINE SHIKABANE-BUNSHIN BRAUCHE...
... MUSS ICH DEIN GEHIRN LEBEND FRESSEN...
KLAPP

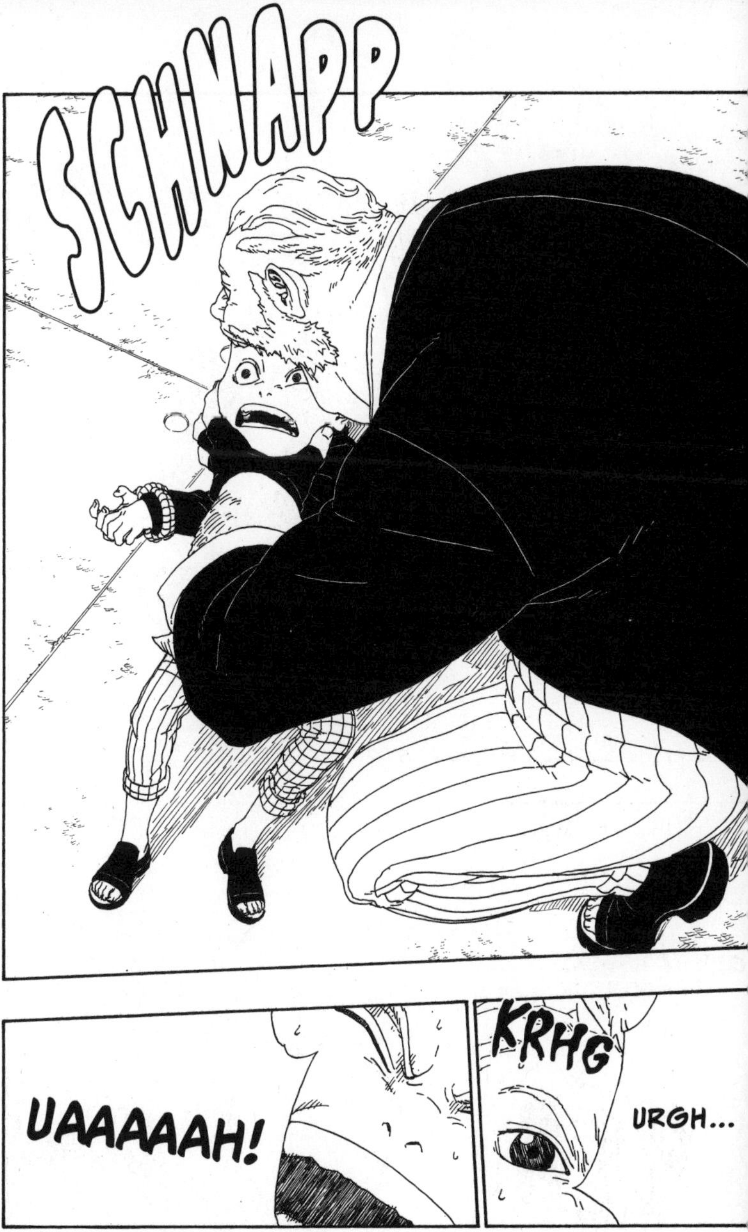
SCHNAPP
URGH...
KRHG
UAAAAAH!

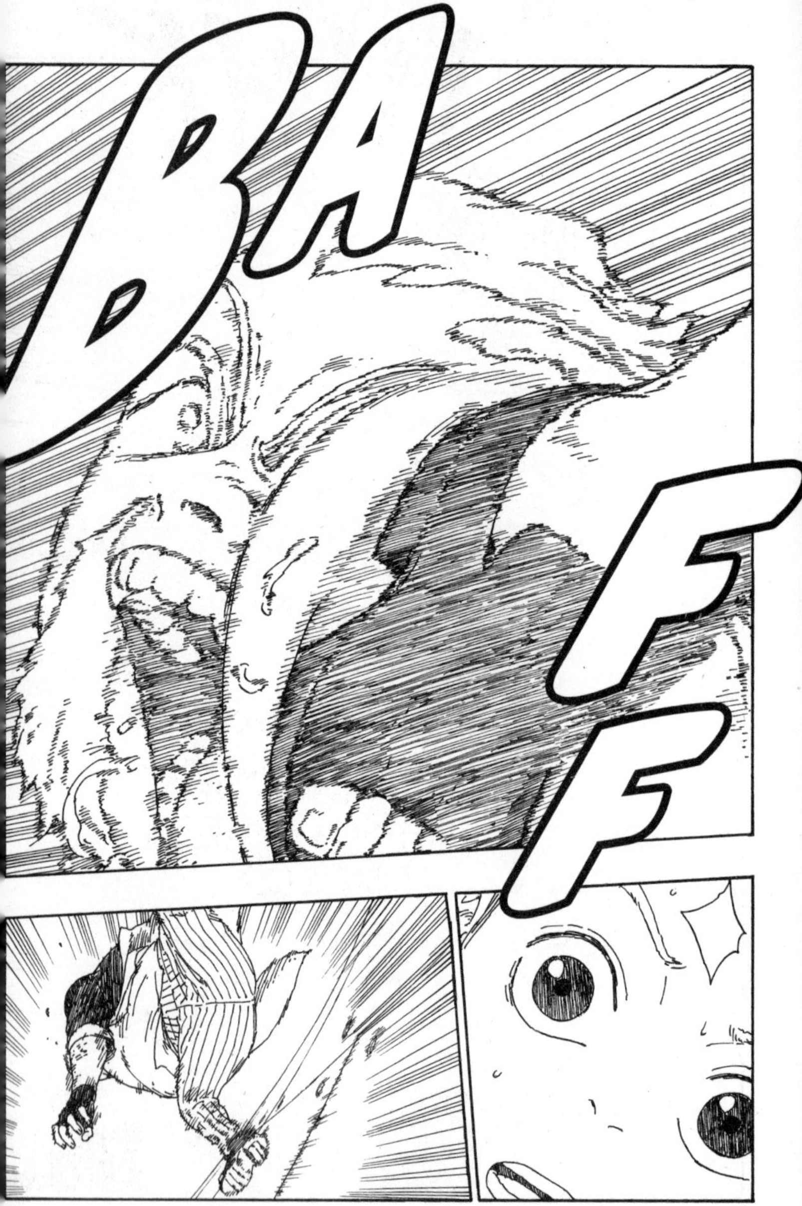
BAFF

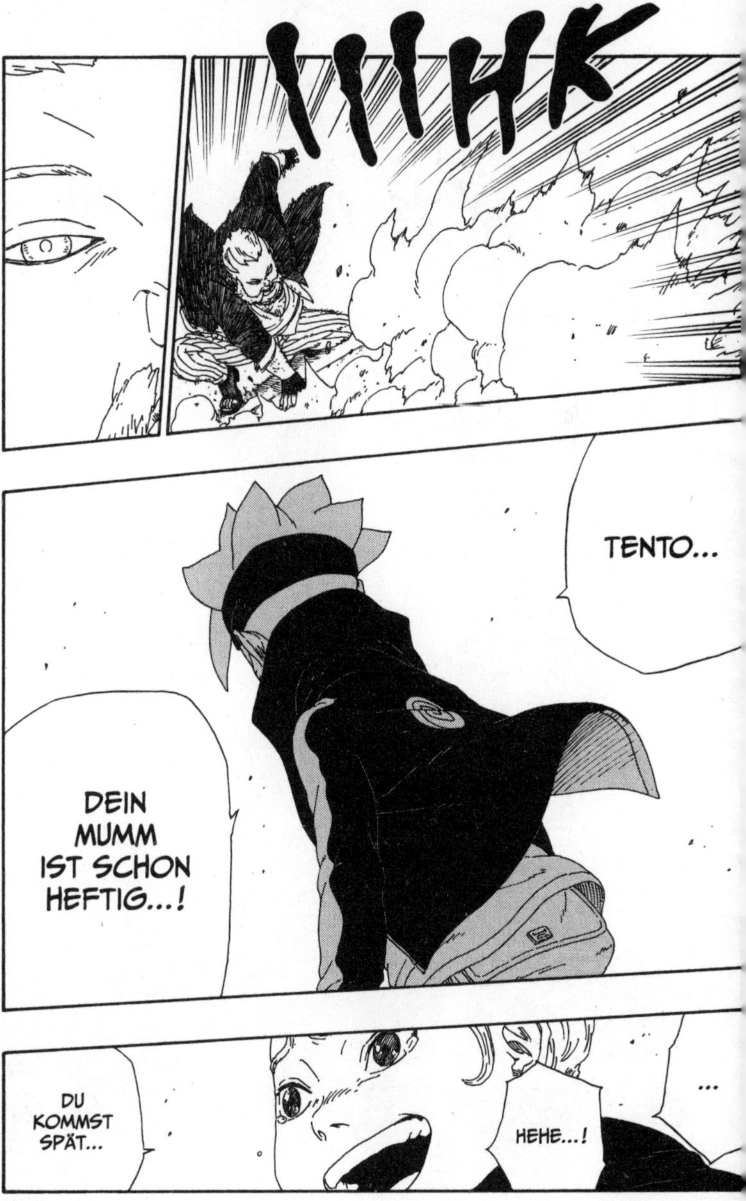
TENTO...
DEIN MUMM IST SCHON HEFTIG...!
...
HEHE...!
DU KOMMST SPÄT...

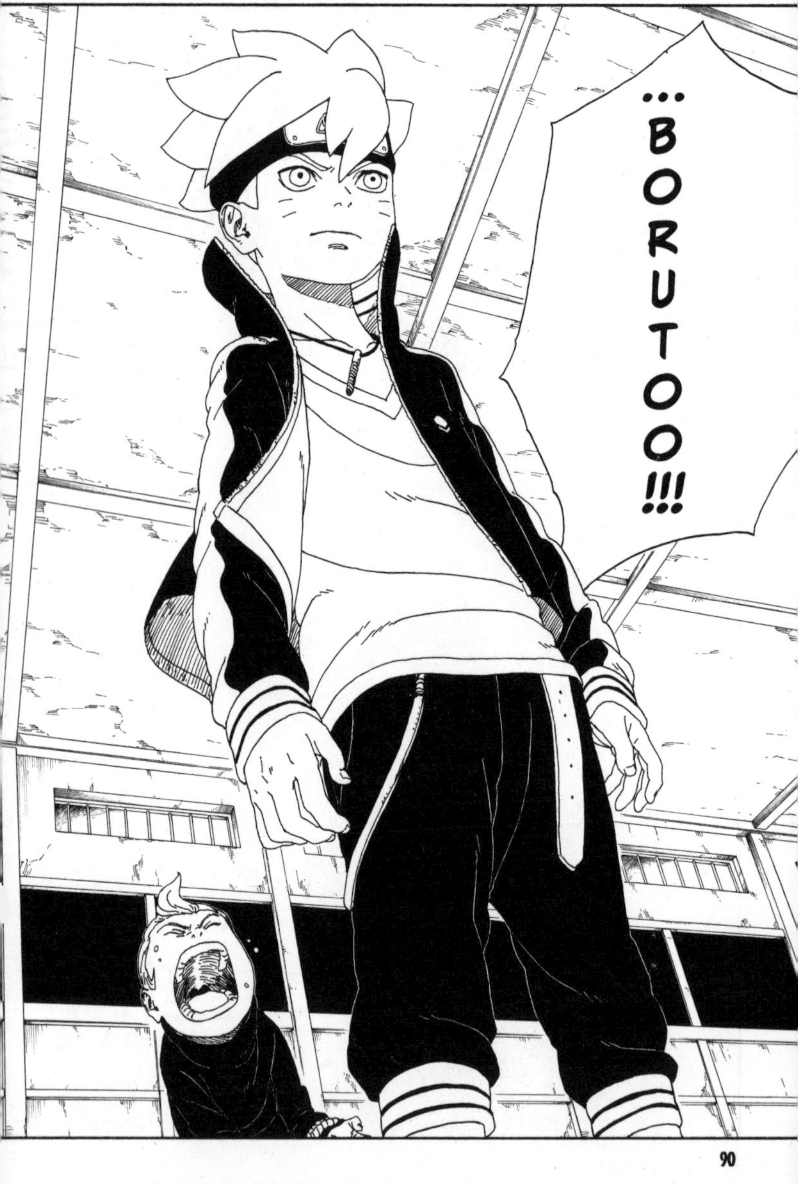
...BORUTOOO!!!

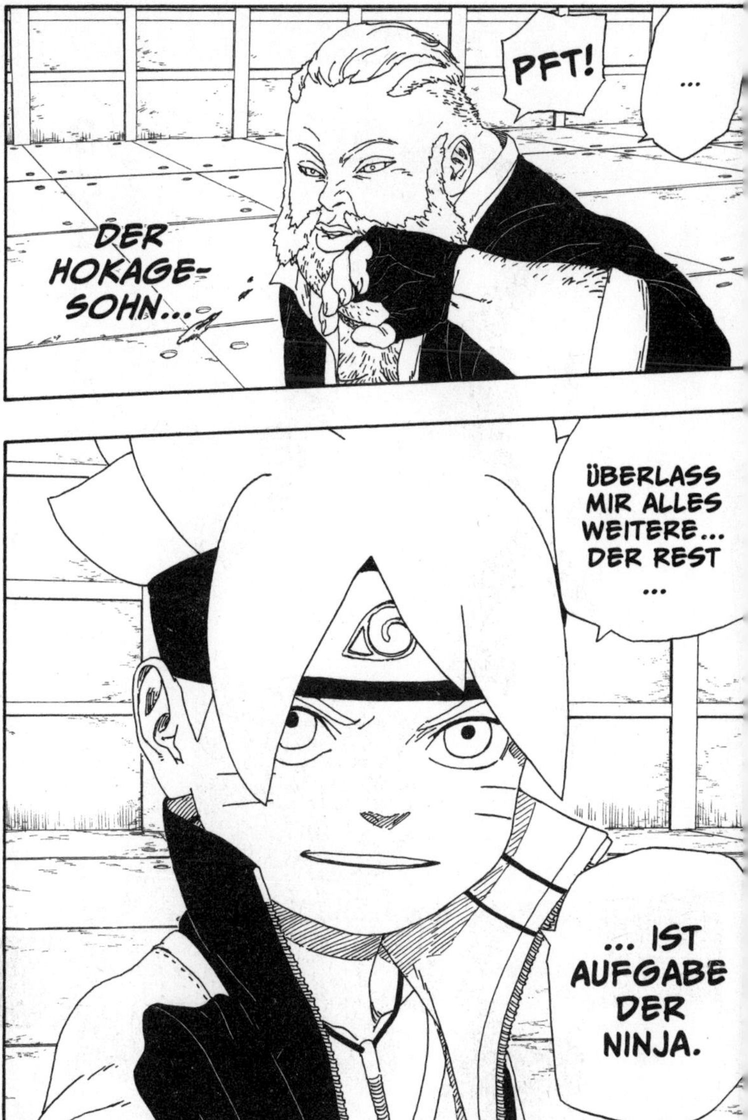
...
PFT!
DER HOKAGE-SOHN...
ÜBERLASS MIR ALLES WEITERE... DER REST ...
... IST AUFGABE DER NINJA.

GROSSES NINJA-LEXIKON – TEIL II

KONOHAMARU SARUTOBI

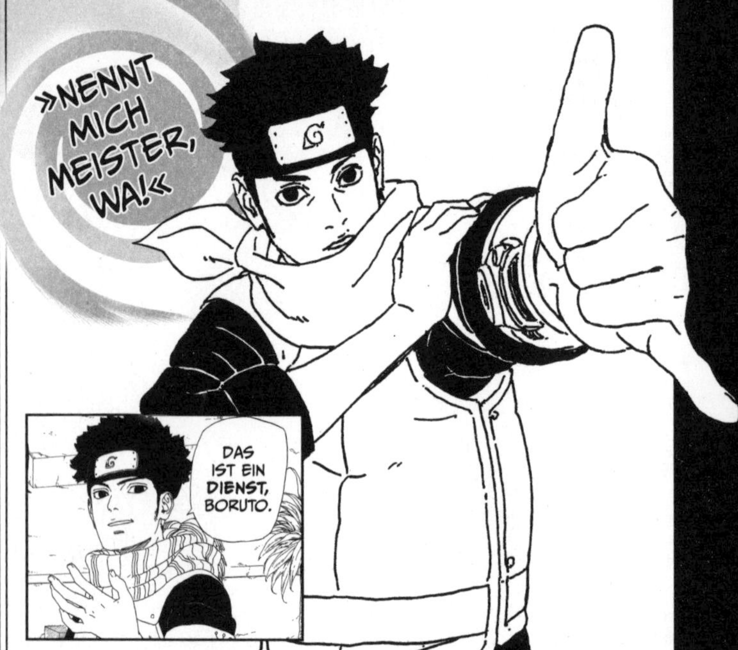

Eigenschaften

Körperkraft	160	Schnelligkeit	150
Intelligenz	100	Chakra	140
Wahrnehmungskraft	140	Verhandlungsgeschick	120

Fähigkeiten

Ringkampf mit bloßen Händen ☆☆☆☆
Ninjutsu ☆☆☆☆
Ausweichen ☆☆☆☆
u. a.

Ninja-Künste

Rasengan, Katon-Goen-no-Jutsu, Katon-Karyuendan u. a.

Die durchschnittlichen Eigenschaftswerte liegen bei normalen Menschen um die 60, bei Ge-Nin um die 90. Fähigkeitsgrade gibt es von 1-5. Mit 5 Sternen gehört man zur Spitzenklasse.

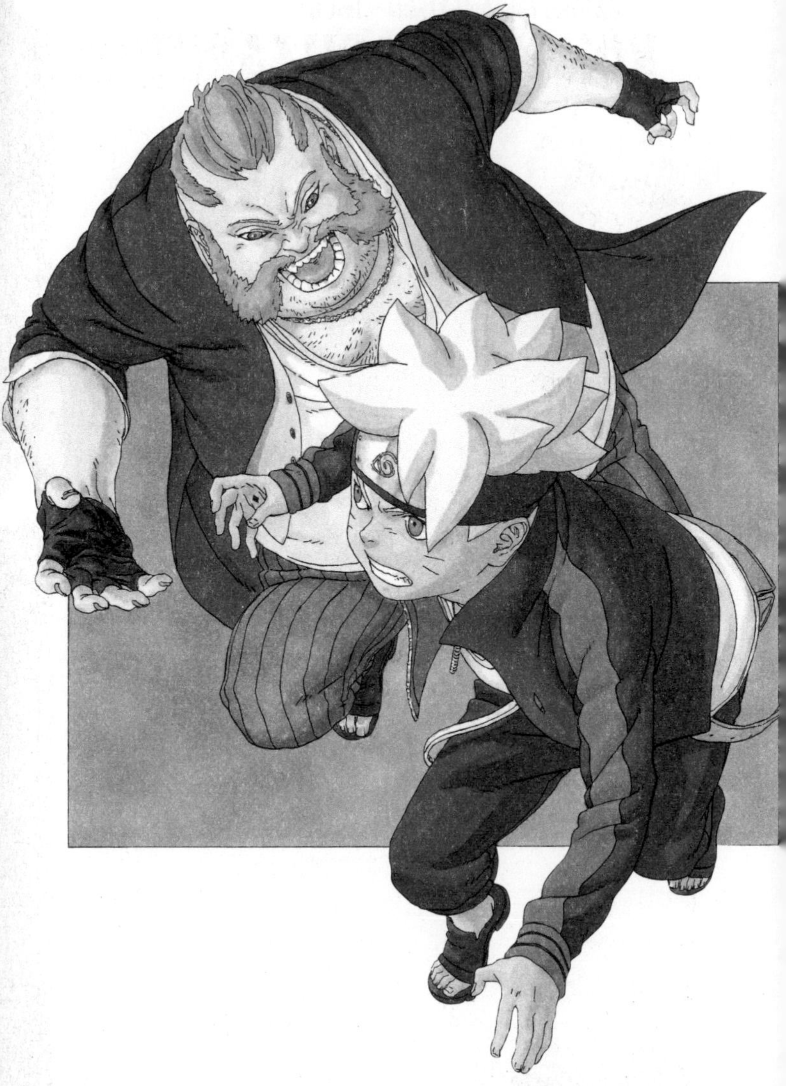

14: TEAMWORK

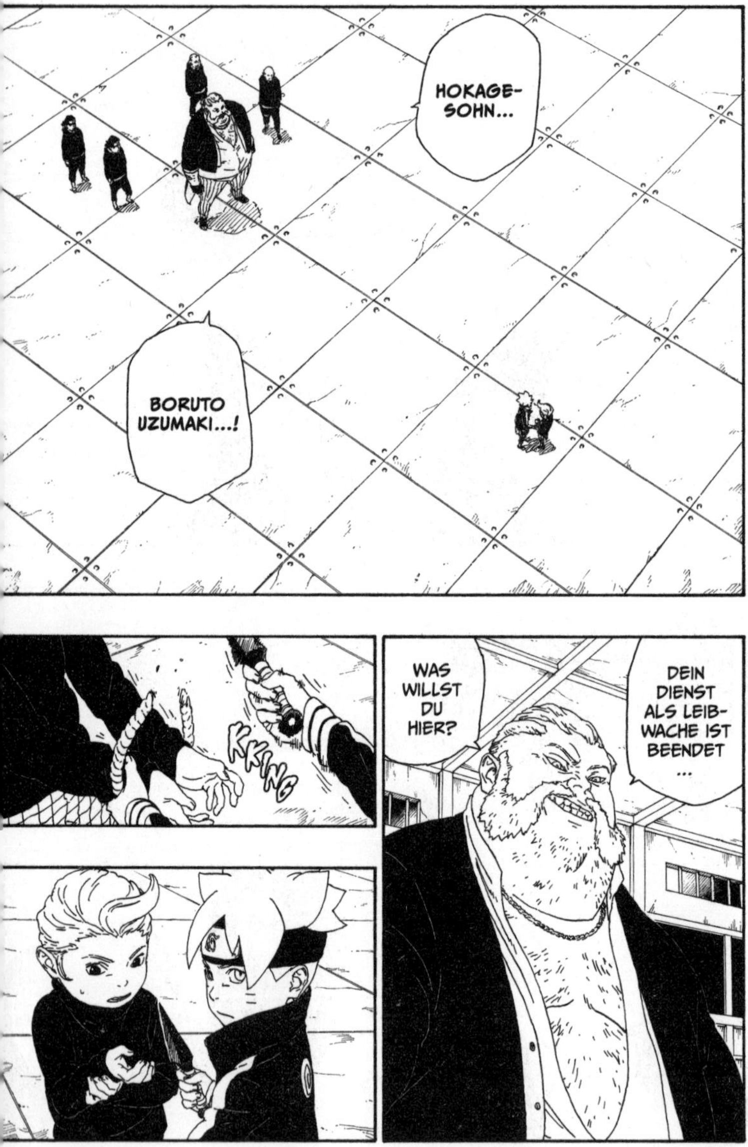
HOKAGE-
SOHN...
BORUTO
UZUMAKI...!
KKING
DEIN
DIENST
ALS LEIB-
WACHE IST
BEENDET
...
WAS
WILLST
DU
HIER?

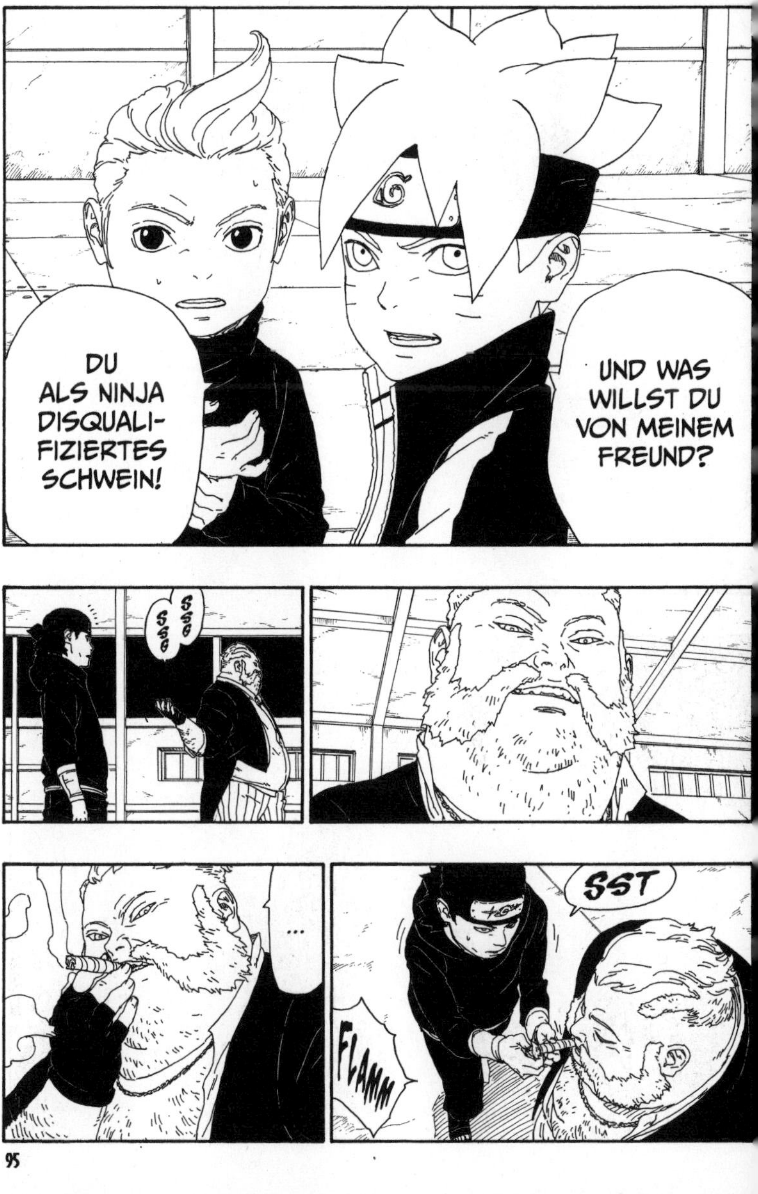
UND WAS WILLST DU VON MEINEM FREUND?
DU ALS NINJA DISQUALI-FIZIERTES SCHWEIN!
SSS SSS
...
SST
FLAMM

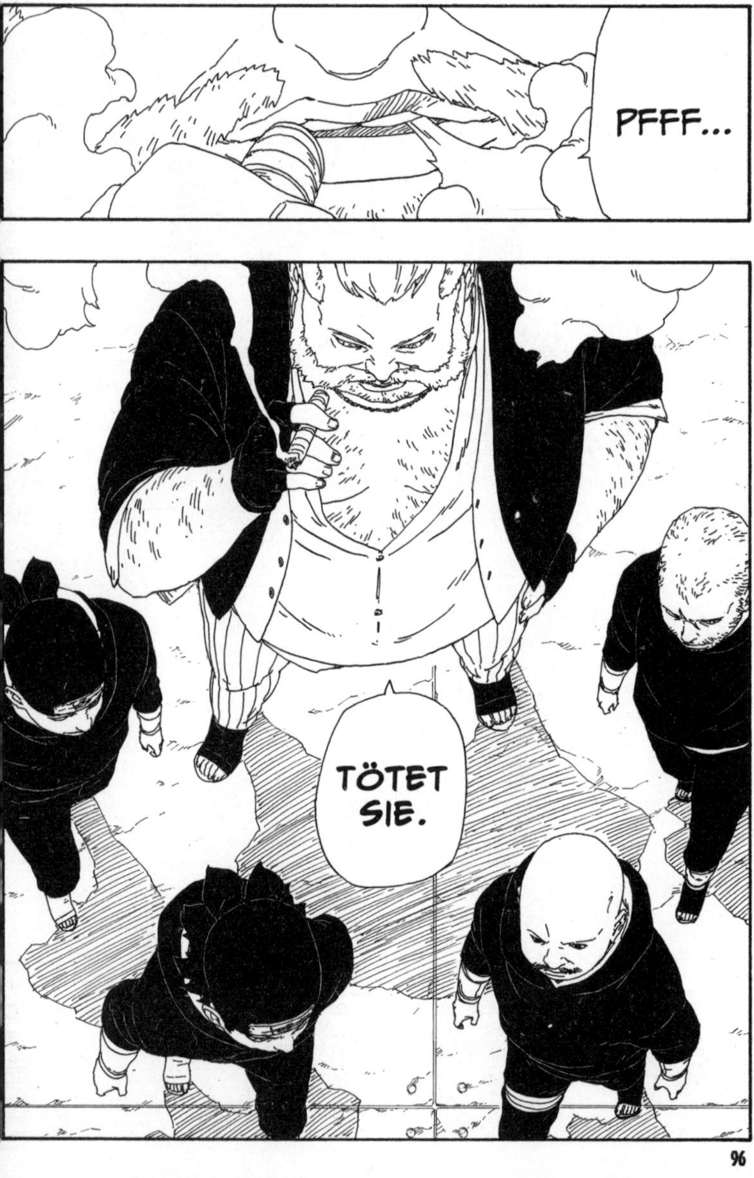
PFFF...
TÖTET SIE.

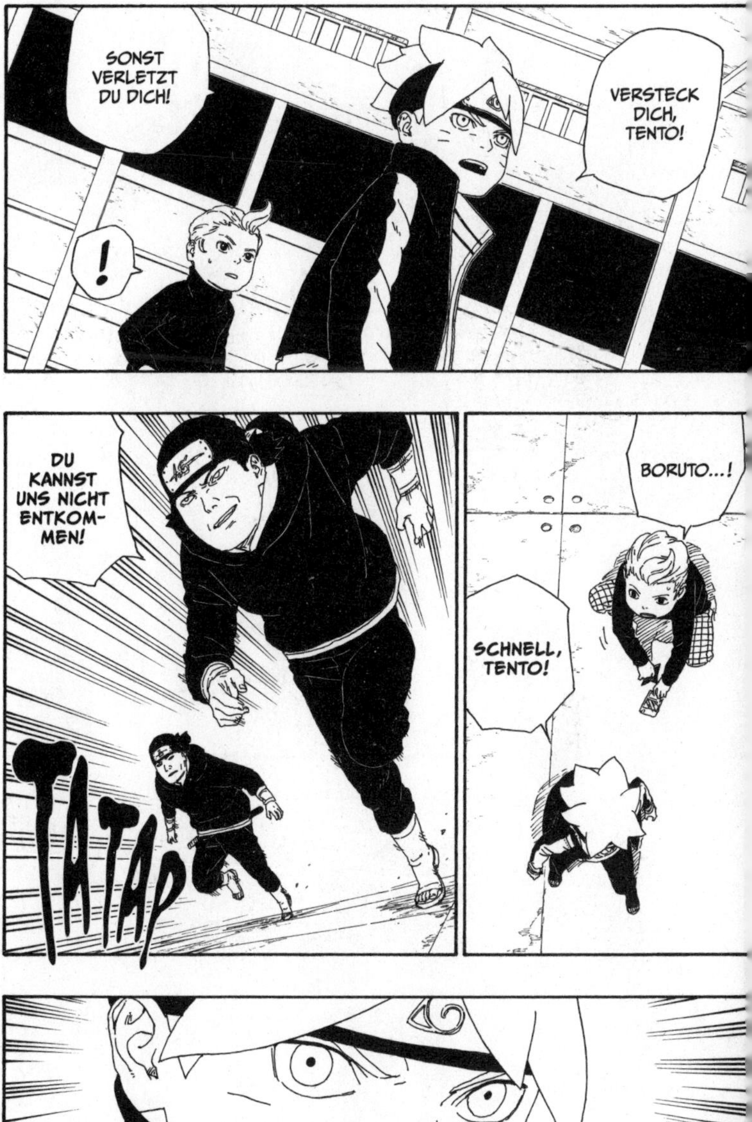
VERSTECK DICH, TENTO!
SONST VERLETZT DU DICH!
!
BORUTO...!
SCHNELL, TENTO!
DU KANNST UNS NICHT ENTKOM-MEN!
TATAP

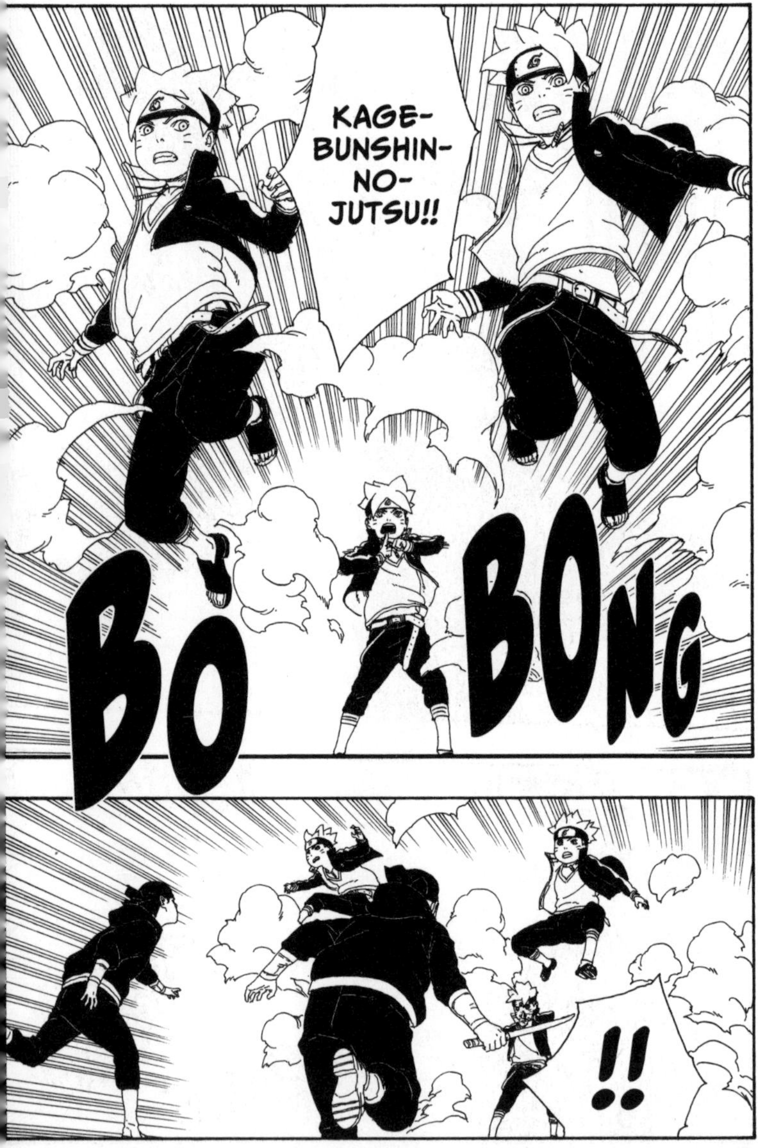
KAGE-
BUNSHIN-
NO-
JUTSU!!
BO
BONG
!!

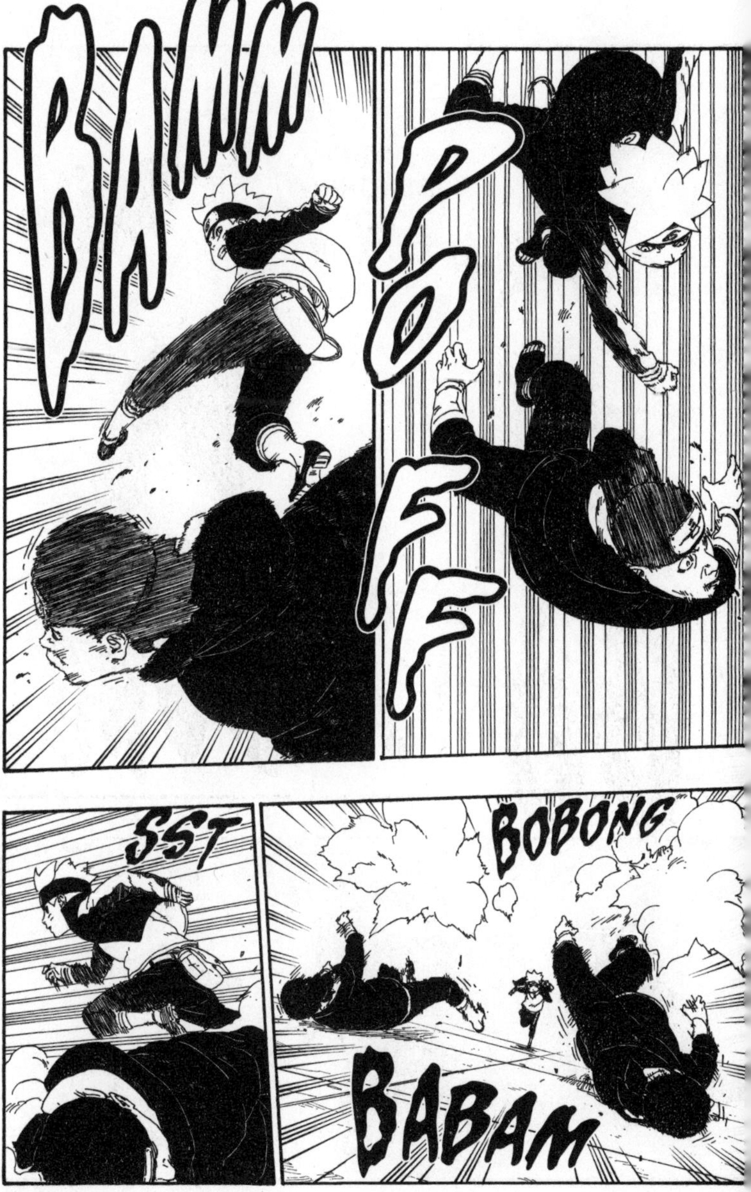
POFF
BAMM
BOBONG
BABAM
SST

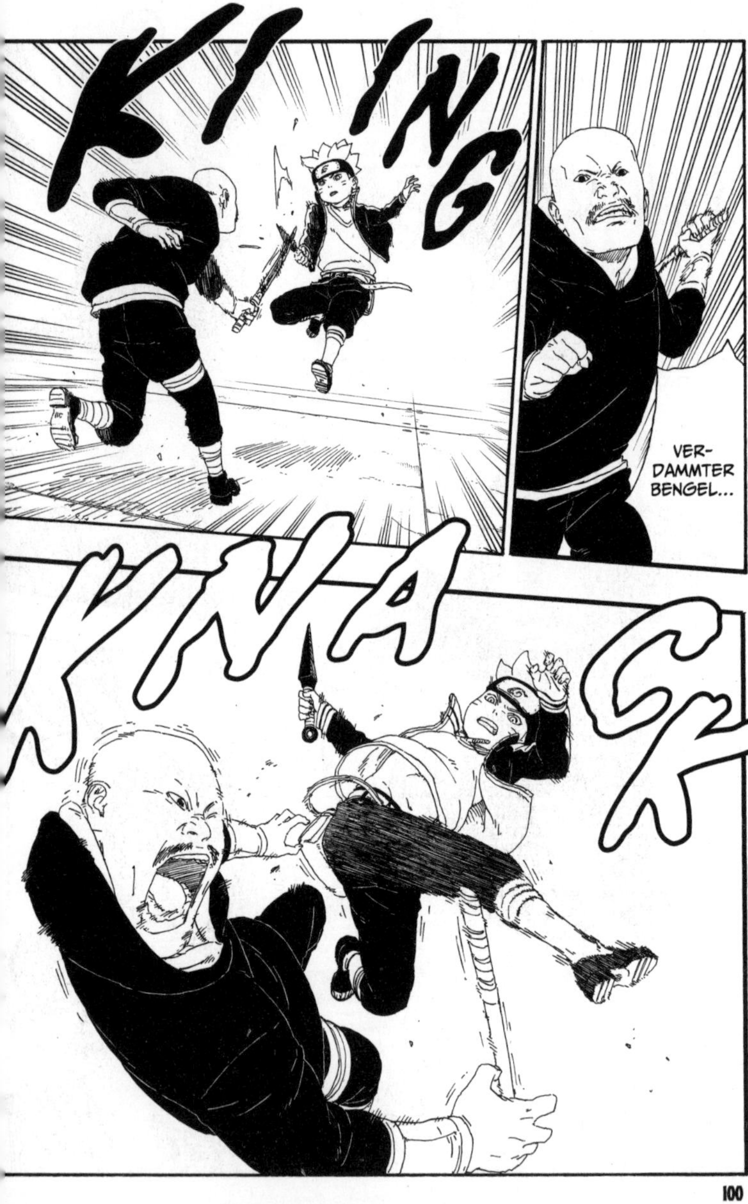
KIING
VER-
DAMMTER
BENGEL...
KNACK

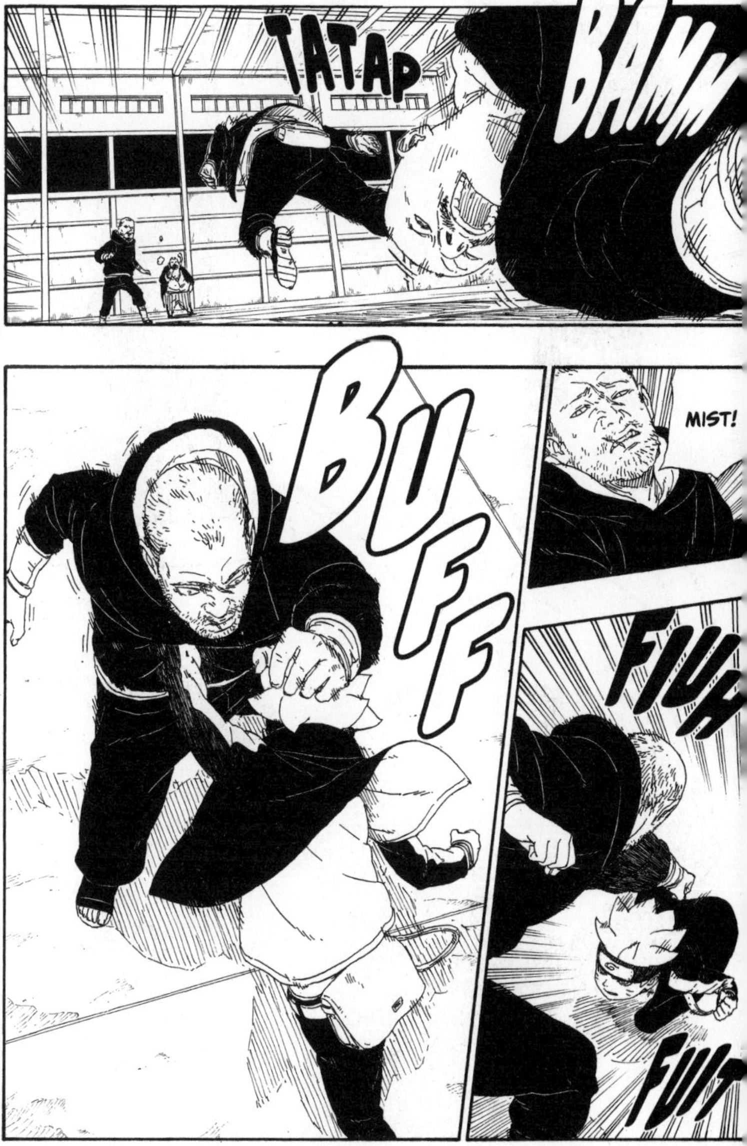
BAMM
TATAP
MIST!
BUFF
FIUH
FUIT

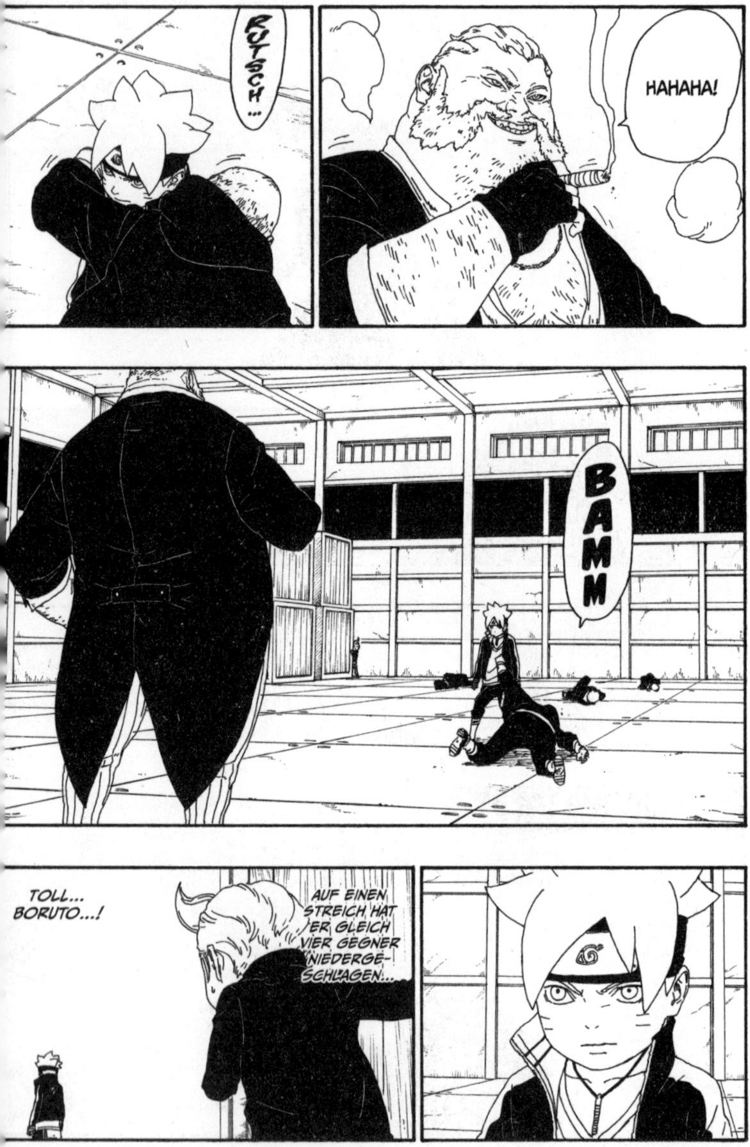
HAHAHA!
RUTSCH...
BAMM
AUF EINEN STREICH HAT ER GLEICH VIER GEGNER NIEDERGESCHLAGEN...
TOLL... BORUTO...!

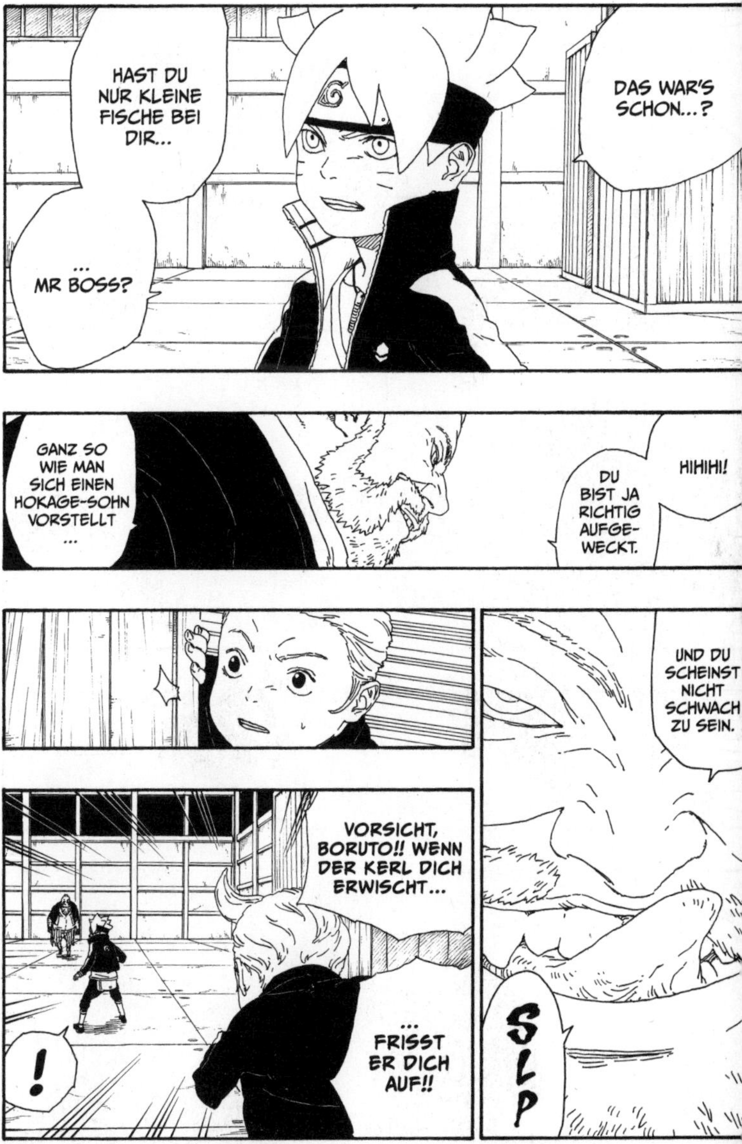
DAS WAR'S SCHON...?
HAST DU NUR KLEINE FISCHE BEI DIR...
... MR BOSS?
HIHIHI!
DU BIST JA RICHTIG AUFGE-WECKT.
GANZ SO WIE MAN SICH EINEN HOKAGE-SOHN VORSTELLT ...
UND DU SCHEINST NICHT SCHWACH ZU SEIN.
SLP
VORSICHT, BORUTO!! WENN DER KERL DICH ERWISCHT...
... FRISST ER DICH AUF!!
!

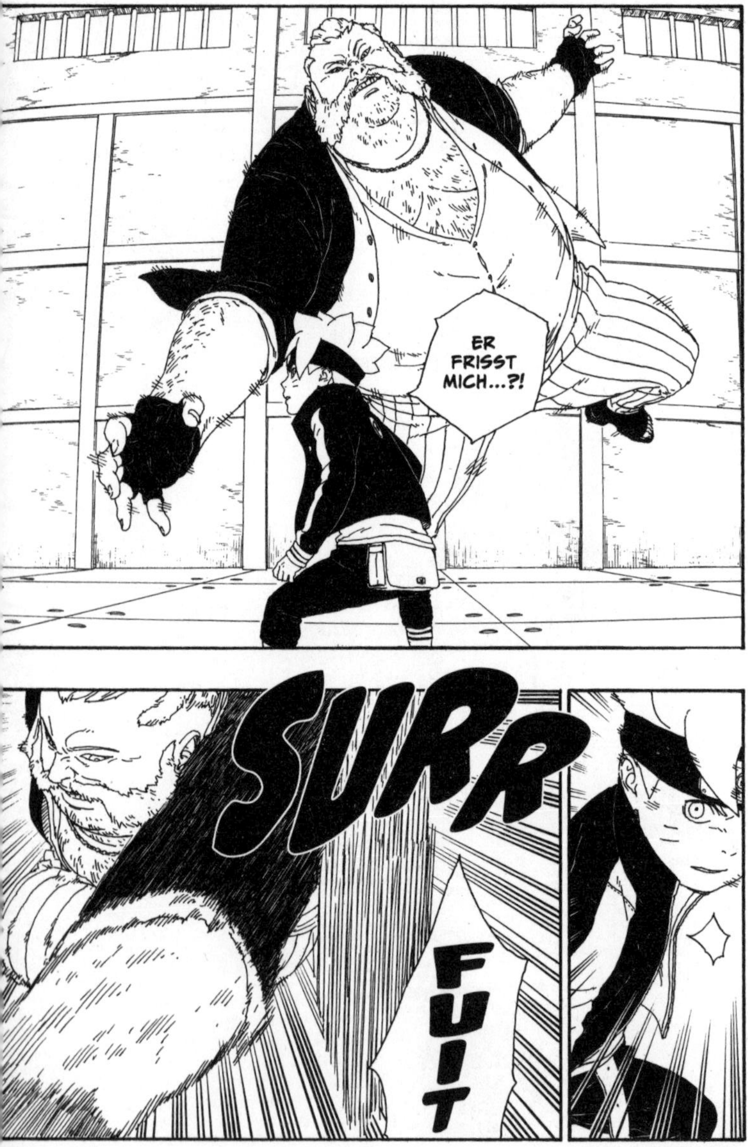
ER FRISST MICH...?!
SURR
FUIT

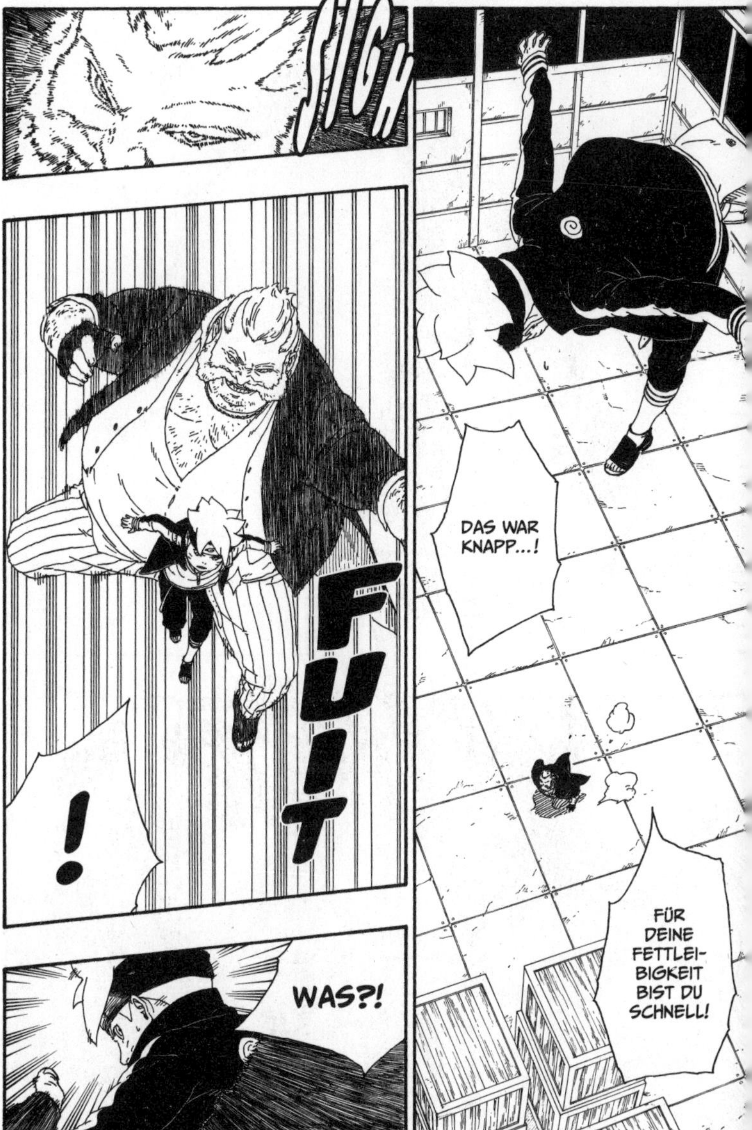
SIGH
DAS WAR KNAPP...!
FUIT
!
FÜR DEINE FETTLEI-BIGKEIT BIST DU SCHNELL!
WAS?!

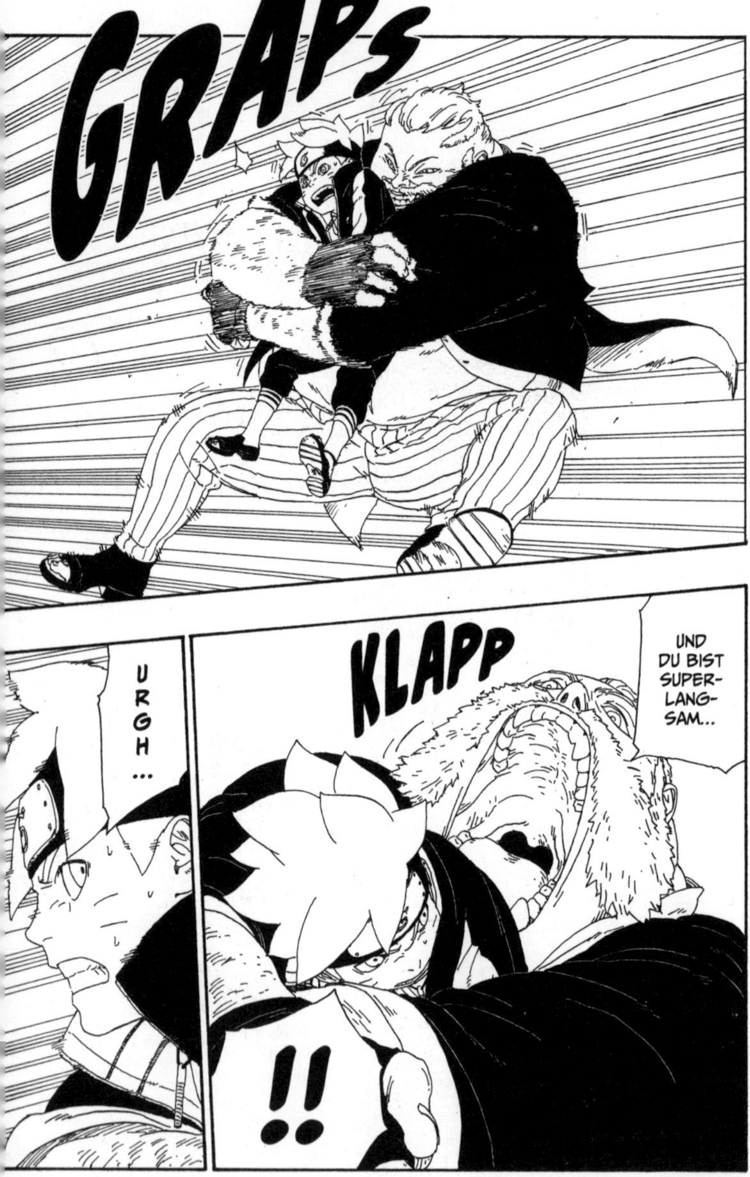
GRAPS
UND DU BIST SUPER-LANGSAM...
KLAPP
!!
URGH...

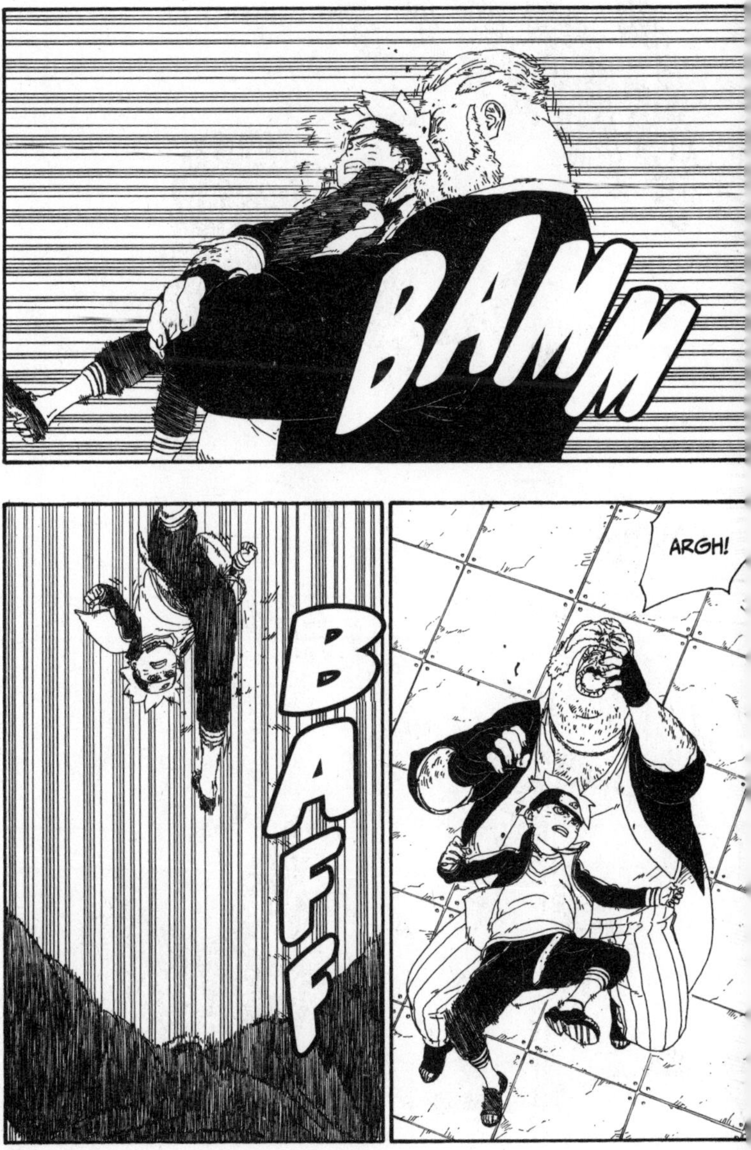
BAMM
ARGH!
BAFF

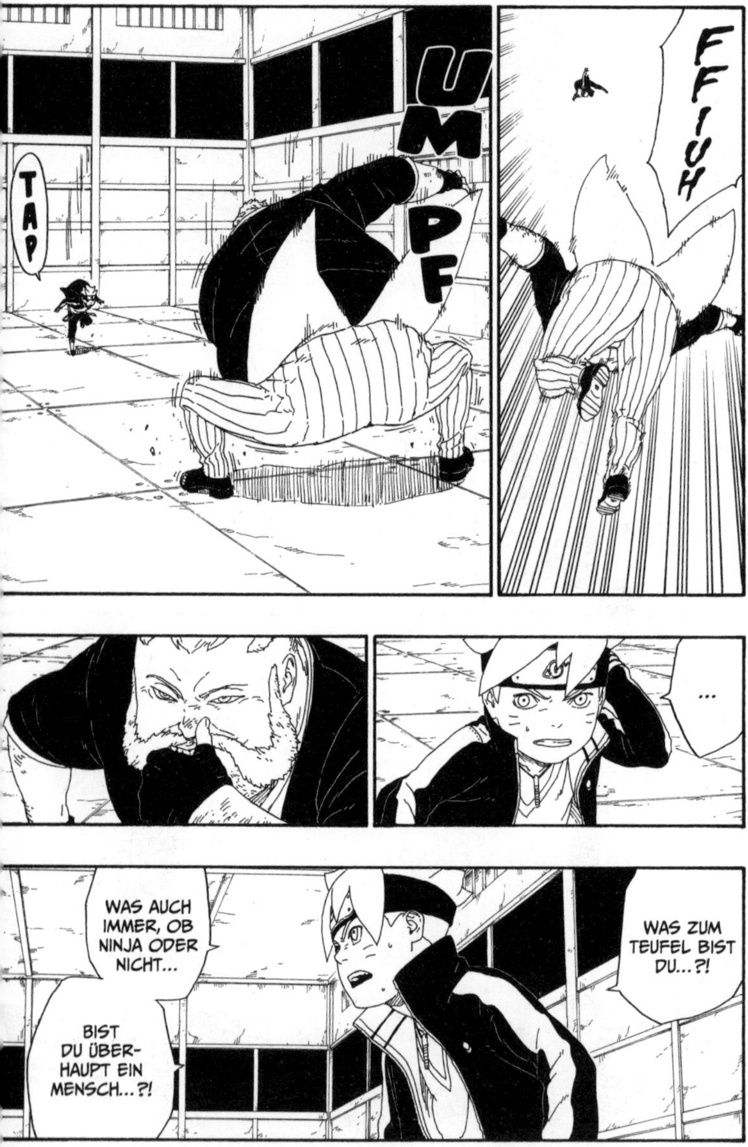
FFIUH
UMPF
TAP
...
WAS ZUM TEUFEL BIST DU...?!
WAS AUCH IMMER, OB NINJA ODER NICHT...
BIST DU ÜBERHAUPT EIN MENSCH...?!

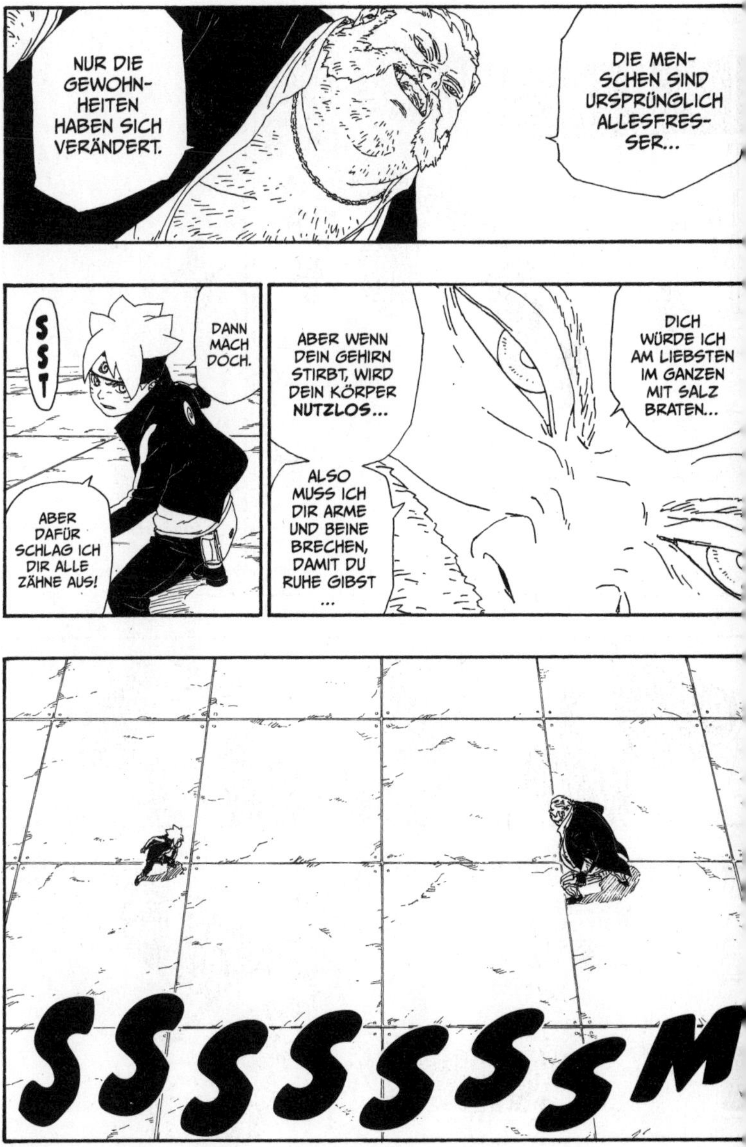
DIE MENSCHEN SIND URSPRÜNGLICH ALLESFRESSER...
NUR DIE GEWOHNHEITEN HABEN SICH VERÄNDERT.
DICH WÜRDE ICH AM LIEBSTEN IM GANZEN MIT SALZ BRATEN...
ABER WENN DEIN GEHIRN STIRBT, WIRD DEIN KÖRPER NUTZLOS...
ALSO MUSS ICH DIR ARME UND BEINE BRECHEN, DAMIT DU RUHE GIBST ...
DANN MACH DOCH.
SST
ABER DAFÜR SCHLAG ICH DIR ALLE ZÄHNE AUS!
SSSSSSSM

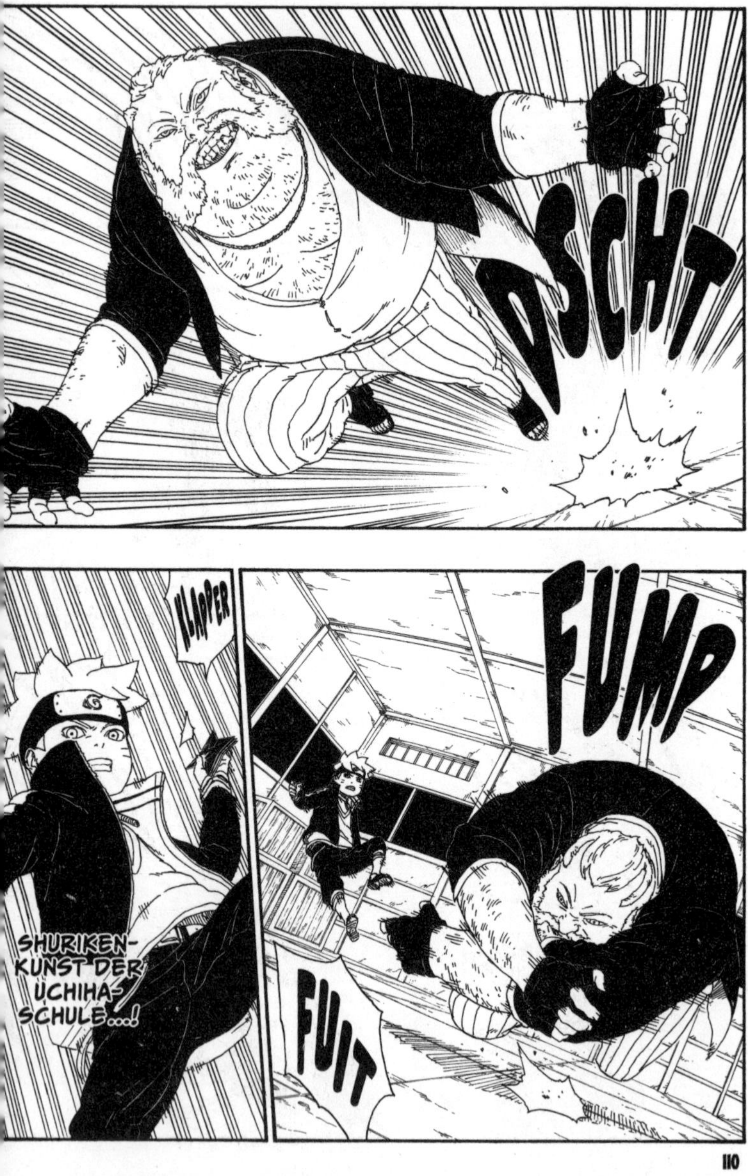
DSCHT
FUMP
FUIT
KLAPPER
SHURIKEN-KUNST DER UCHIHA-SCHULE ...!

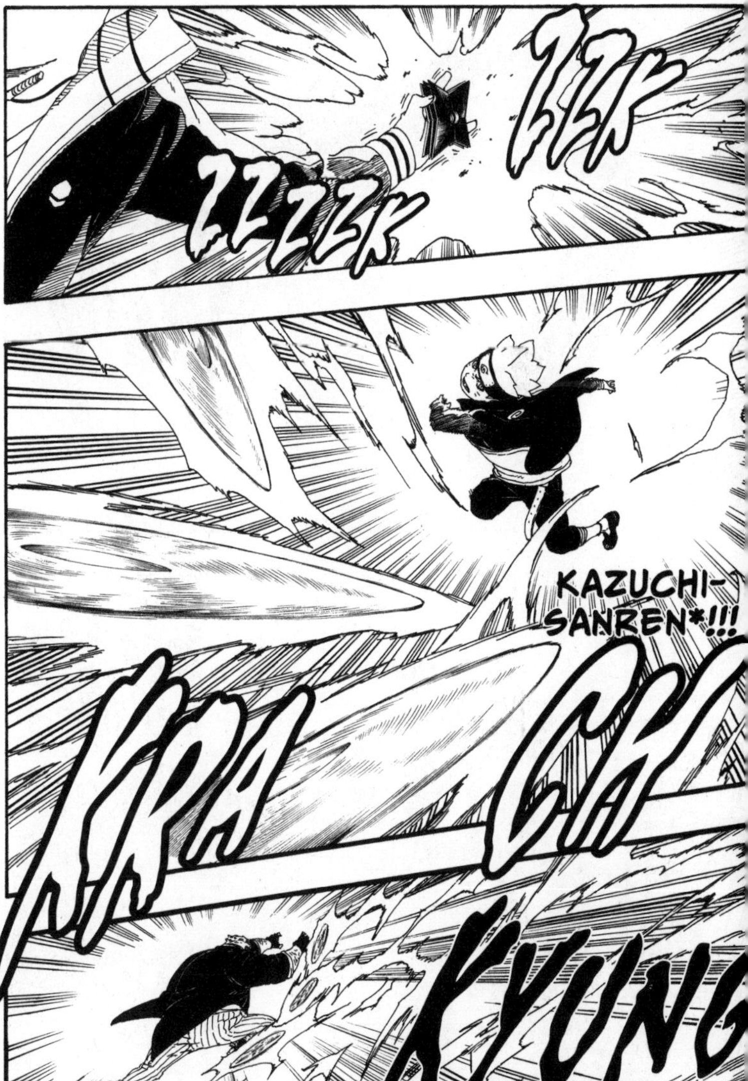

* KAZUCHI (VON IKAZUCHI) = DONNER, SAN = DREI, REN = AUFEINANDER FOLGE

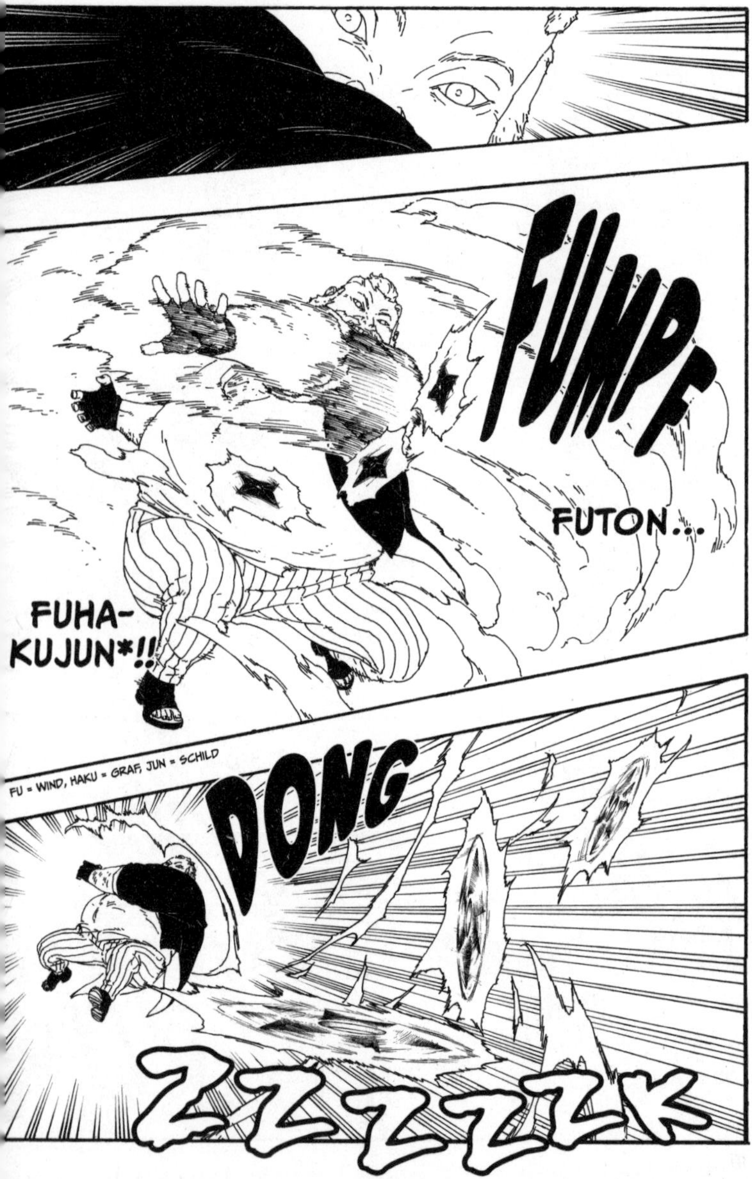
FUMPF
FUTON...
FUHA-
KUJUN*!!
FU = WIND, HAKU = GRAF, JUN = SCHILD
DONG
ZZZZZK

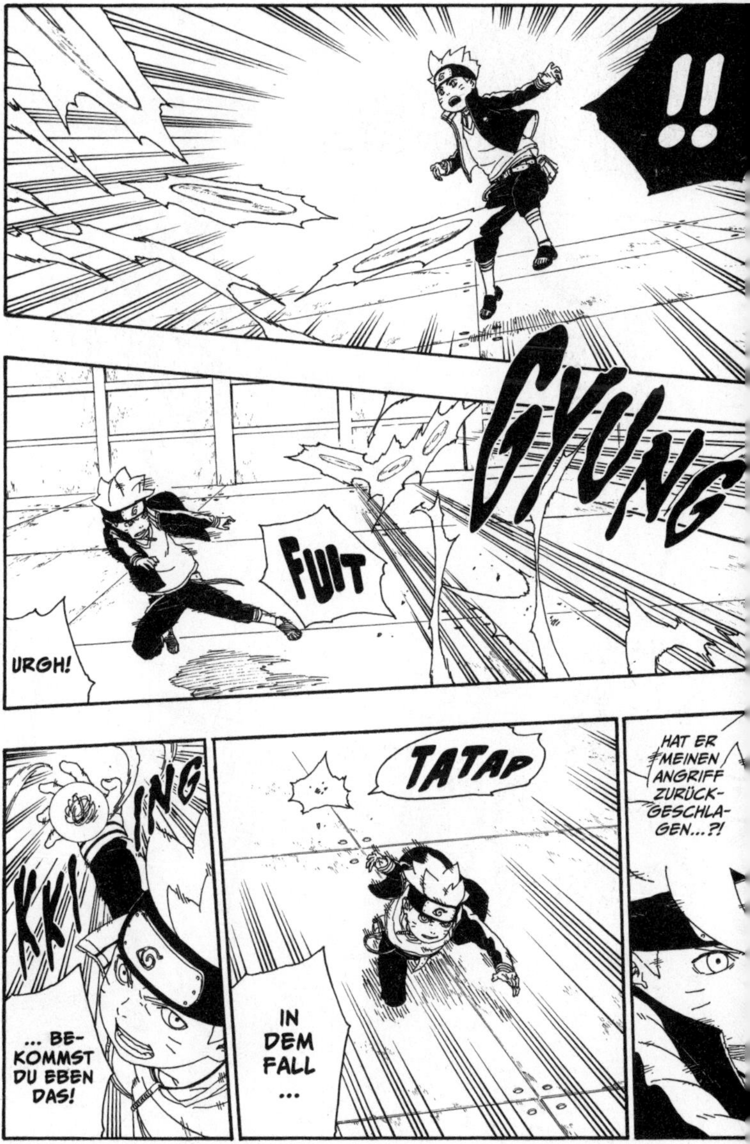
!!
GYUNG
FUIT
URGH!
HAT ER MEINEN ANGRIFF ZURÜCK-GESCHLA-GEN...?!
TATAP
IN DEM FALL ...
KKIING
... BE-KOMMST DU EBEN DAS!

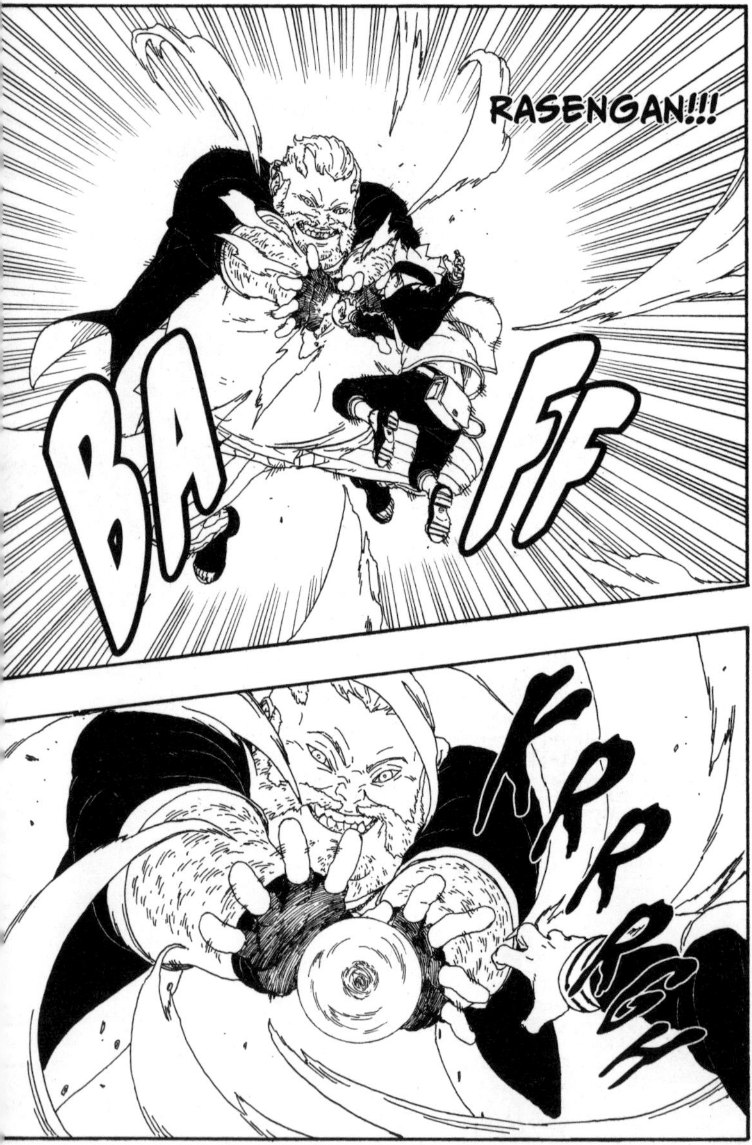
RASENGAN!!!
BAFF
KRRRSCH

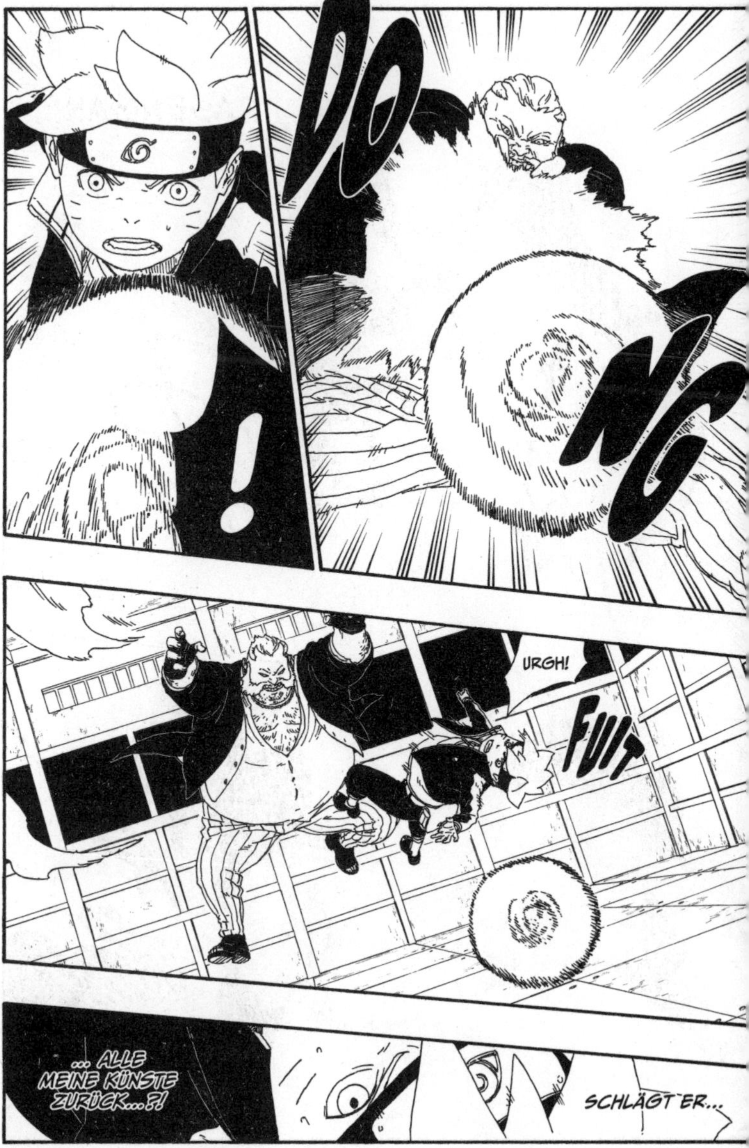
DONG
!
URGH!
FUIT
SCHLÄGT ER...
... ALLE MEINE KÜNSTE ZURÜCK...?!

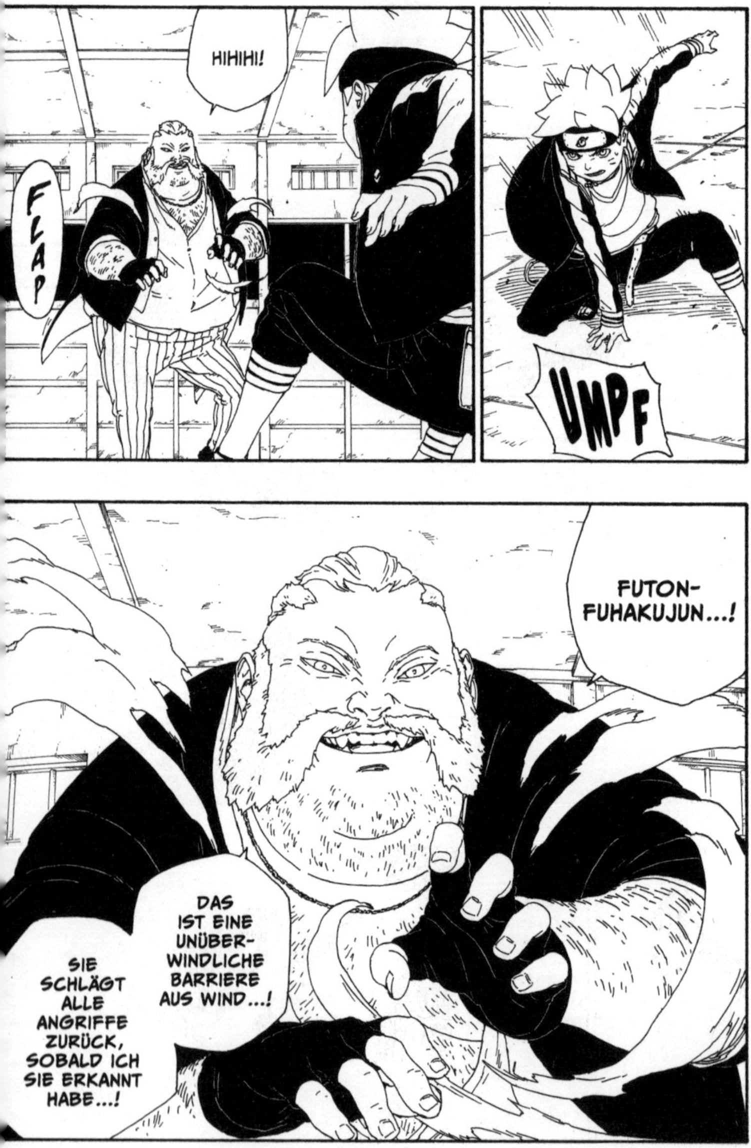
UMPF
HIHIHI!
FLAP
FUTON-FUHAKUJUN...!
DAS IST EINE UNÜBERWINDLICHE BARRIERE AUS WIND...!
SIE SCHLÄGT ALLE ANGRIFFE ZURÜCK, SOBALD ICH SIE ERKANNT HABE...!

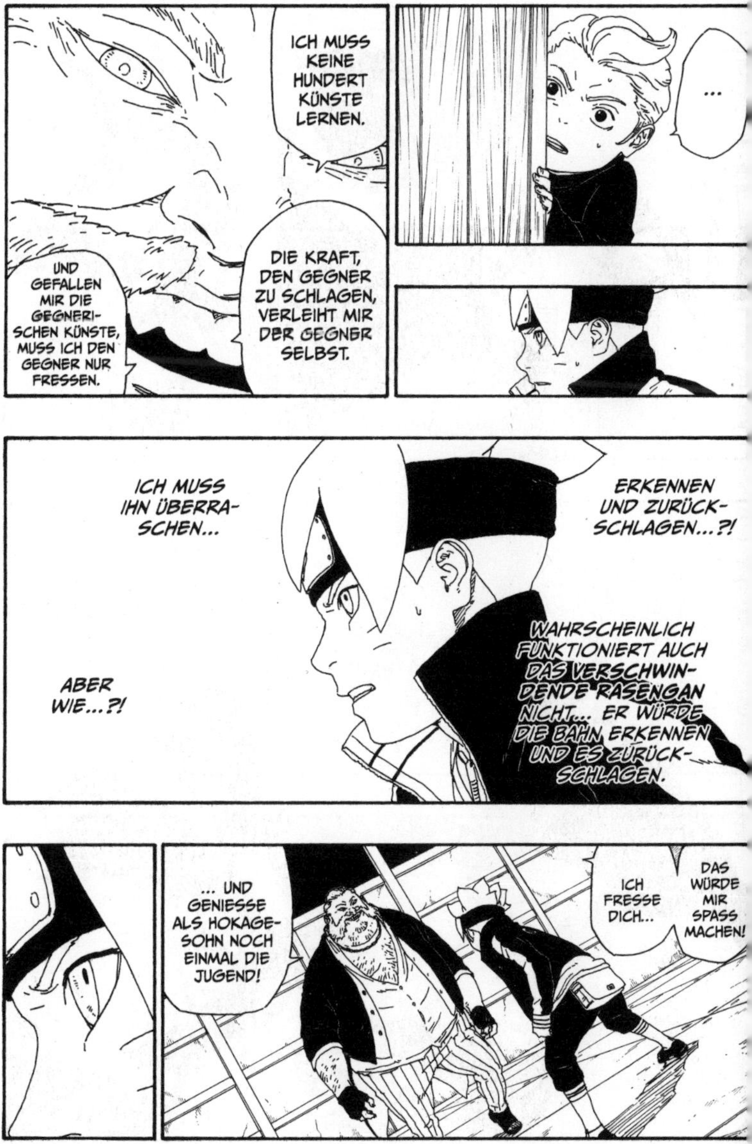
…
ICH MUSS KEINE HUNDERT KÜNSTE LERNEN.
DIE KRAFT, DEN GEGNER ZU SCHLAGEN, VERLEIHT MIR DER GEGNER SELBST.
UND GEFALLEN MIR DIE GEGNERISCHEN KÜNSTE, MUSS ICH DEN GEGNER NUR FRESSEN.
ERKENNEN UND ZURÜCKSCHLAGEN…?!
ICH MUSS IHN ÜBERRASCHEN…
WAHRSCHEINLICH FUNKTIONIERT AUCH DAS VERSCHWINDENDE RASENGAN NICHT… ER WÜRDE DIE BAHN ERKENNEN UND ES ZURÜCKSCHLAGEN.
ABER WIE…?!
DAS WÜRDE MIR SPASS MACHEN!
ICH FRESSE DICH…
… UND GENIESSE ALS HOKAGESOHN NOCH EINMAL DIE JUGEND!

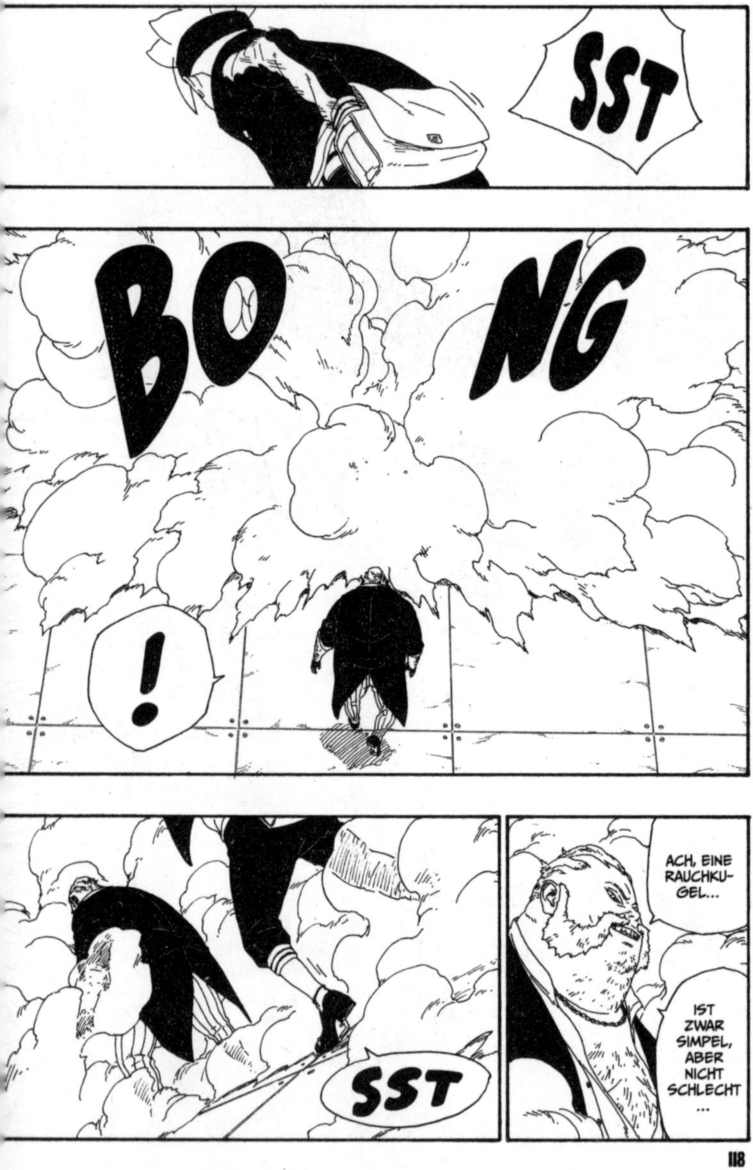
SST
BONG
!
SST
ACH, EINE RAUCHKUGEL...
IST ZWAR SIMPEL, ABER NICHT SCHLECHT ...

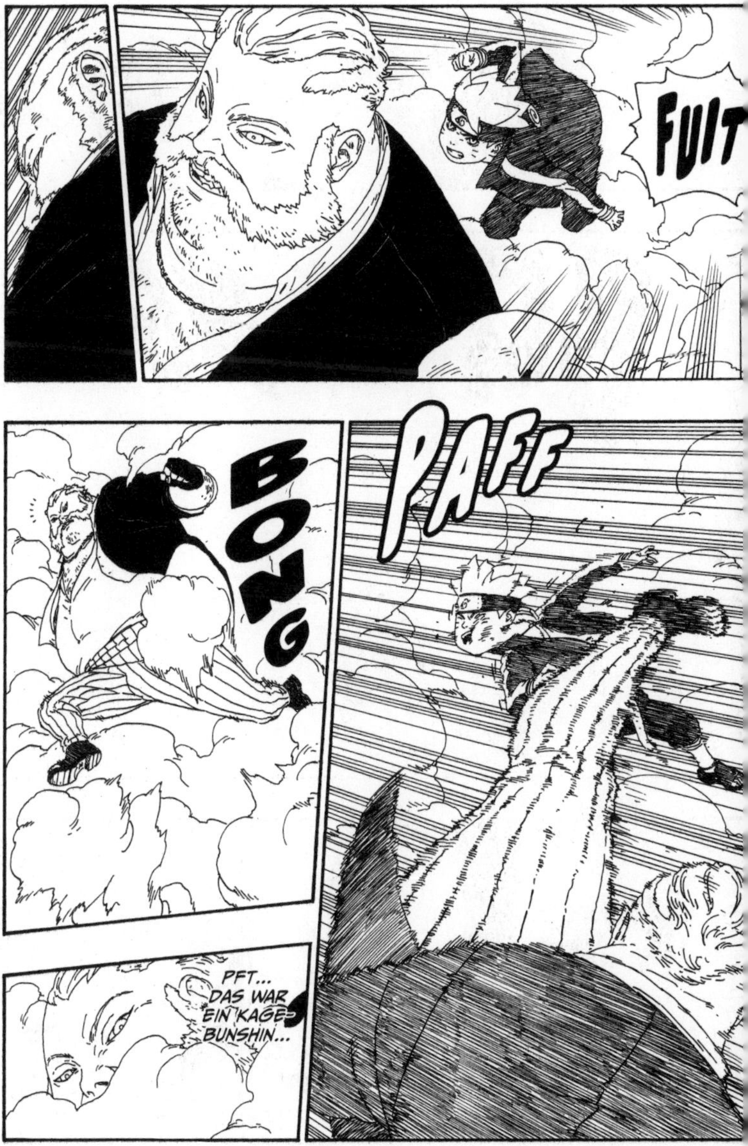
FUIT
PAFF
BONG
PFT... DAS WAR EIN KAGE-BUNSHIN...

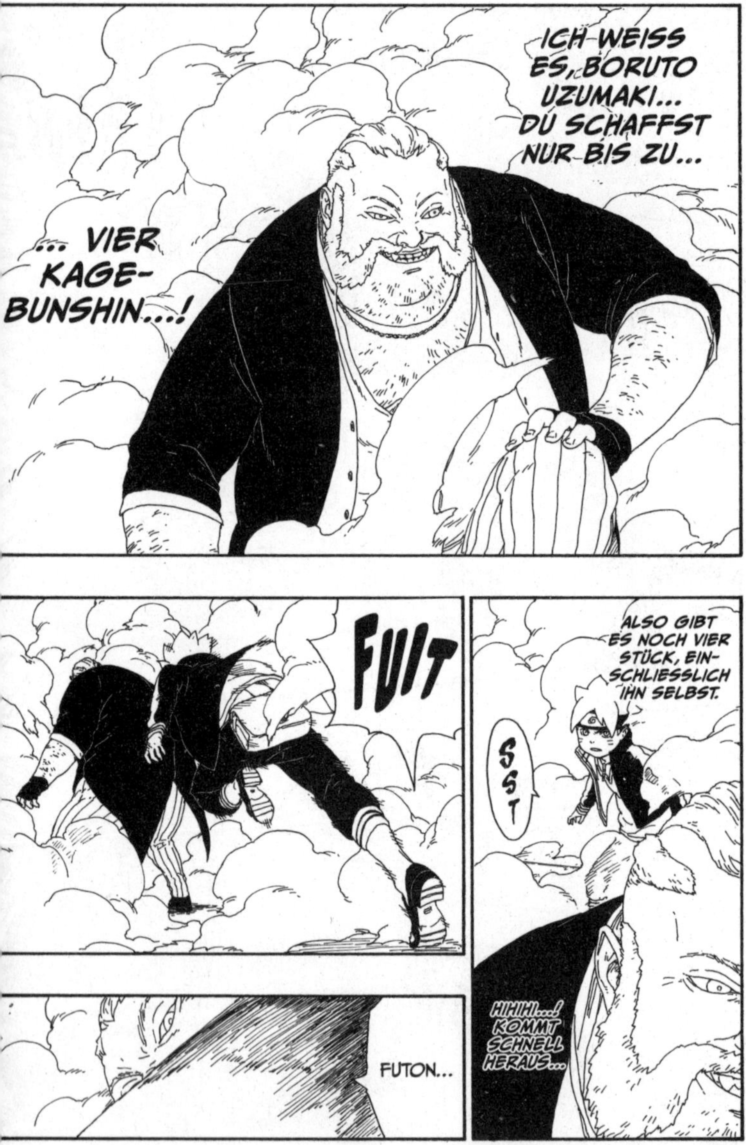
ICH WEISS ES, BORUTO UZUMAKI... DU SCHAFFST NUR BIS ZU...
... VIER KAGE-BUNSHIN...!
ALSO GIBT ES NOCH VIER STÜCK, EIN-SCHLIESSLICH IHN SELBST.
SST
FUIT
HIHIHI...! KOMMT SCHNELL HERAUS...
FUTON...

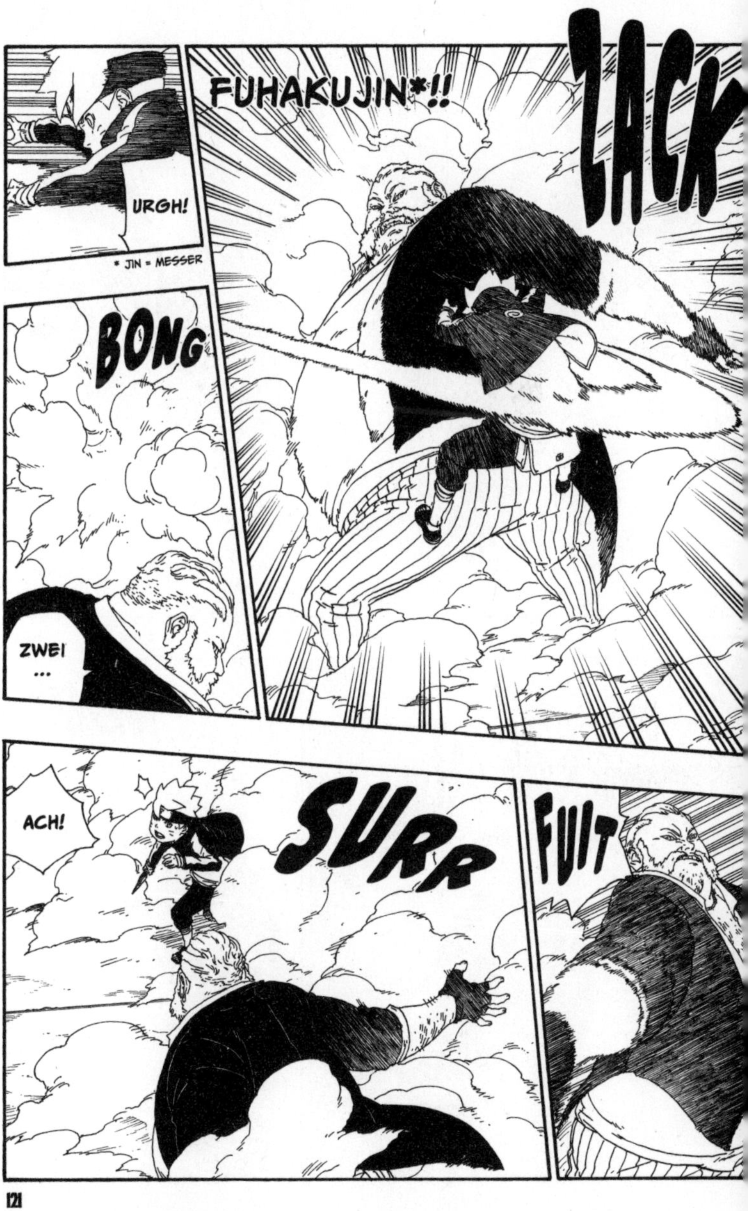
ZACK
FUHAKUJIN*!!
URGH!
* JIN = MESSER
BONG
ZWEI ...
FUIT
SURR
ACH!

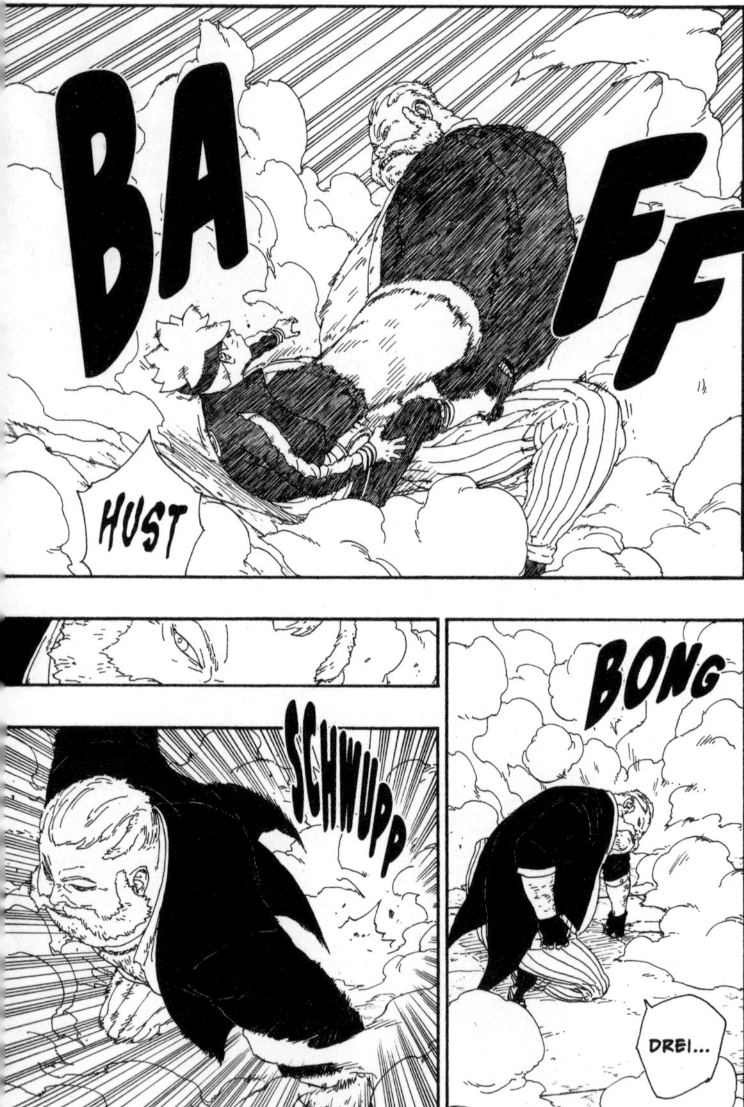
BAFF
HUST
BONG
SCHWUPP
DREI...

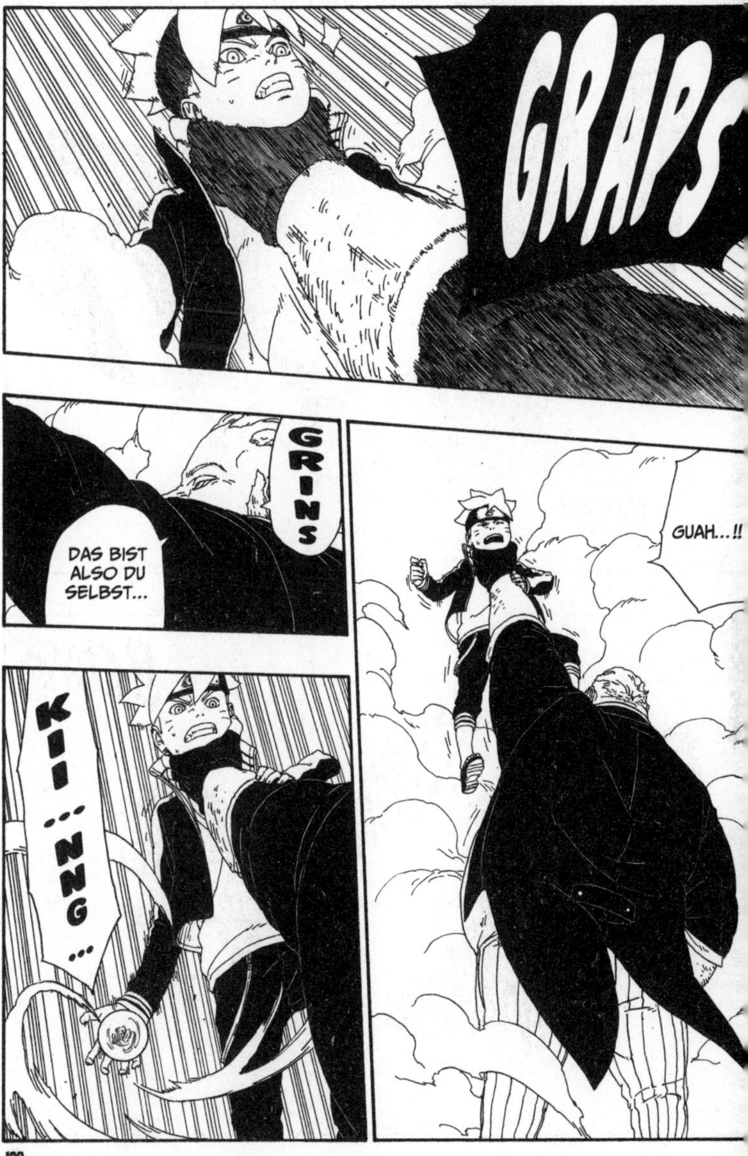
GRAPS
GUAH...!!
GRINS
DAS BIST ALSO DU SELBST...
KII ... NNG ...

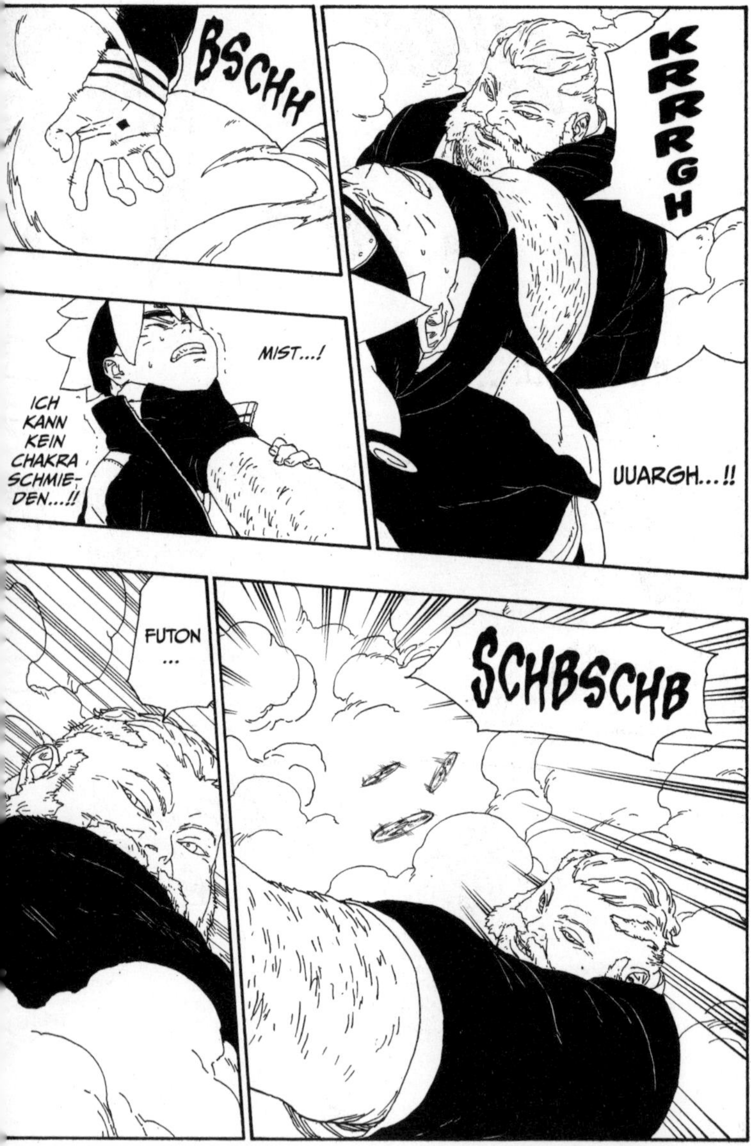
KRRRGH
BSCHH
UUARGH...!!
MIST...!
ICH KANN KEIN CHAKRA SCHMIE-DEN...!!
SCHBSCHB
FUTON ...

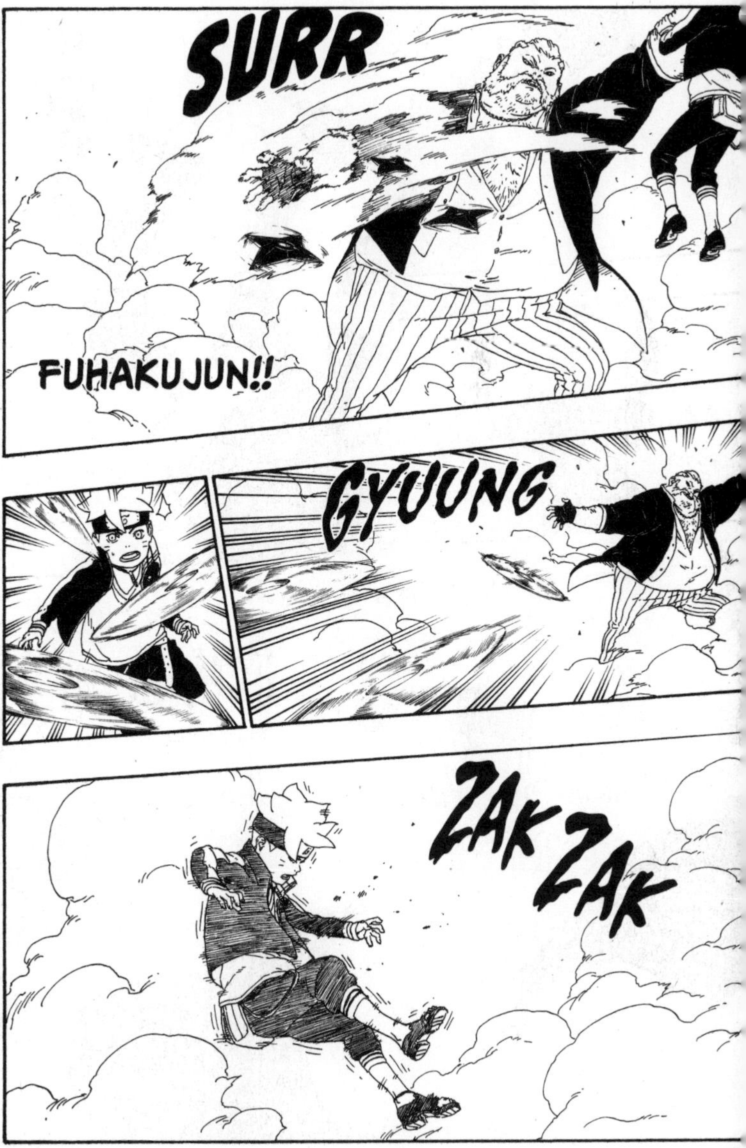
SURR
FUHAKUJUN!!
GYUUNG
ZAK ZAK

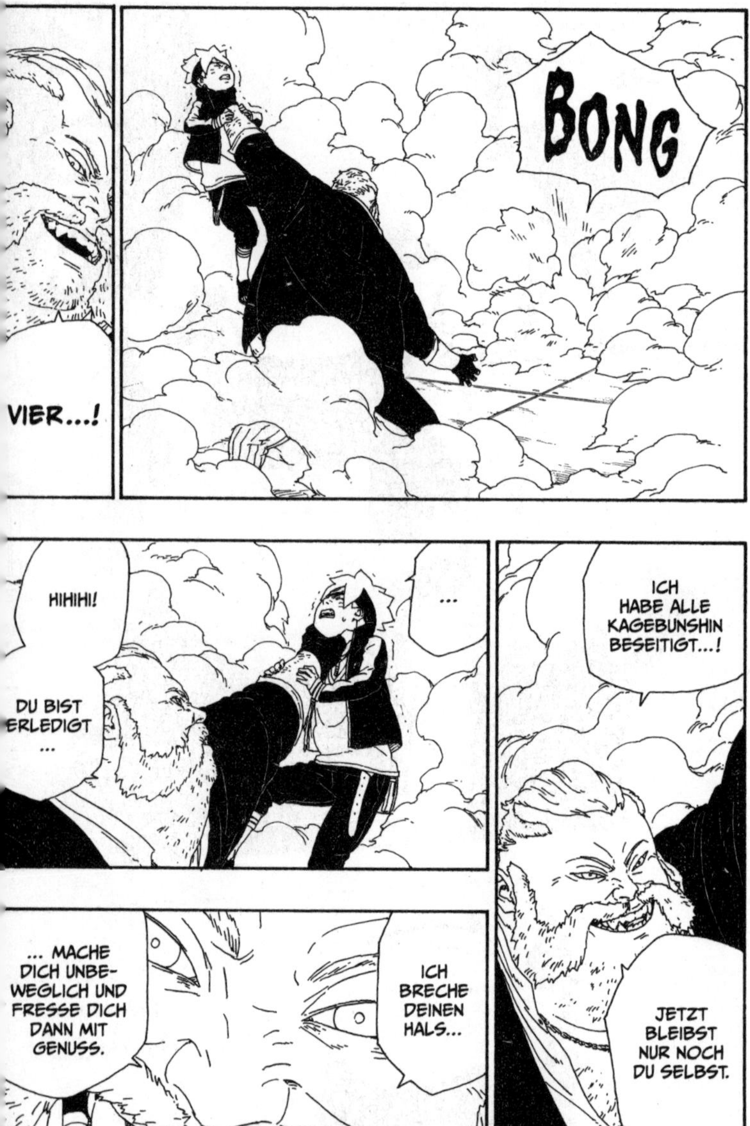
BONG
VIER...!
ICH HABE ALLE KAGEBUNSHIN BESEITIGT...!
...
HIHIHI!
DU BIST ERLEDIGT ...
JETZT BLEIBST NUR NOCH DU SELBST.
ICH BRECHE DEINEN HALS...
... MACHE DICH UNBE-WEGLICH UND FRESSE DICH DANN MIT GENUSS.

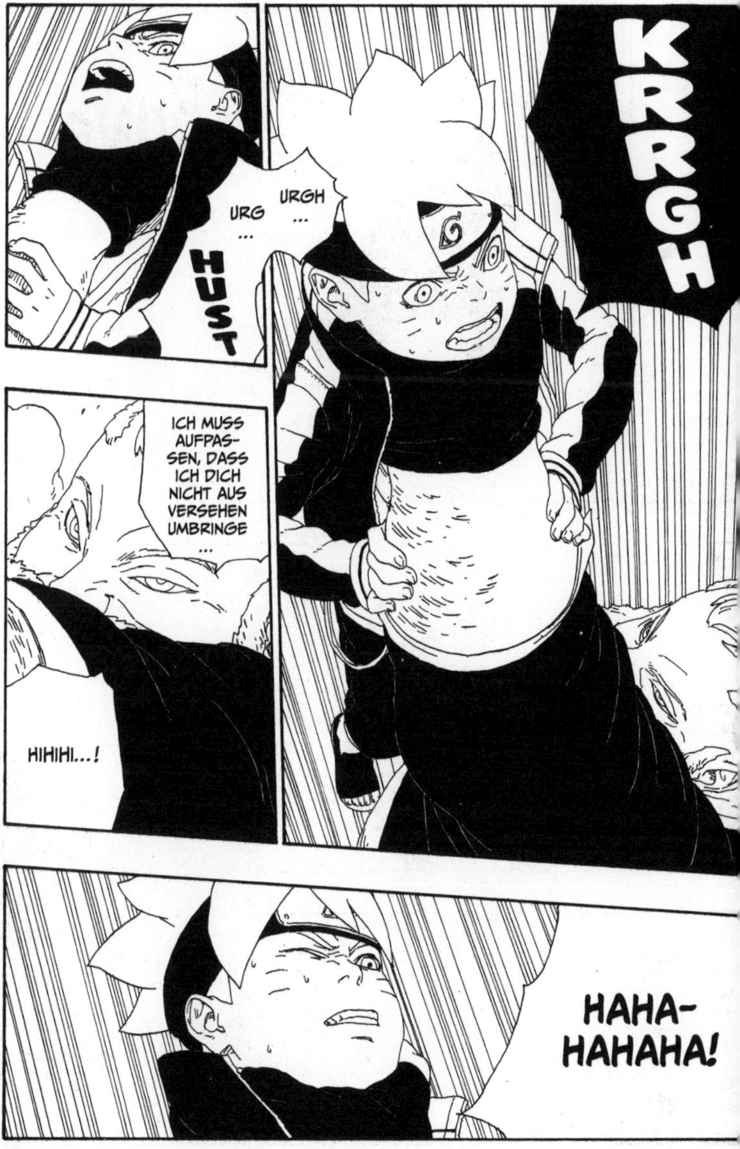
KRRGH
URGH ...
URG ...
HUST
ICH MUSS AUFPASSEN, DASS ICH DICH NICHT AUS VERSEHEN UMBRINGE ...
HIHIHI...!
HAHA-HAHAHA!

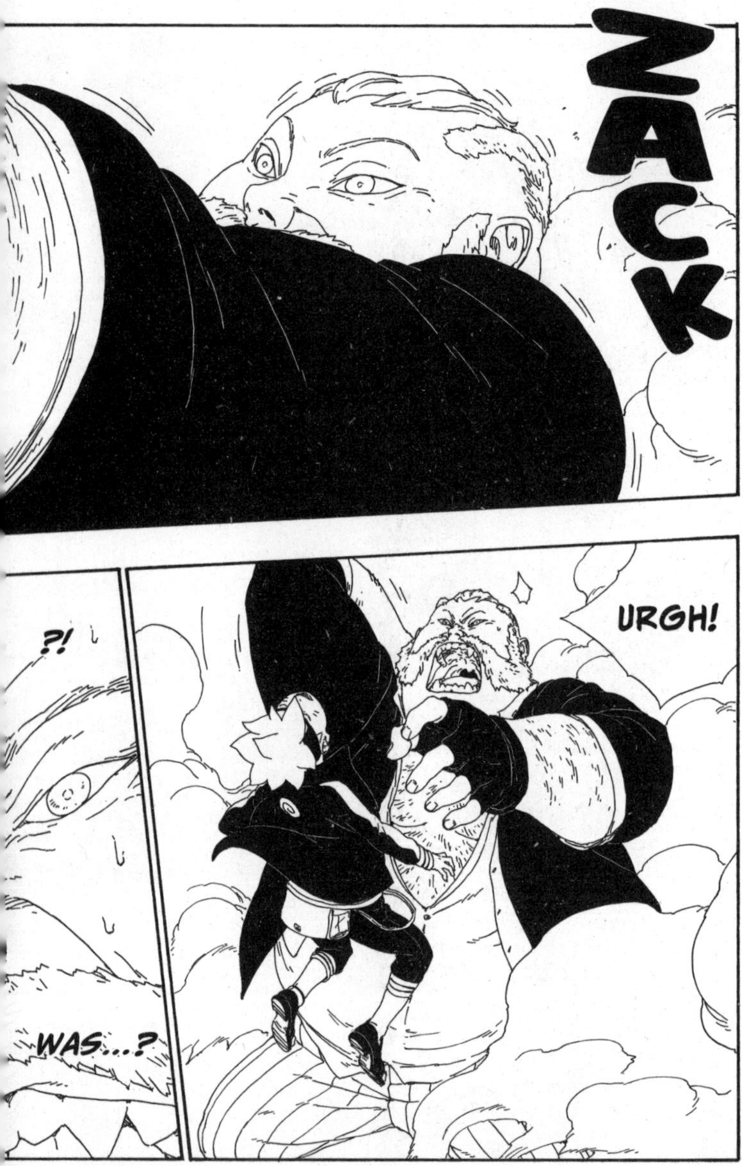

ZACK
URGH!
?!
WAS...?

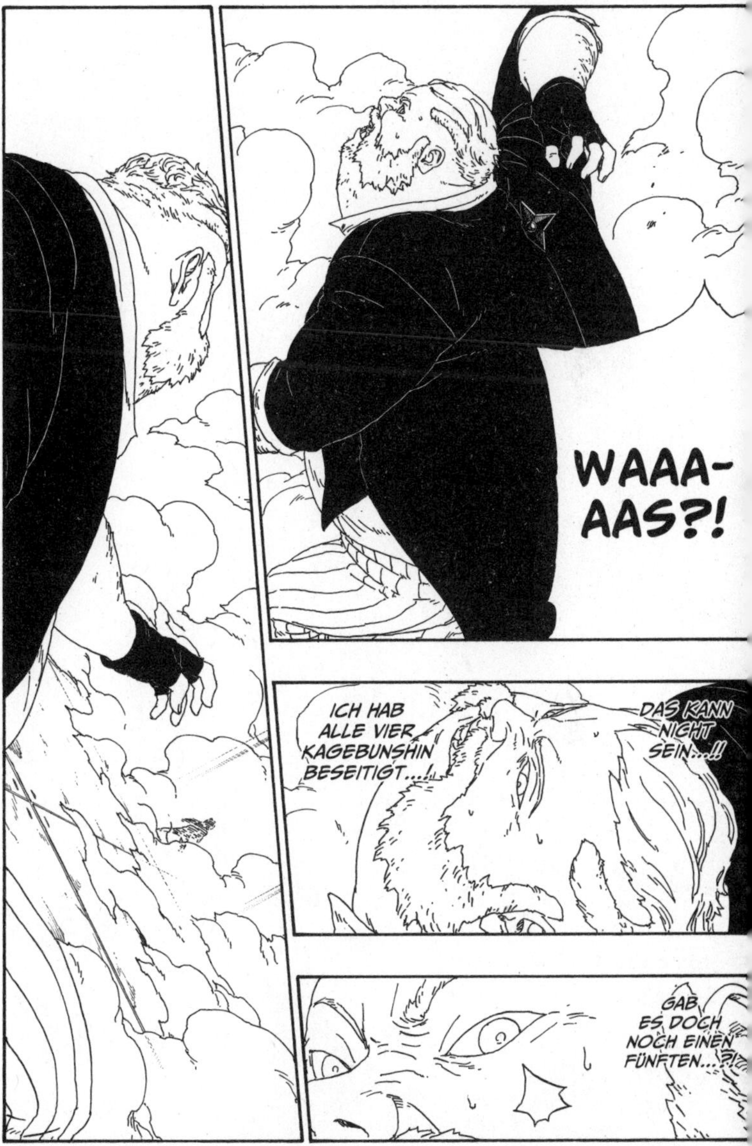
WAAA-
AAS?!
DAS KANN NICHT SEIN...!!
ICH HAB ALLE VIER KAGEBUNSHIN BESEITIGT...!
GAB ES DOCH NOCH EINEN FÜNFTEN...?!

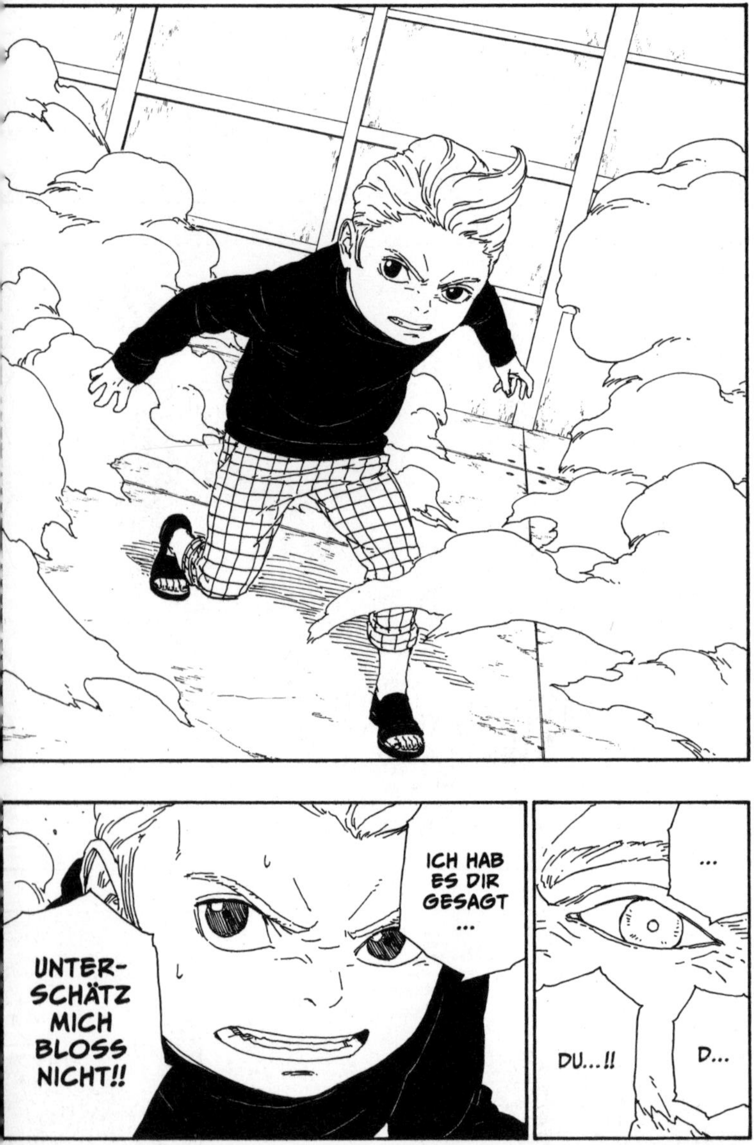
...
D...
DU...!!
ICH HAB ES DIR GESAGT ...
UNTER-
SCHÄTZ
MICH
BLOSS
NICHT!!

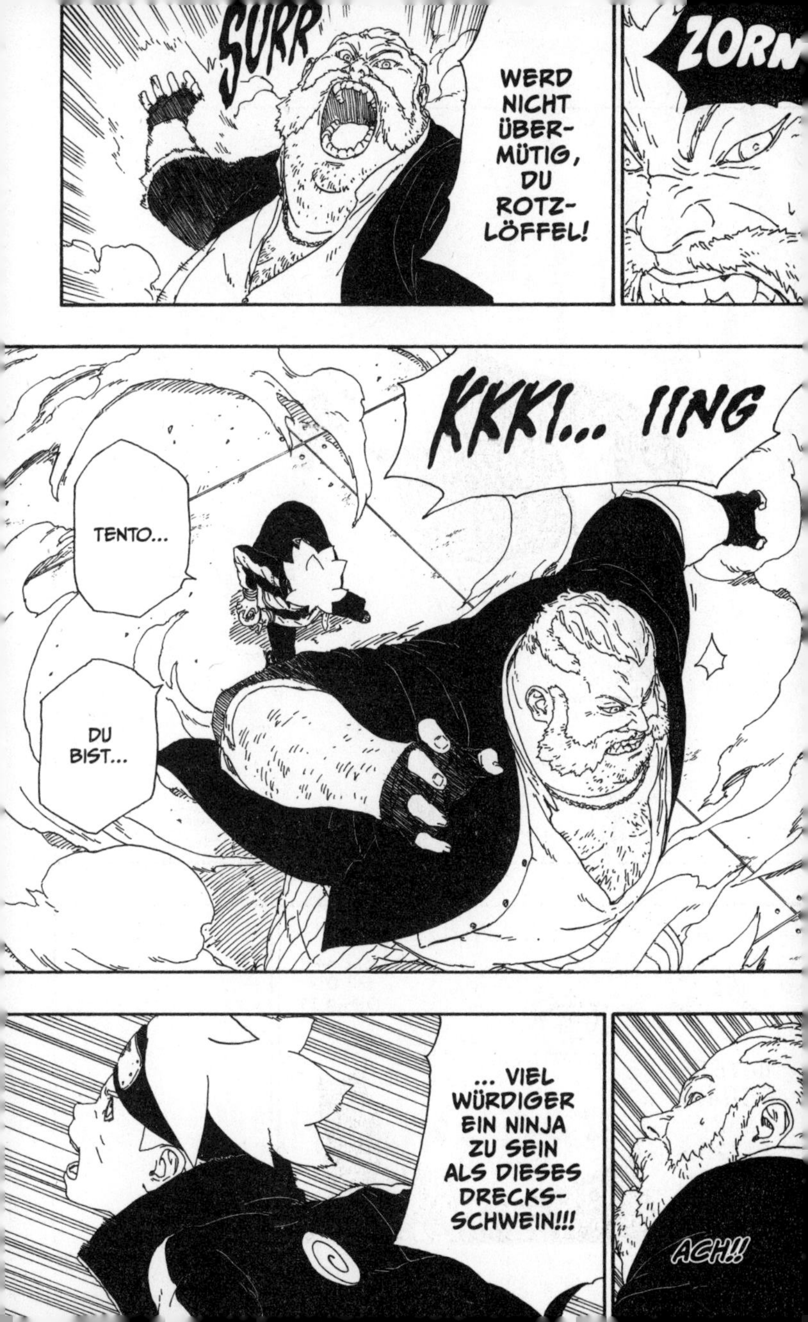
ZORN
SURR
WERD NICHT ÜBER-MÜTIG, DU ROTZ-LÖFFEL!
KKKI... IING
TENTO...
DU BIST...
ACH!!
... VIEL WÜRDIGER EIN NINJA ZU SEIN ALS DIESES DRECKS-SCHWEIN!!!

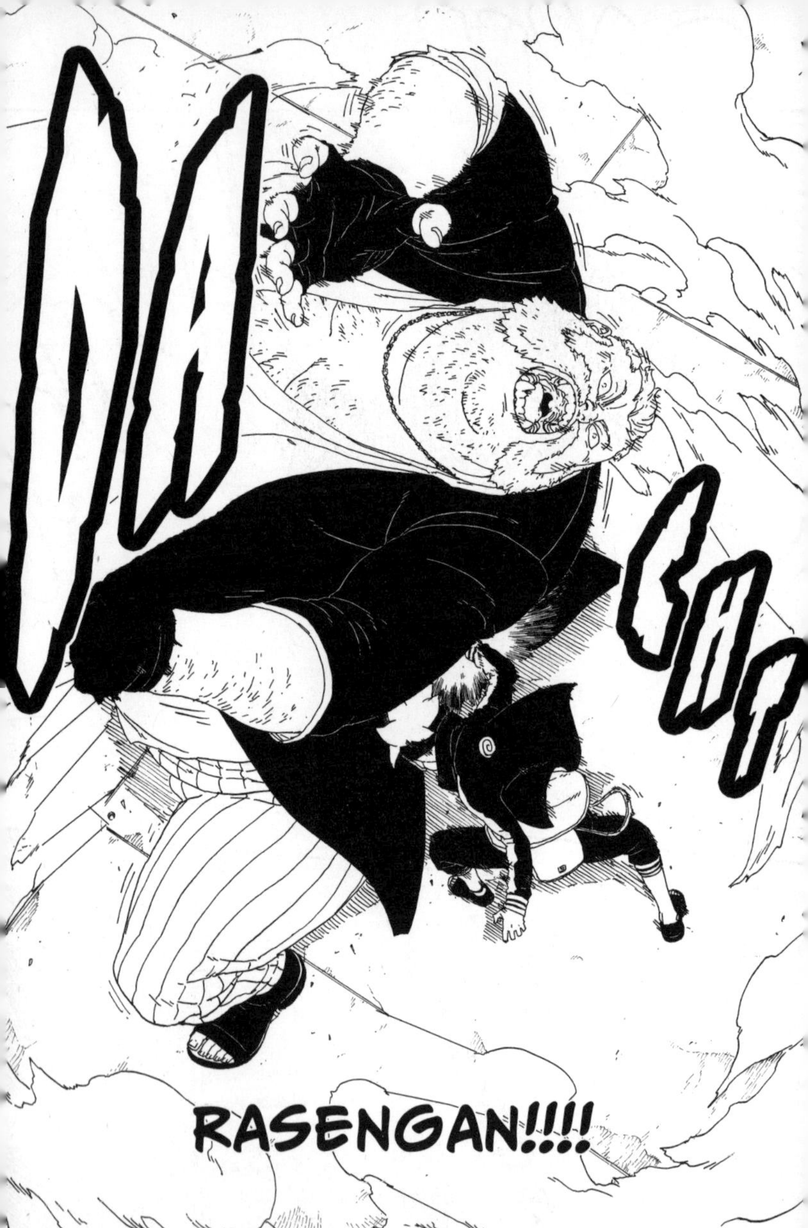
RASENGAN!!!!

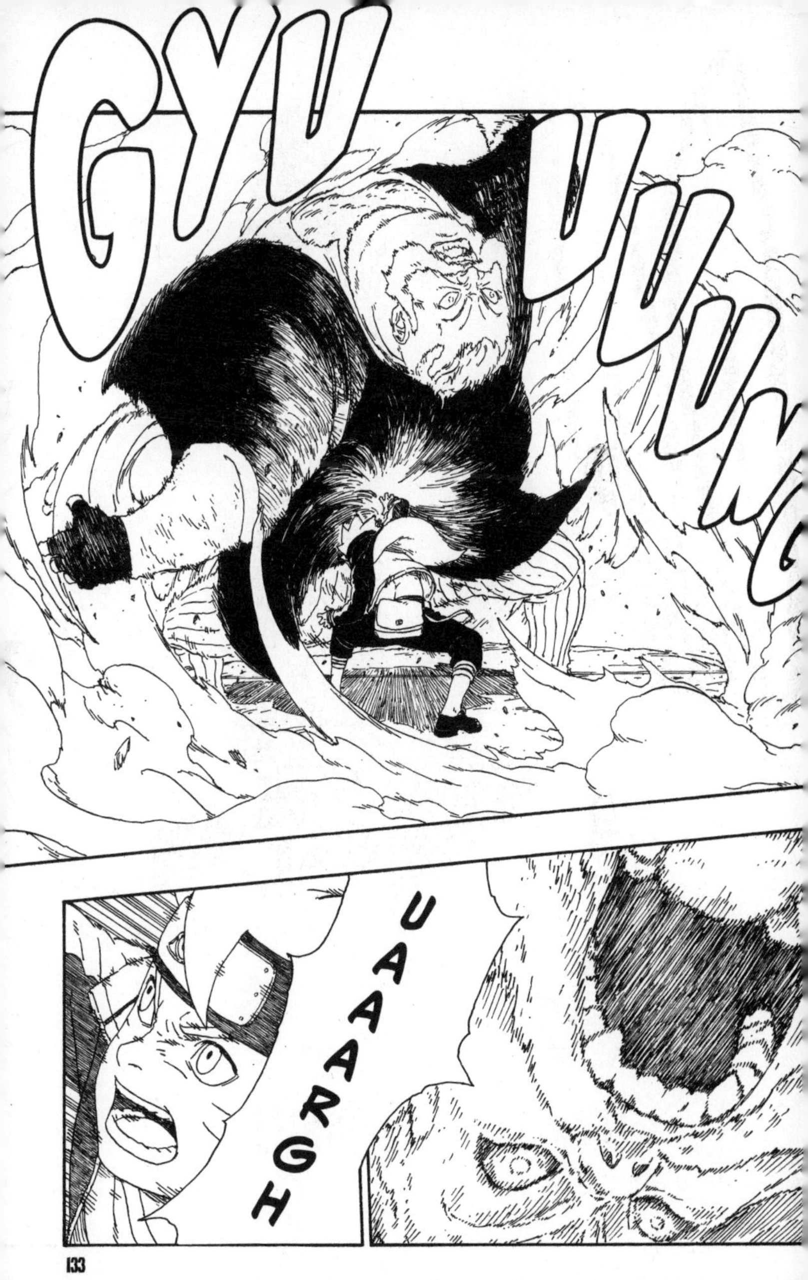
GYUUUUNG
UAAAARGH

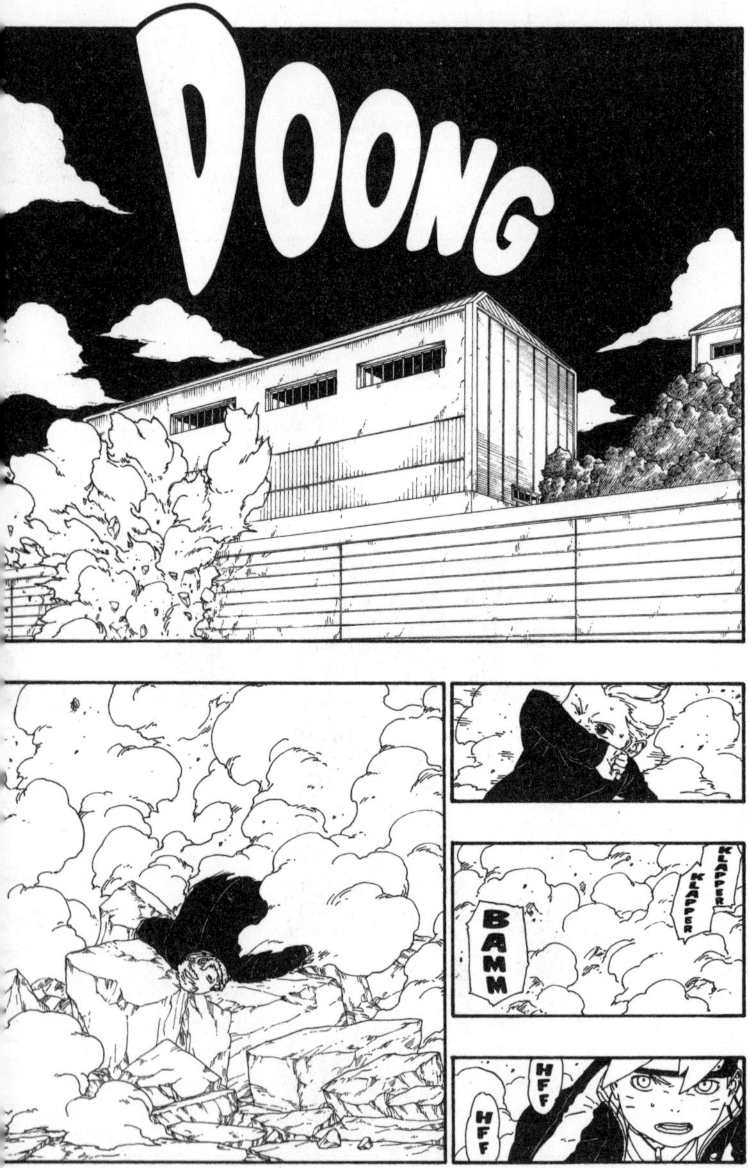
DOONG
KLAPPER
KLAPPER
BAMM
HFF
HFF

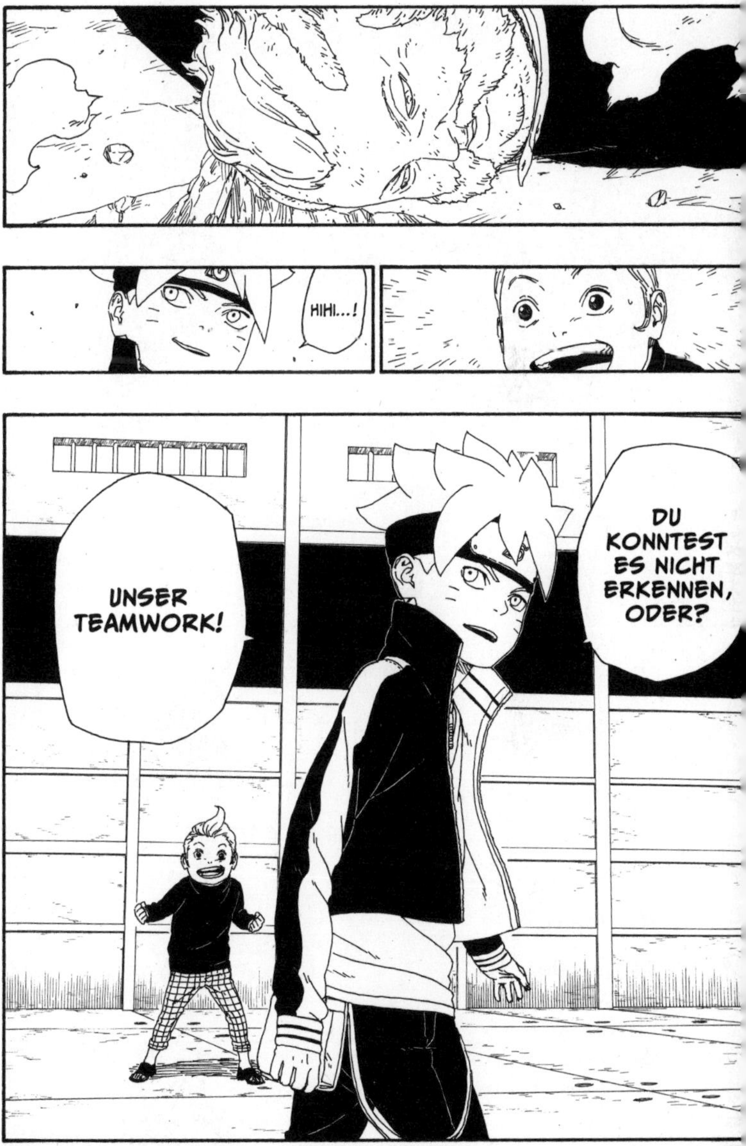
HIHI…!
DU KONNTEST ES NICHT ERKENNEN, ODER?
UNSER TEAMWORK!

GROSSES NINJA-LEXIKON – TEIL 12

MOEGI KAZAMATSURI

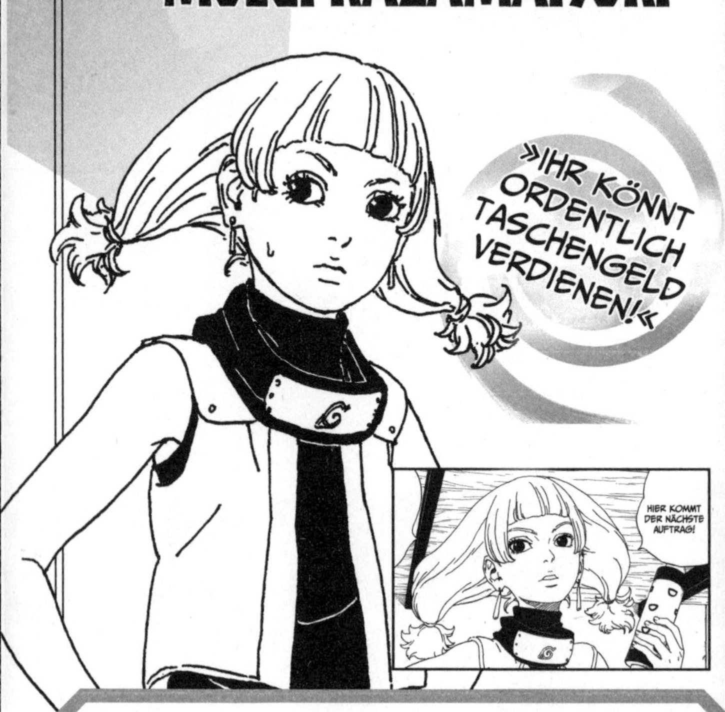

Eigenschaften

Körperkraft	70	Schnelligkeit	160
Intelligenz	130	Chakra	126
Wahrnehmungskraft	180	Verhandlungsgeschick	140

Fähigkeiten

Verführung ☆☆☆ **Aufspüren** ☆☆☆

Schießen ☆☆☆☆ **u. a.**

Ninja-Künste

Mokuton-Ryokushoku*-no-Jutsu, Mokuton-Somoku-Kekkai, Kanpa***-no-Jutsu u.a.**

Die durchschnittlichen Eigenschaftswerte liegen bei normalen Menschen um die 60, bei Ge-Nin um die 90. Fähigkeitsgrade gibt es von 1-5. Mit 5 Sternen gehört man zur Spitzenklasse.

SHOKU = GRÜN, ** SOMOKU = GRAS UND BÄUME, KEKKAI = BARRIERE, *** KANPA = DURCHSCHAUEN

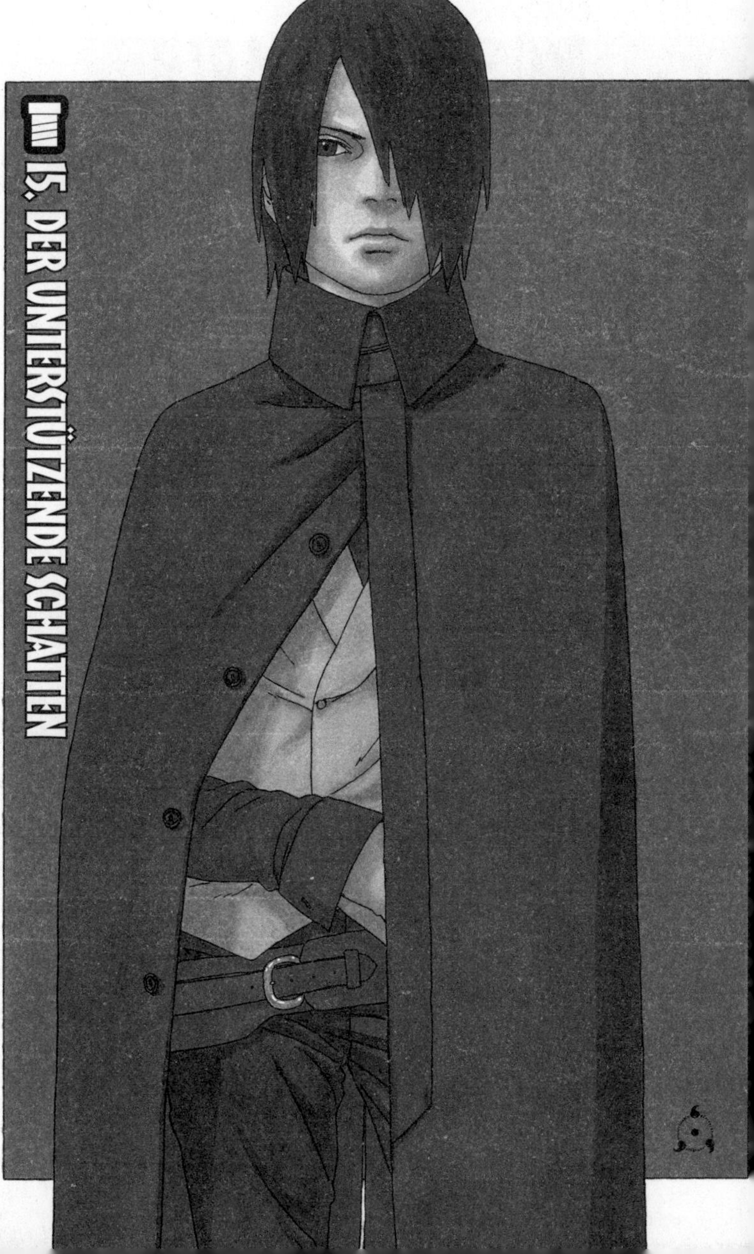
15. DER UNTERSTÜTZENDE SCHATTEN

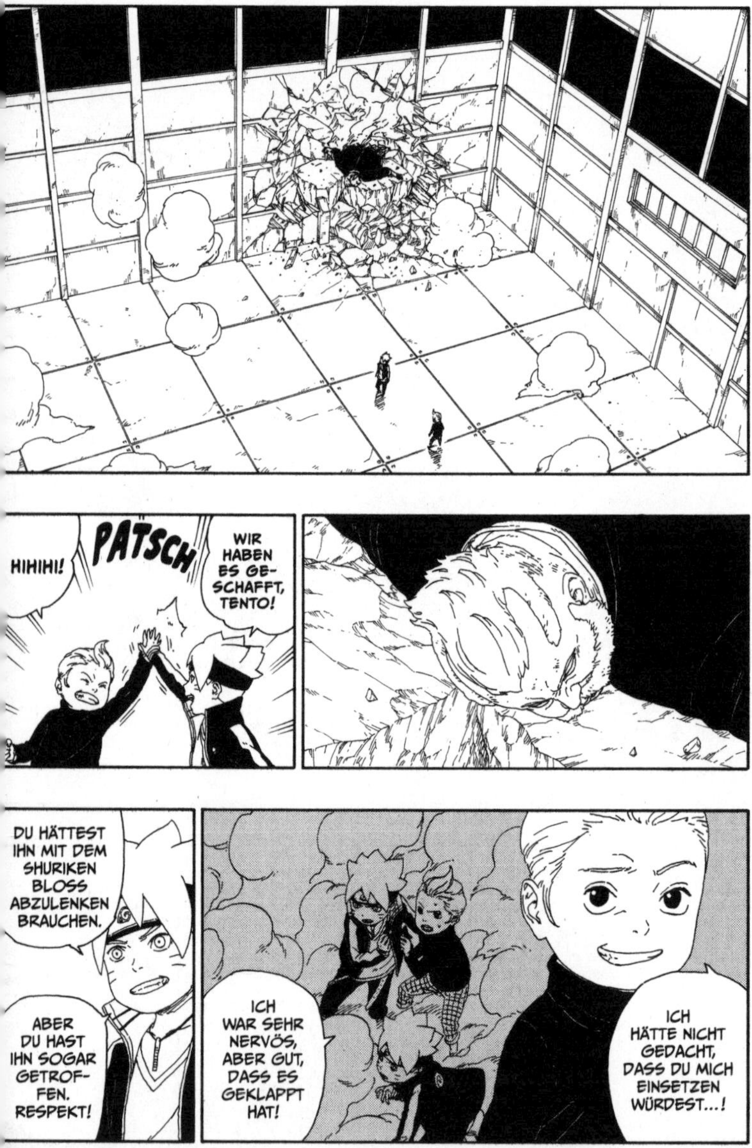
HIHIHI!
PATSCH
WIR HABEN ES GE-SCHAFFT, TENTO!
DU HÄTTEST IHN MIT DEM SHURIKEN BLOSS ABZULENKEN BRAUCHEN.
ABER DU HAST IHN SOGAR GETROF-FEN. RESPEKT!
ICH WAR SEHR NERVÖS, ABER GUT, DASS ES GEKLAPPT HAT!
ICH HÄTTE NICHT GEDACHT, DASS DU MICH EINSETZEN WÜRDEST…!

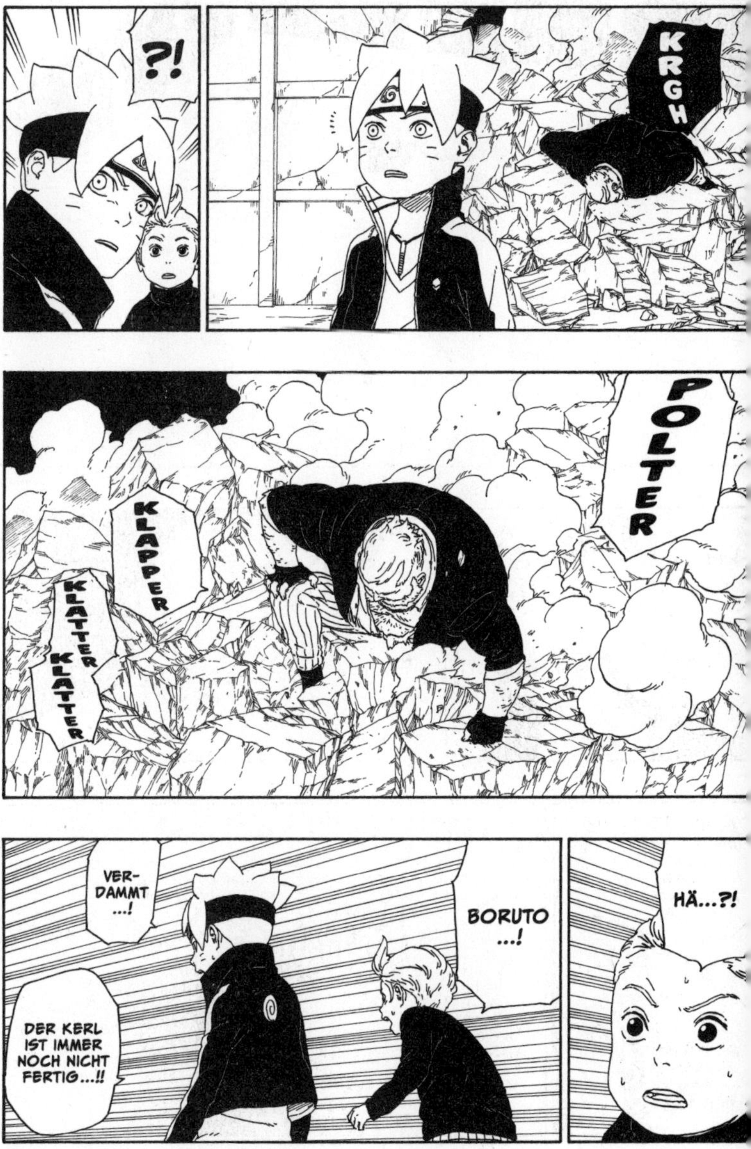
KRGH
?!
POLTER
KLAPPER
KLATTER KLATTER
HÄ...?!
BORUTO ...!
VER-DAMMT ...!
DER KERL IST IMMER NOCH NICHT FERTIG...!!

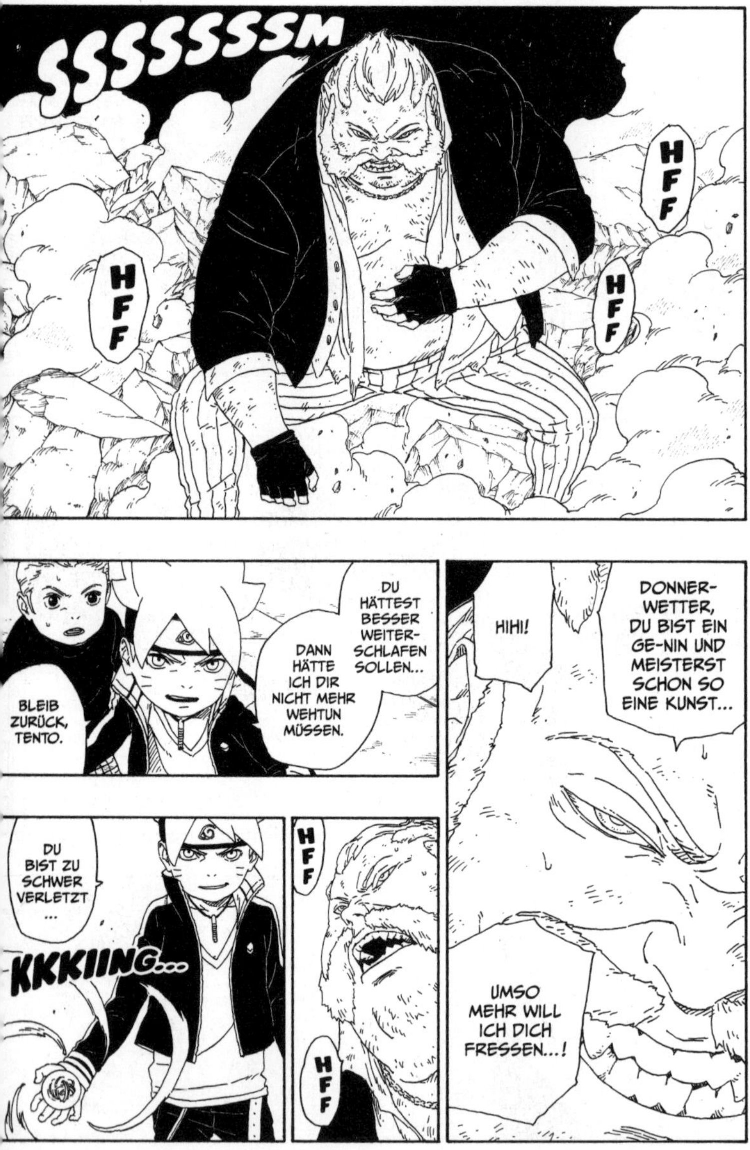
SSSSSSSSM
HFF
HFF
HFF
HIHI!
DONNER-WETTER, DU BIST EIN GE-NIN UND MEISTERST SCHON SO EINE KUNST...
DU HÄTTEST BESSER WEITER-SCHLAFEN SOLLEN...
DANN HÄTTE ICH DIR NICHT MEHR WEHTUN MÜSSEN.
BLEIB ZURÜCK, TENTO.
UMSO MEHR WILL ICH DICH FRESSEN...!
HFF
HFF
DU BIST ZU SCHWER VERLETZT ...
KKKIING...

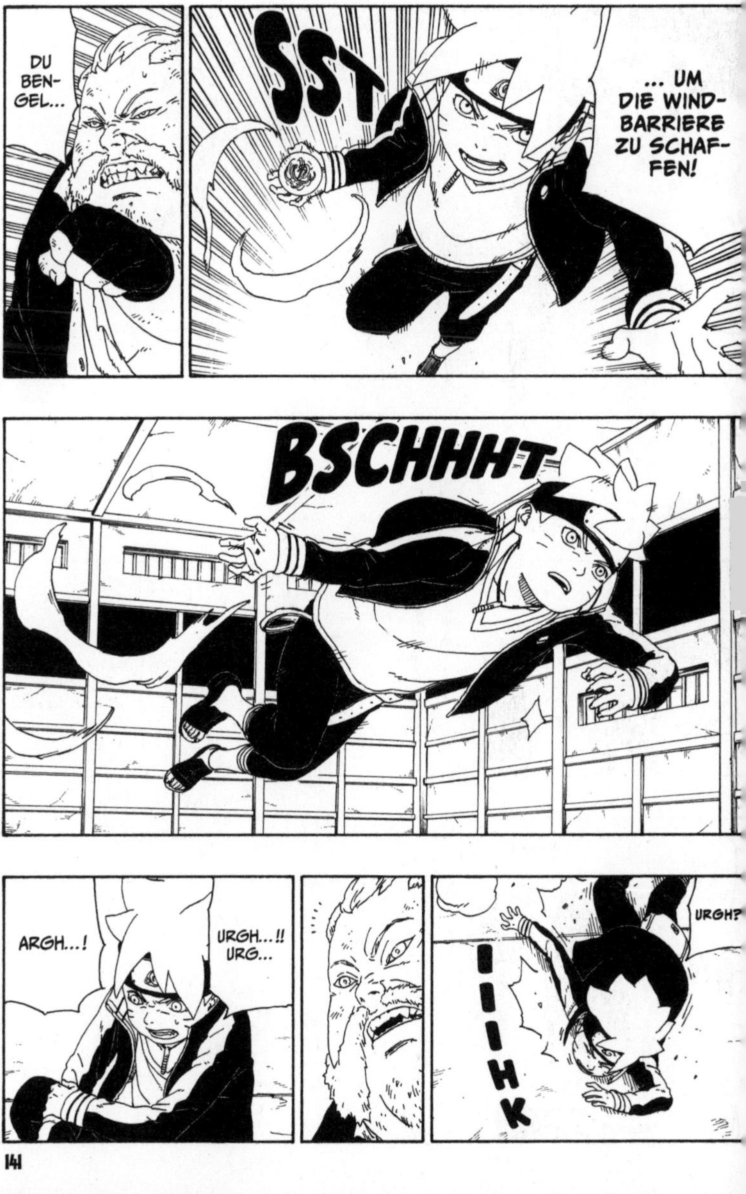
SST
... UM DIE WIND-BARRIERE ZU SCHAF-FEN!
DU BEN-GEL...
BSCHHHT
URGH?
IIIIHK
URGH...!! URG...
ARGH...!

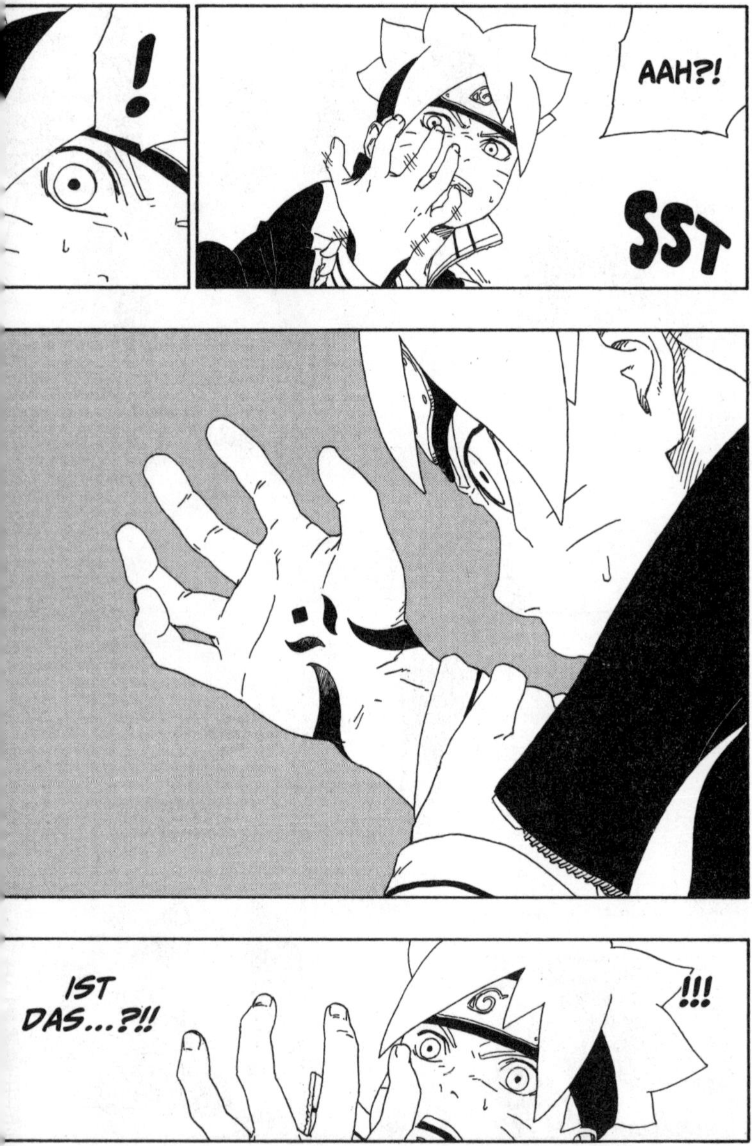
AAH?!
SST
!
!!!
IST DAS...?!!

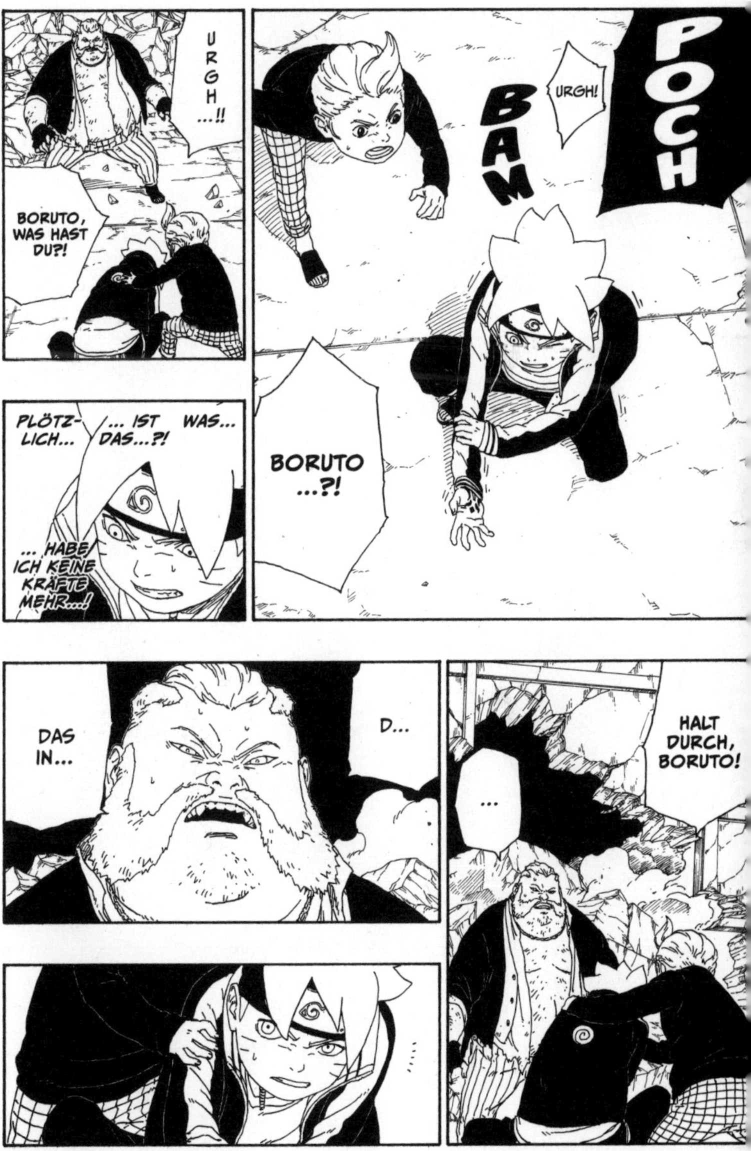
POCH
URGH!
BAM
BORUTO ...?!
URGH ...!!
BORUTO, WAS HAST DU?!
WAS...
... IST DAS...?!
PLÖTZLICH...
... HABE ICH KEINE KRÄFTE MEHR...!
HALT DURCH, BORUTO!
...
D...
DAS IN...
.....

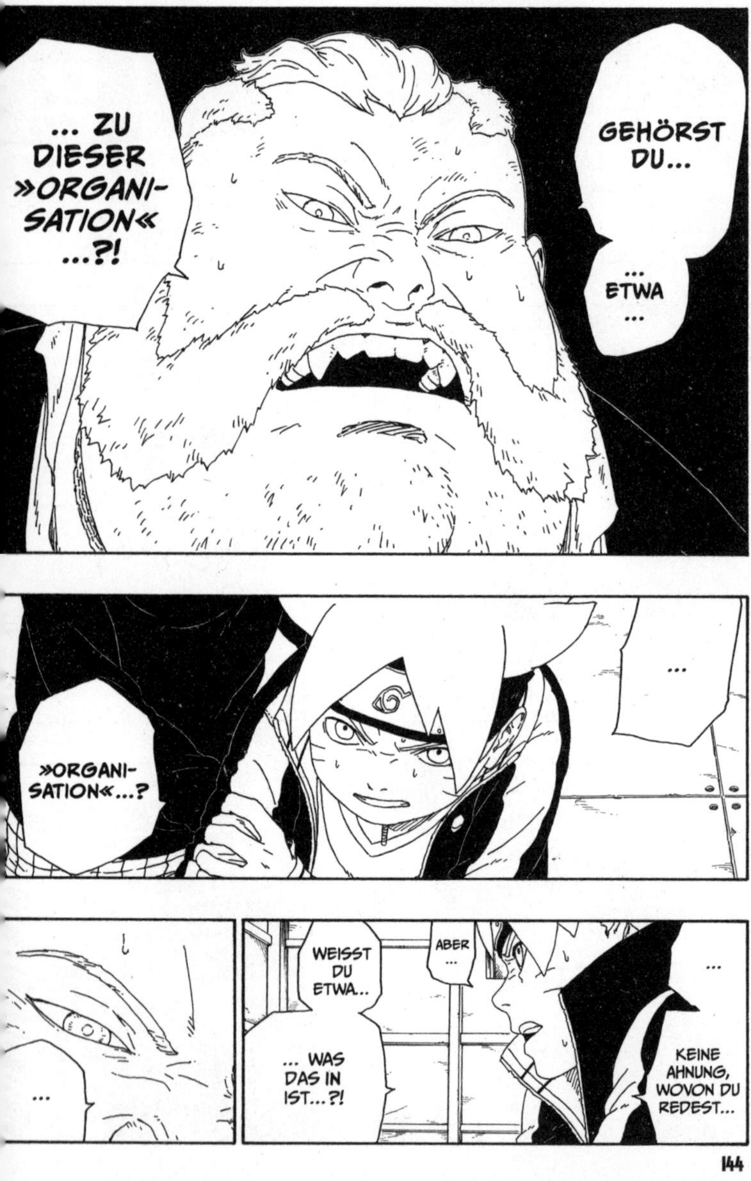
GEHÖRST DU...
... ETWA ...
... ZU DIESER »ORGANISATION« ...?!
...
»ORGANISATION«...?
...
KEINE AHNUNG, WOVON DU REDEST...
ABER ...
WEISST DU ETWA...
... WAS DAS IN IST...?!
...

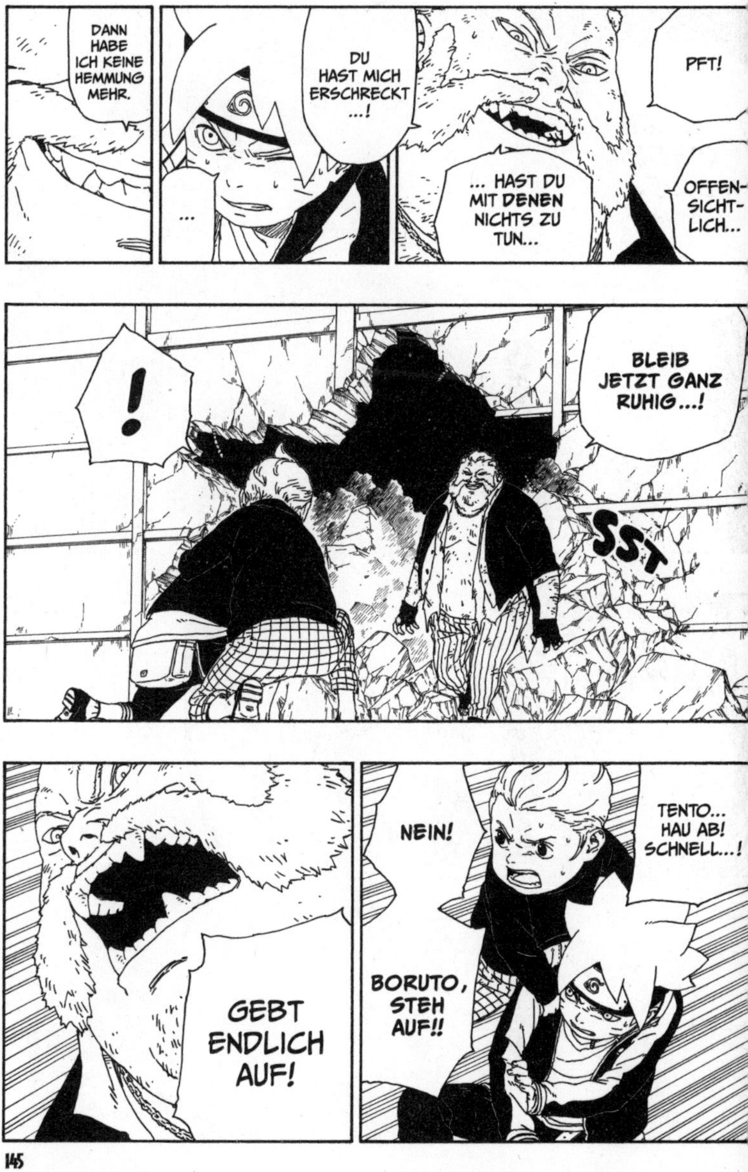
PFT!
OFFEN-SICHT-LICH...
... HAST DU MIT DENEN NICHTS ZU TUN...
DU HAST MICH ERSCHRECKT ...!
...
DANN HABE ICH KEINE HEMMUNG MEHR.
BLEIB JETZT GANZ RUHIG...!
SST
!
TENTO... HAU AB! SCHNELL...!
NEIN!
BORUTO, STEH AUF!!
GEBT ENDLICH AUF!

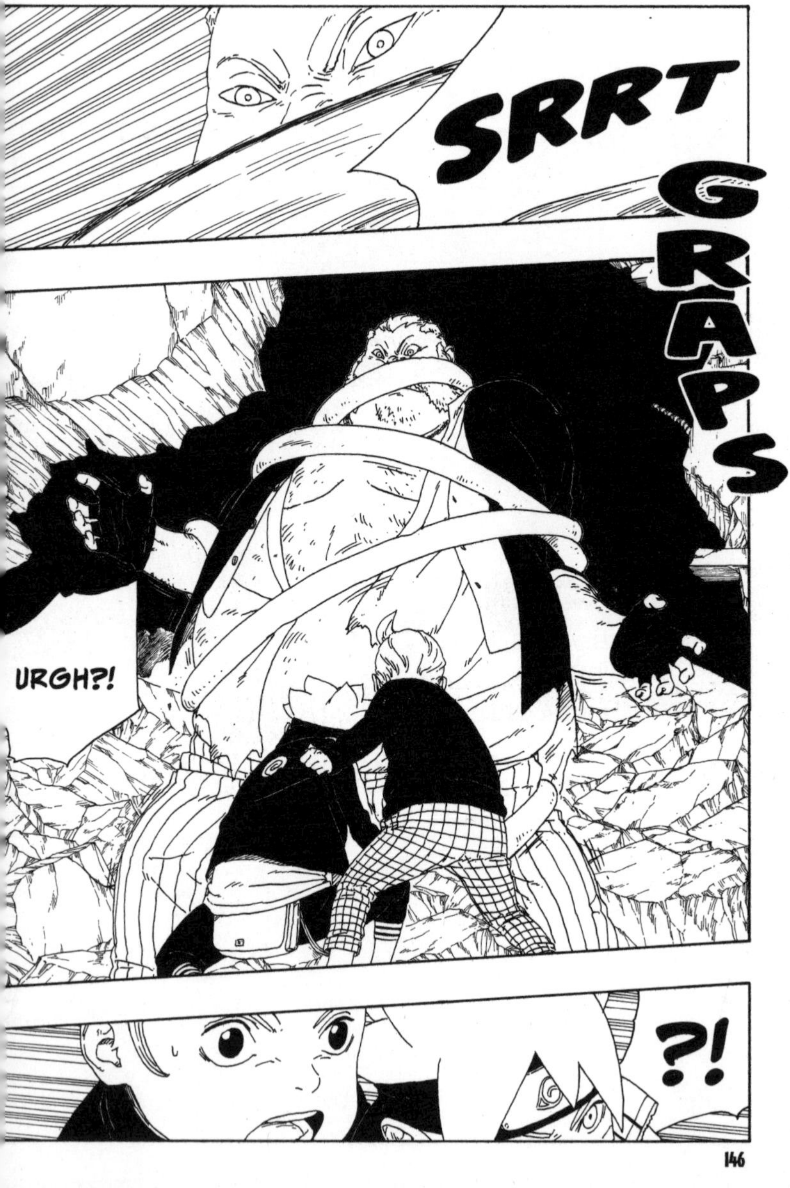
SRRT
GRAPS
URGH?!
?!

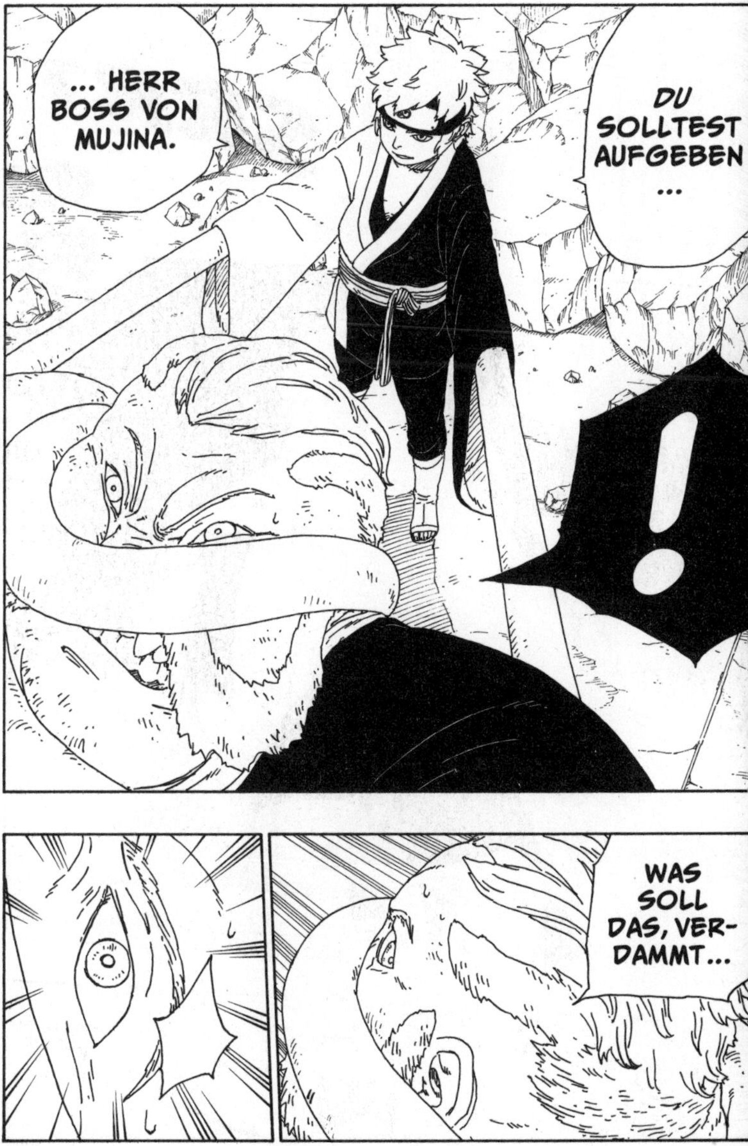
DU SOLLTEST AUFGEBEN ...
... HERR BOSS VON MUJINA.
!
WAS SOLL DAS, VER-DAMMT...

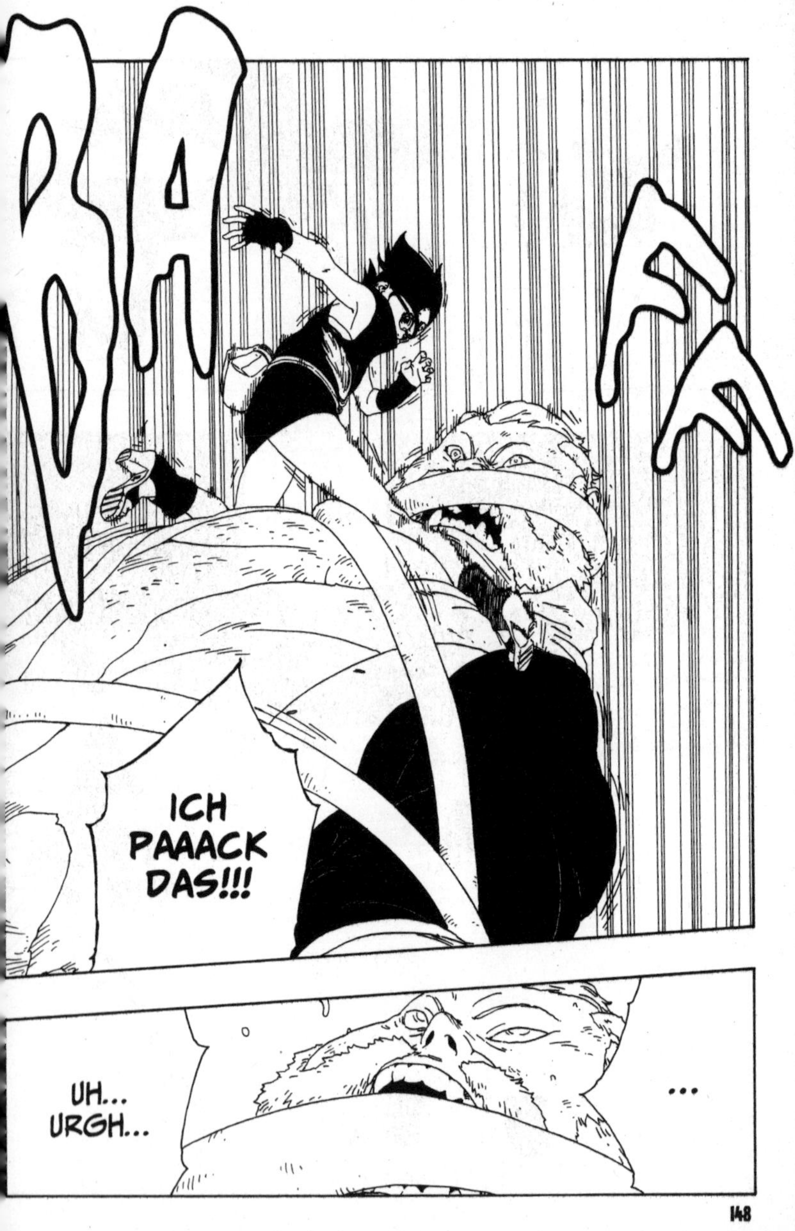
ICH PAAACK DAS!!!
...
UH... URGH...

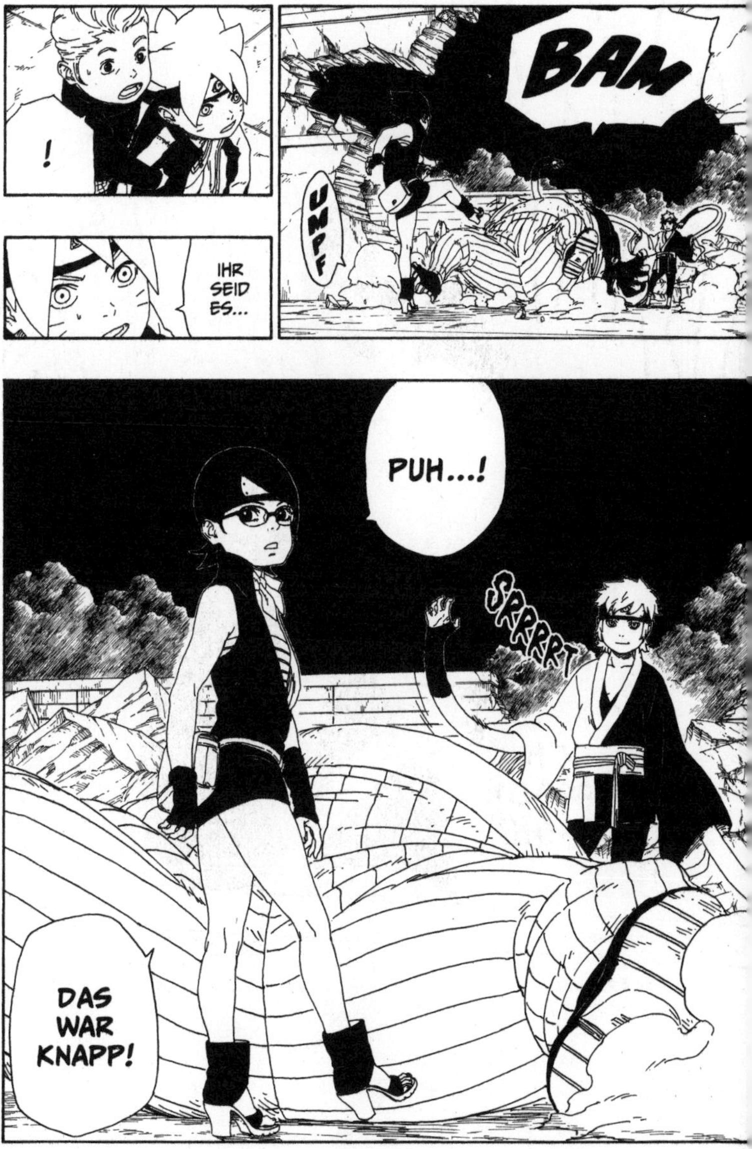
BAM
UMPF
!
IHR SEID ES...
PUH...!
SRRRRT
DAS WAR KNAPP!

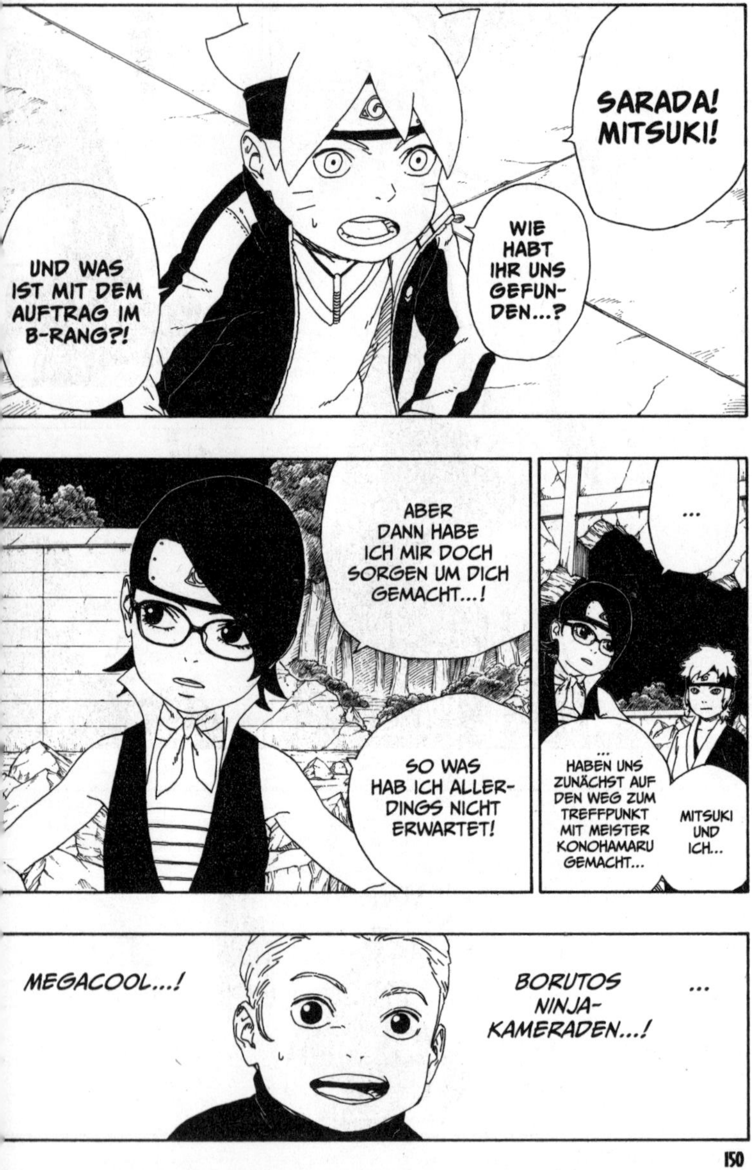
SARADA! MITSUKI!
WIE HABT IHR UNS GEFUN-DEN...?
UND WAS IST MIT DEM AUFTRAG IM B-RANG?!
...
MITSUKI UND ICH...
... HABEN UNS ZUNÄCHST AUF DEN WEG ZUM TREFFPUNKT MIT MEISTER KONOHAMARU GEMACHT...
ABER DANN HABE ICH MIR DOCH SORGEN UM DICH GEMACHT...!
SO WAS HAB ICH ALLER-DINGS NICHT ERWARTET!
...
BORUTOS NINJA-KAMERADEN...!
MEGACOOL...!

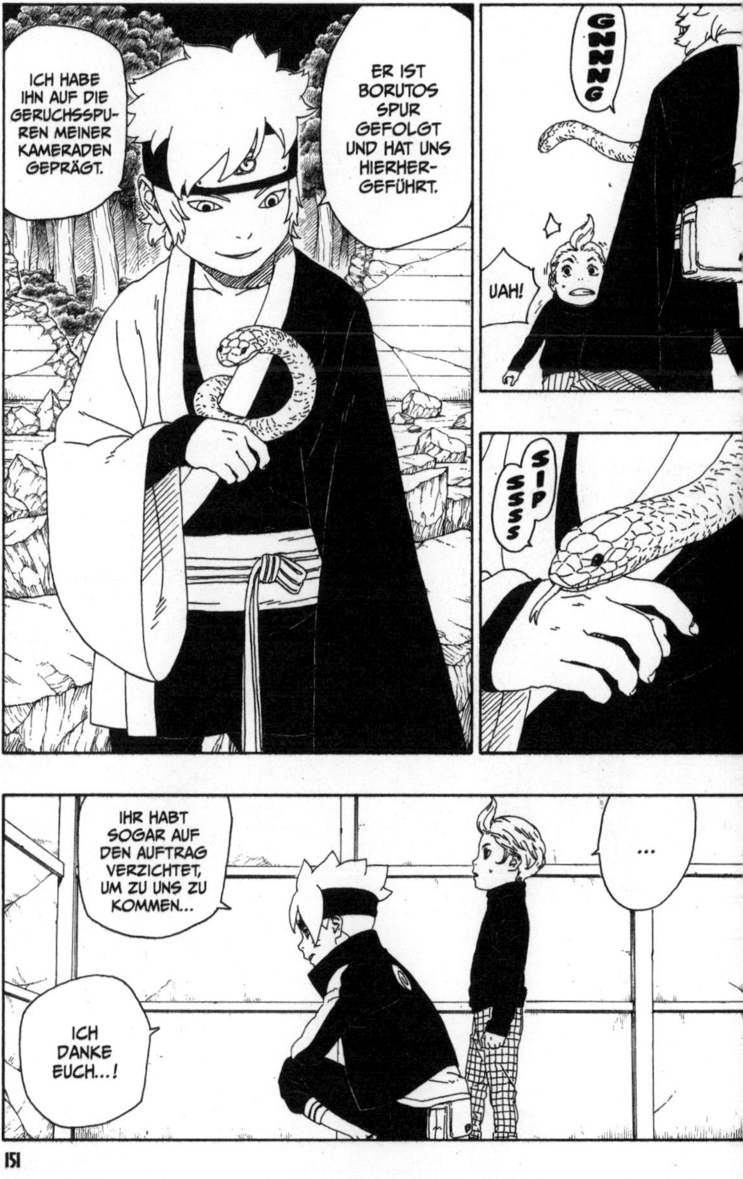
GNNNG
UAH!
SIP SSSS
ER IST BORUTOS SPUR GEFOLGT UND HAT UNS HIERHER-GEFÜHRT.
ICH HABE IHN AUF DIE GERUCHSSPU-REN MEINER KAMERADEN GEPRÄGT.
...
IHR HABT SOGAR AUF DEN AUFTRAG VERZICHTET, UM ZU UNS ZU KOMMEN...
ICH DANKE EUCH...!

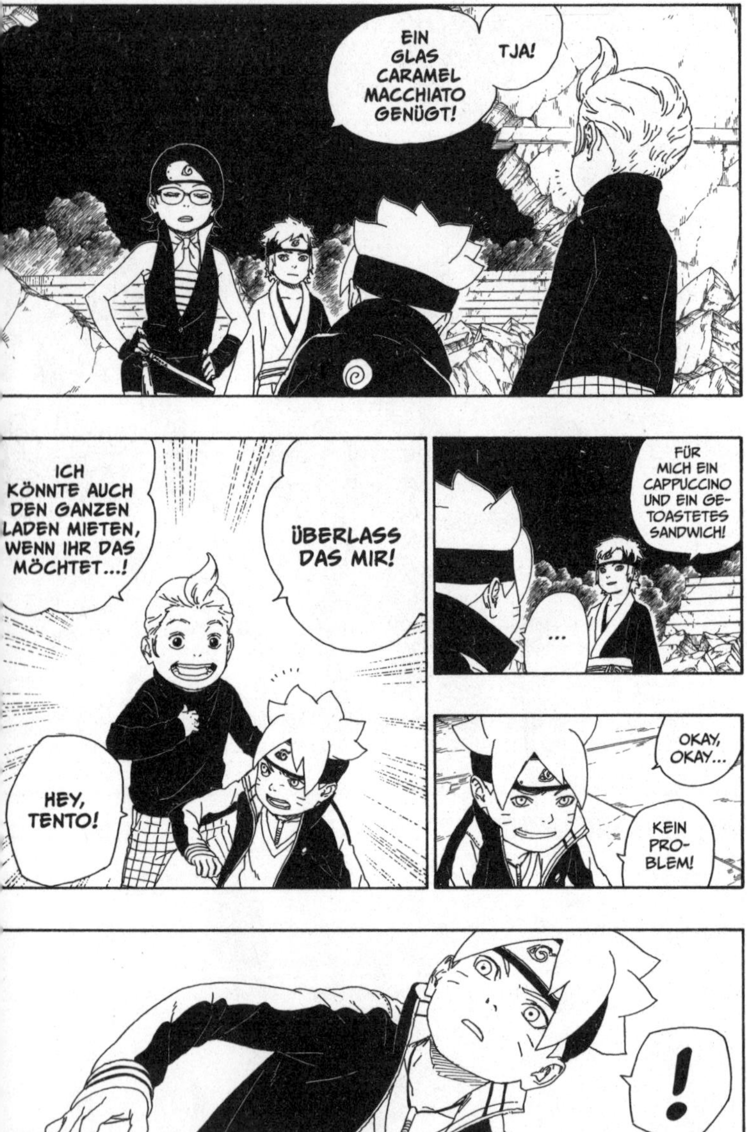
TJA!
EIN GLAS CARAMEL MACCHIATO GENÜGT!
ÜBERLASS DAS MIR!
ICH KÖNNTE AUCH DEN GANZEN LADEN MIETEN, WENN IHR DAS MÖCHTET...!
HEY, TENTO!
FÜR MICH EIN CAPPUCCINO UND EIN GETOASTETES SANDWICH!
...
OKAY, OKAY...
KEIN PROBLEM!
!

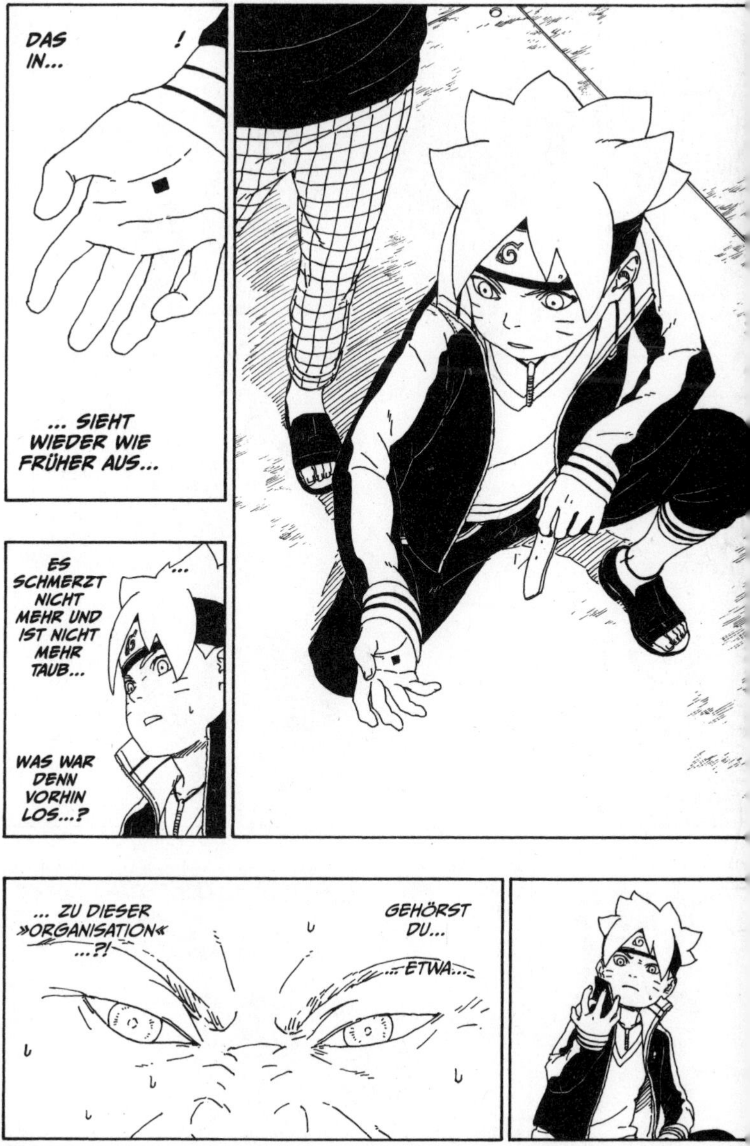
!
DAS IN...
... SIEHT WIEDER WIE FRÜHER AUS...
...
ES SCHMERZT NICHT MEHR UND IST NICHT MEHR TAUB...
WAS WAR DENN VORHIN LOS...?
GEHÖRST DU...
... ETWA...
... ZU DIESER »ORGANISATION« ...?!

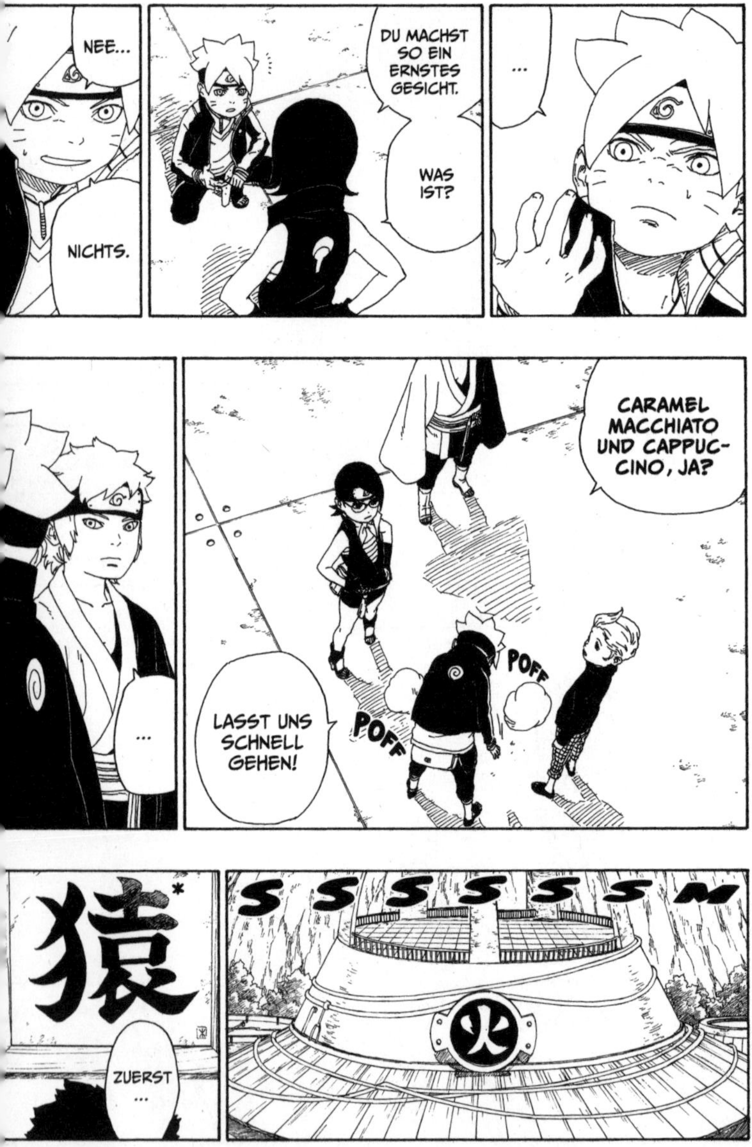

SARU (VON SARUTOBI)

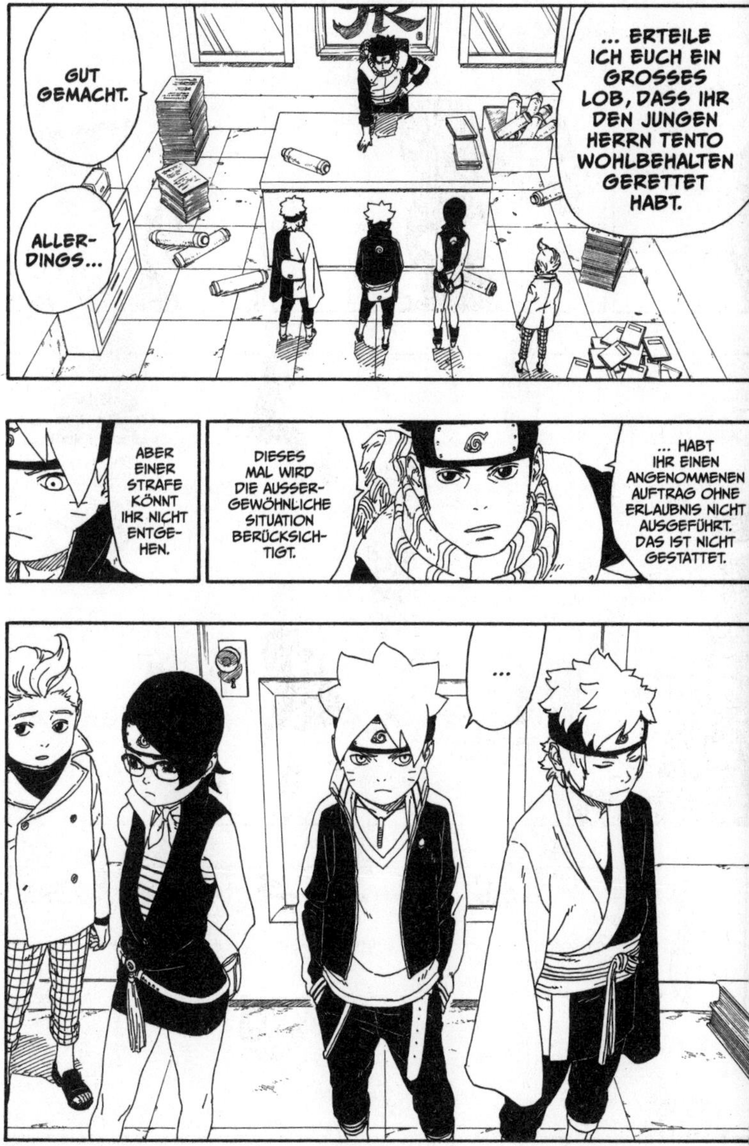
GUT GEMACHT.
... ERTEILE ICH EUCH EIN GROSSES LOB, DASS IHR DEN JUNGEN HERRN TENTO WOHLBEHALTEN GERETTET HABT.
ALLER-DINGS ...
... HABT IHR EINEN ANGENOMMENEN AUFTRAG OHNE ERLAUBNIS NICHT AUSGEFÜHRT. DAS IST NICHT GESTATTET.
DIESES MAL WIRD DIE AUSSER-GEWÖHNLICHE SITUATION BERÜCKSICH-TIGT.
ABER EINER STRAFE KÖNNT IHR NICHT ENTGE-HEN.
...

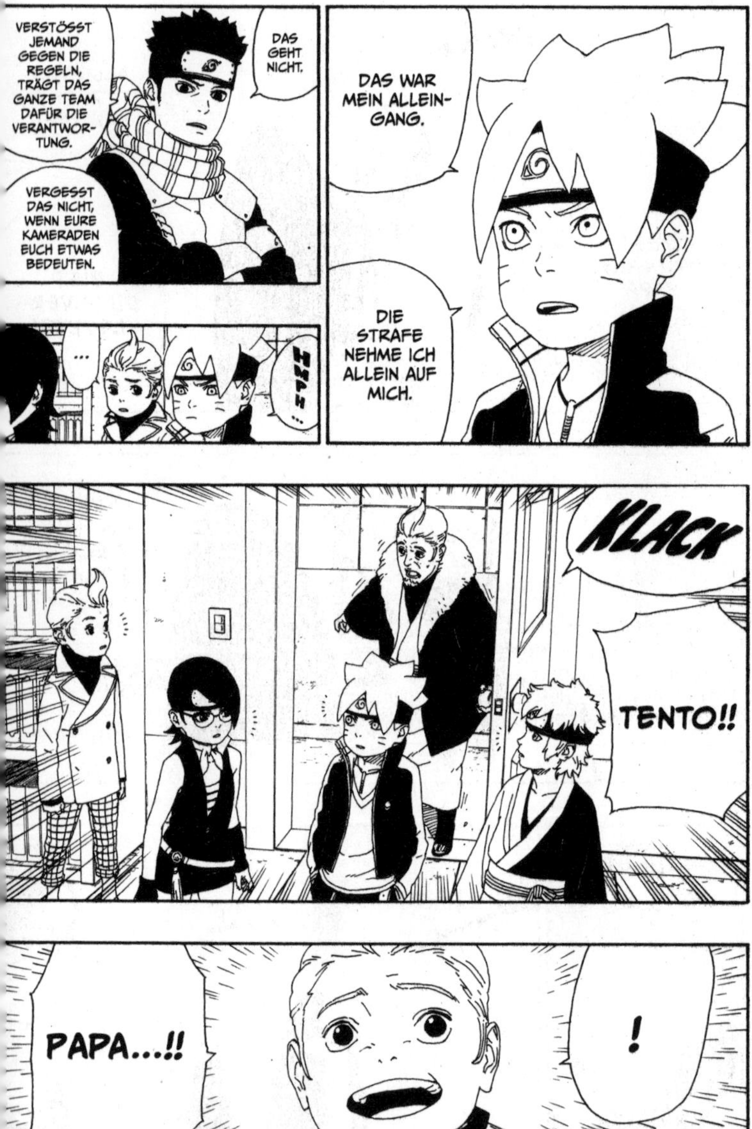
DAS WAR MEIN ALLEIN-GANG.
DIE STRAFE NEHME ICH ALLEIN AUF MICH.
DAS GEHT NICHT.
VERSTÖSST JEMAND GEGEN DIE REGELN, TRÄGT DAS GANZE TEAM DAFÜR DIE VERANTWOR-TUNG.
VERGESST DAS NICHT, WENN EURE KAMERADEN EUCH ETWAS BEDEUTEN.
HMPH...
...
KLACK
TENTO!!
!
PAPA...!!

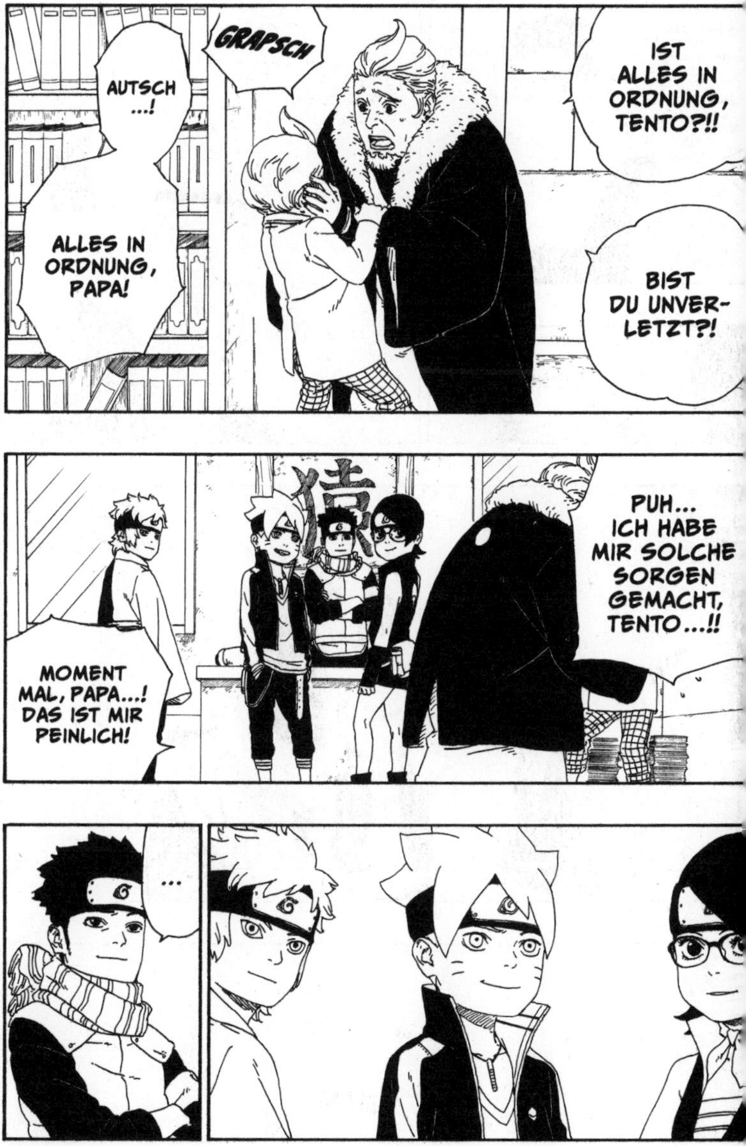
IST ALLES IN ORDNUNG, TENTO?!!
GRAPSCH
AUTSCH ...!
BIST DU UNVERLETZT?!
ALLES IN ORDNUNG, PAPA!
PUH... ICH HABE MIR SOLCHE SORGEN GEMACHT, TENTO...!!
MOMENT MAL, PAPA...! DAS IST MIR PEINLICH!
...

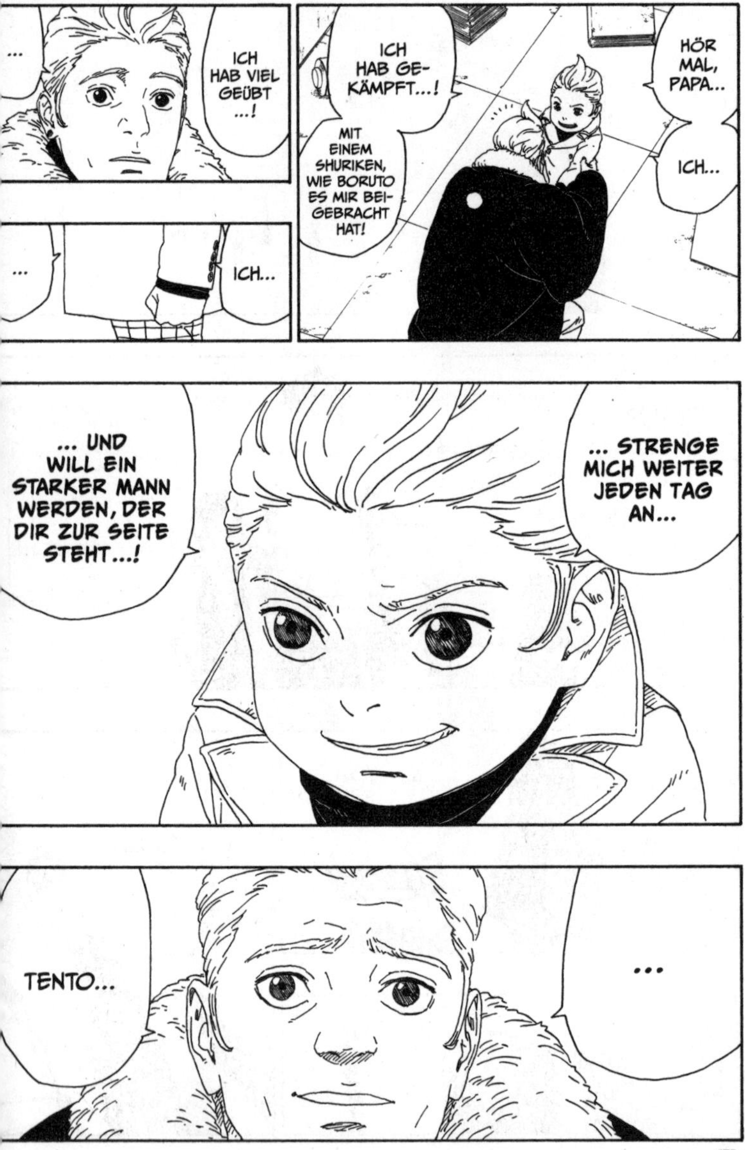
HÖR MAL, PAPA...
ICH...
ICH HAB GEKÄMPFT...!
MIT EINEM SHURIKEN, WIE BORUTO ES MIR BEIGEBRACHT HAT!
ICH HAB VIEL GEÜBT ...!
...
ICH...
...
... STRENGE MICH WEITER JEDEN TAG AN...
... UND WILL EIN STARKER MANN WERDEN, DER DIR ZUR SEITE STEHT...!
...
TENTO...

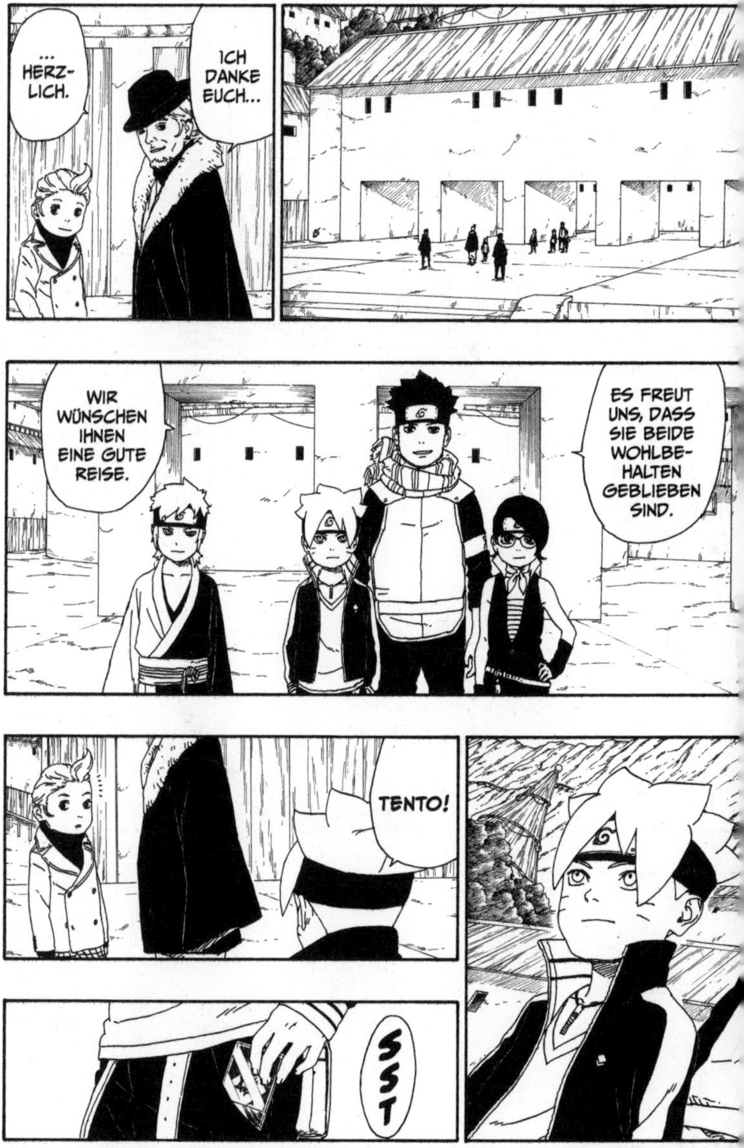
ICH DANKE EUCH...
... HERZLICH.
ES FREUT UNS, DASS SIE BEIDE WOHLBEHALTEN GEBLIEBEN SIND.
WIR WÜNSCHEN IHNEN EINE GUTE REISE.
TENTO!
SST

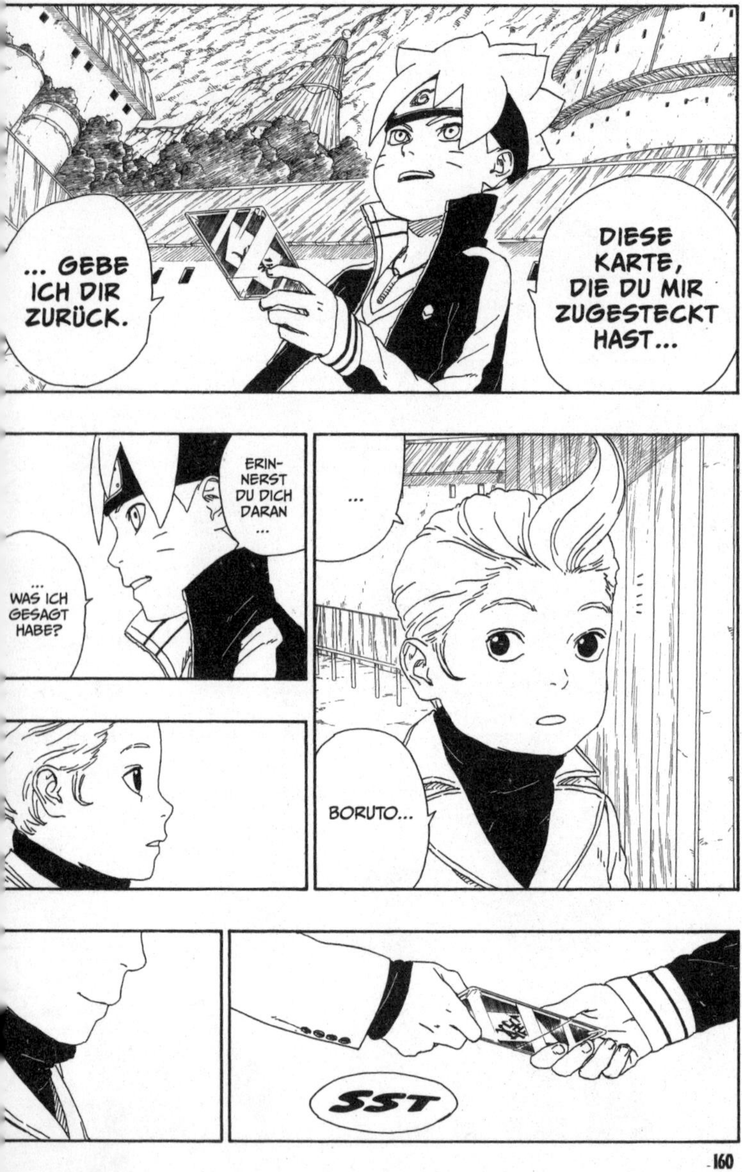
DIESE KARTE, DIE DU MIR ZUGESTECKT HAST...
... GEBE ICH DIR ZURÜCK.
...
ERIN-NERST DU DICH DARAN ...
... WAS ICH GESAGT HABE?
BORUTO...
SST

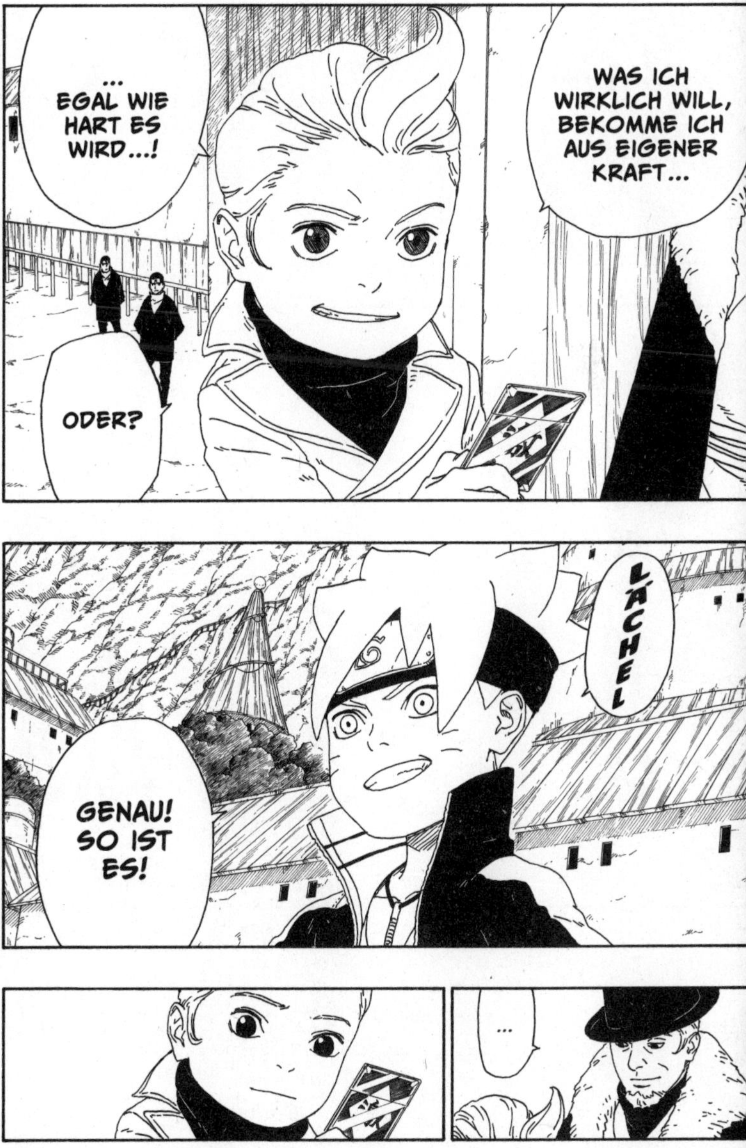
WAS ICH WIRKLICH WILL, BEKOMME ICH AUS EIGENER KRAFT...
... EGAL WIE HART ES WIRD...!
ODER?
LÄCHEL
GENAU! SO IST ES!
...

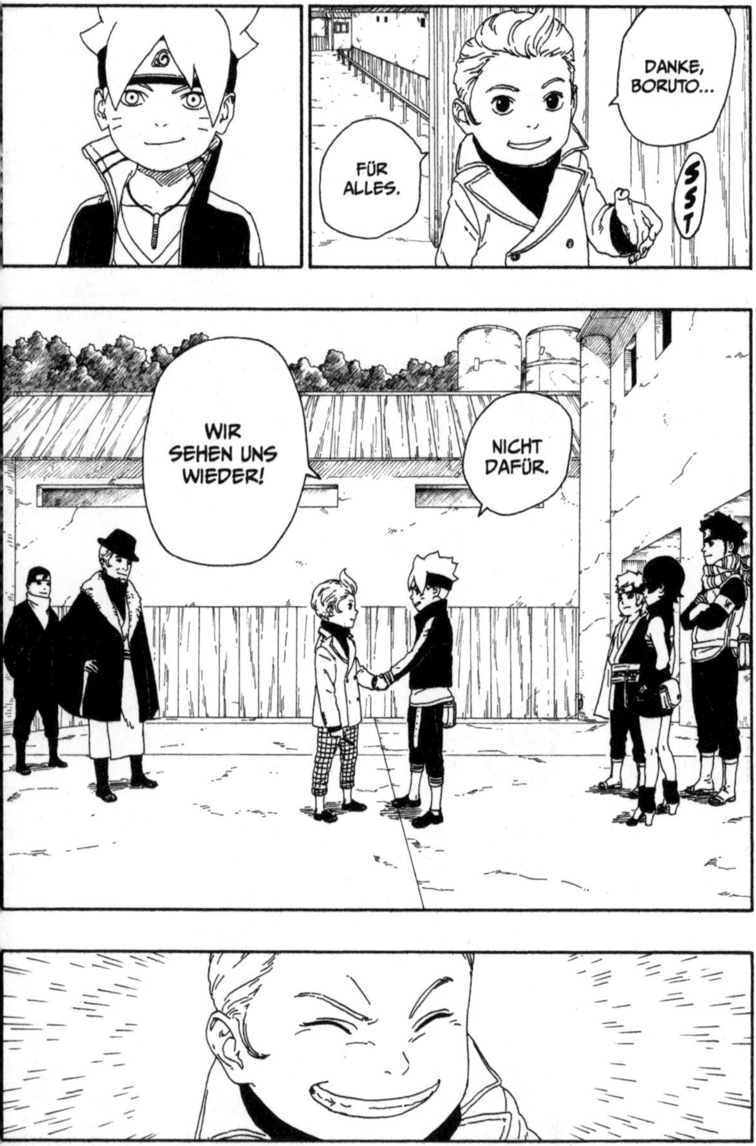
DANKE, BORUTO...
FÜR ALLES.
SST
NICHT DAFÜR.
WIR SEHEN UNS WIEDER!

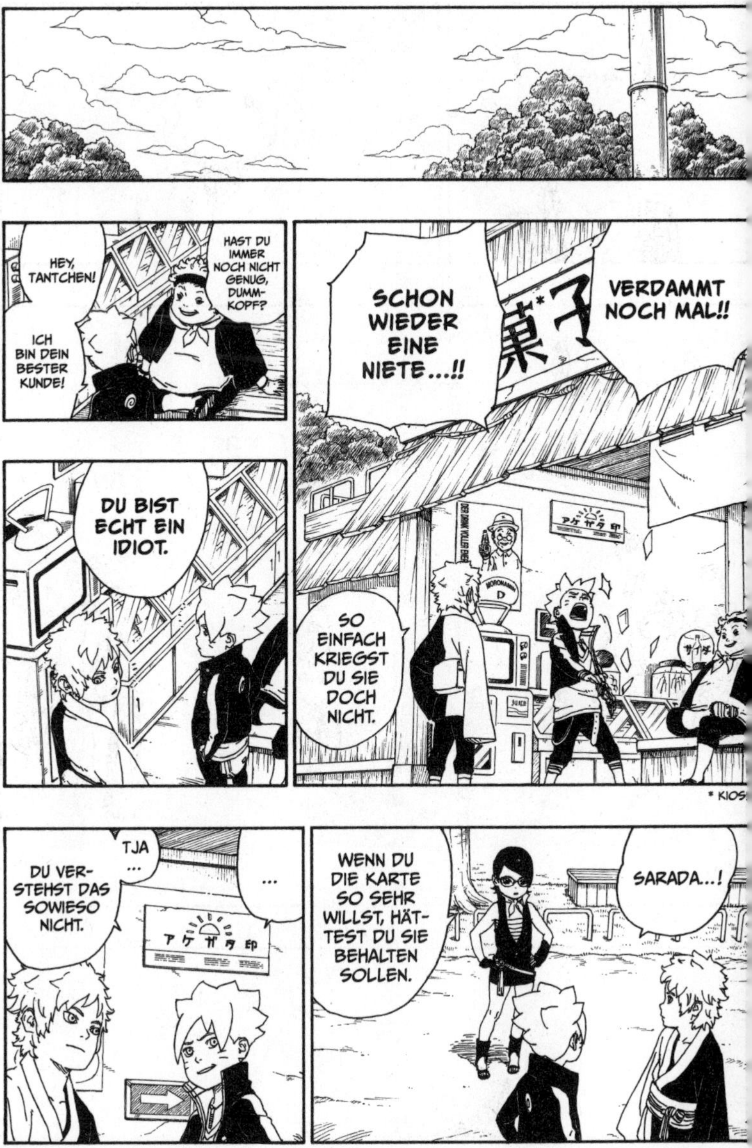
VERDAMMT NOCH MAL!!
SCHON WIEDER EINE NIETE...!!
菓*子
SO EINFACH KRIEGST DU SIE DOCH NICHT.
HAST DU IMMER NOCH NICHT GENUG, DUMM-KOPF?
HEY, TANTCHEN!
ICH BIN DEIN BESTER KUNDE!
DU BIST ECHT EIN IDIOT.
SARADA...!
WENN DU DIE KARTE SO SEHR WILLST, HÄT-TEST DU SIE BEHALTEN SOLLEN.
...
TJA ...
DU VER-STEHST DAS SOWIESO NICHT.

* KIOS

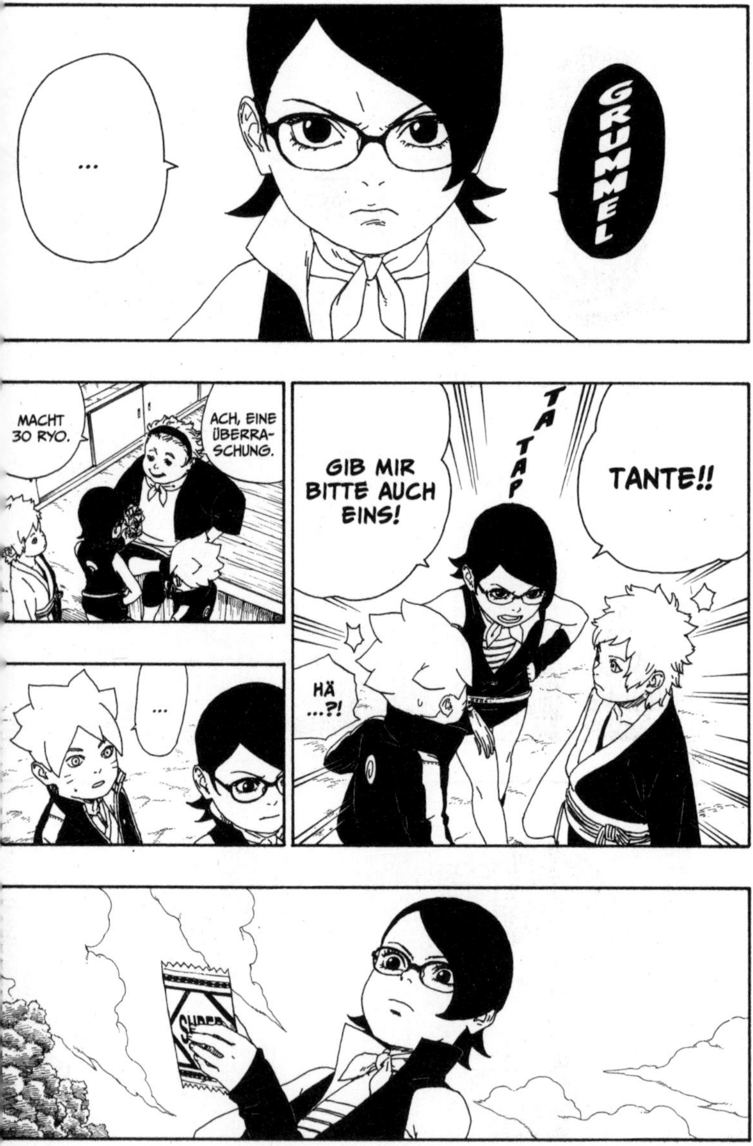
GRUMMEL
...
TANTE!!
TA TAP TAP
GIB MIR BITTE AUCH EINS!
HÄ ...?!
ACH, EINE ÜBERRASCHUNG.
MACHT 30 RYO.
...

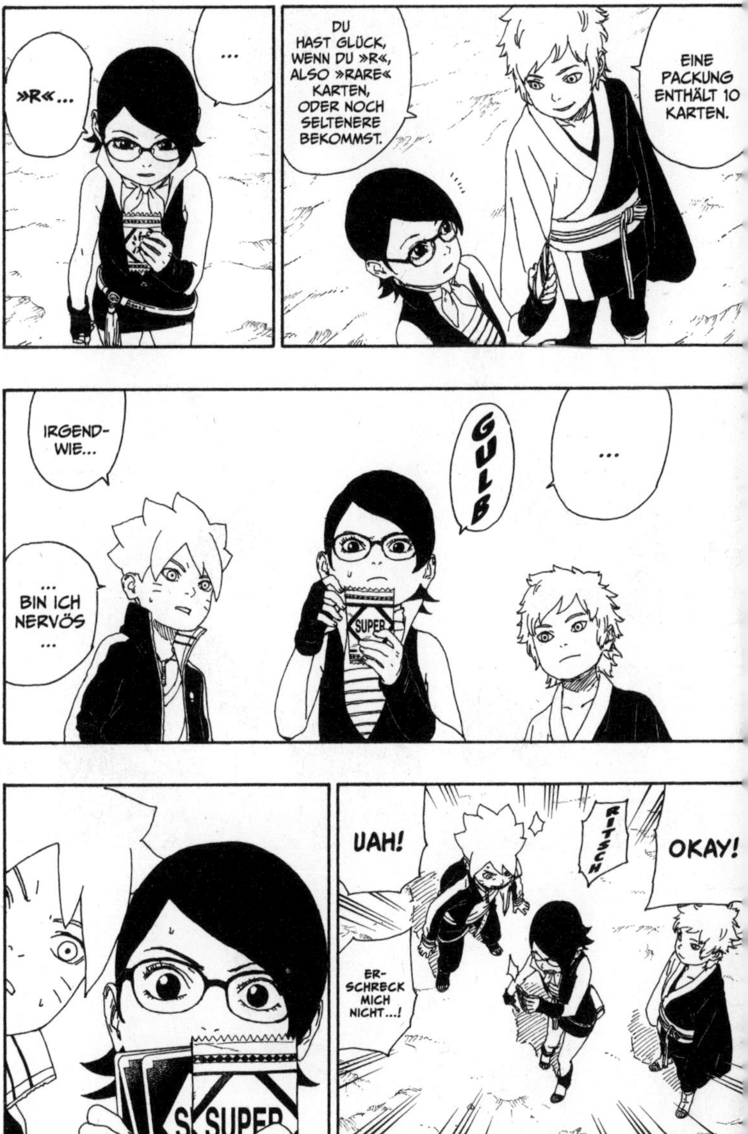
EINE PACKUNG ENTHÄLT 10 KARTEN.
DU HAST GLÜCK, WENN DU »R«, ALSO »RARE« KARTEN, ODER NOCH SELTENERE BEKOMMST.
...
»R«...
...
GULB
IRGEND-WIE...
... BIN ICH NERVÖS ...
OKAY!
RITSCH
UAH!
ER-SCHRECK MICH NICHT...!
SUPER
S SUPER

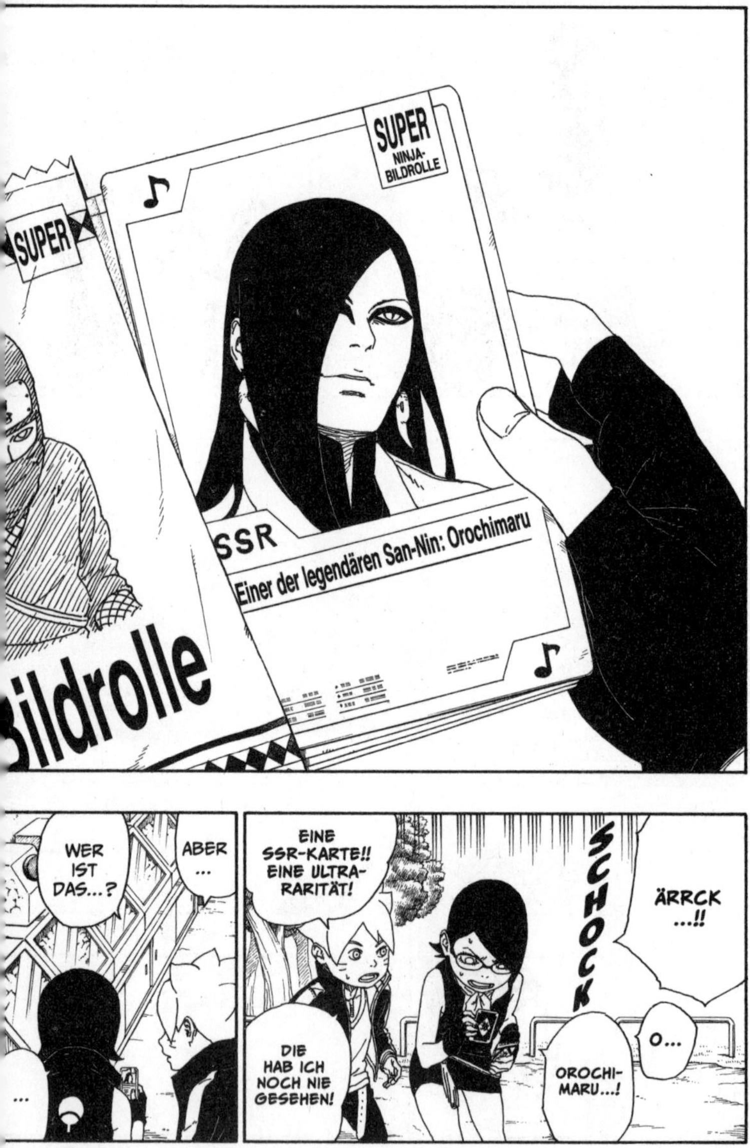
SUPER
SUPER
NINJA-
BILDROLLE
SSR
Einer der legendären San-Nin: Orochimaru
Bildrolle
ÄRRCK
...!!
SCHOCK
O...
OROCHI-
MARU...!
EINE
SSR-KARTE!!
EINE ULTRA-
RARITÄT!
DIE
HAB ICH
NOCH NIE
GESEHEN!
ABER
...
WER
IST
DAS...?
...

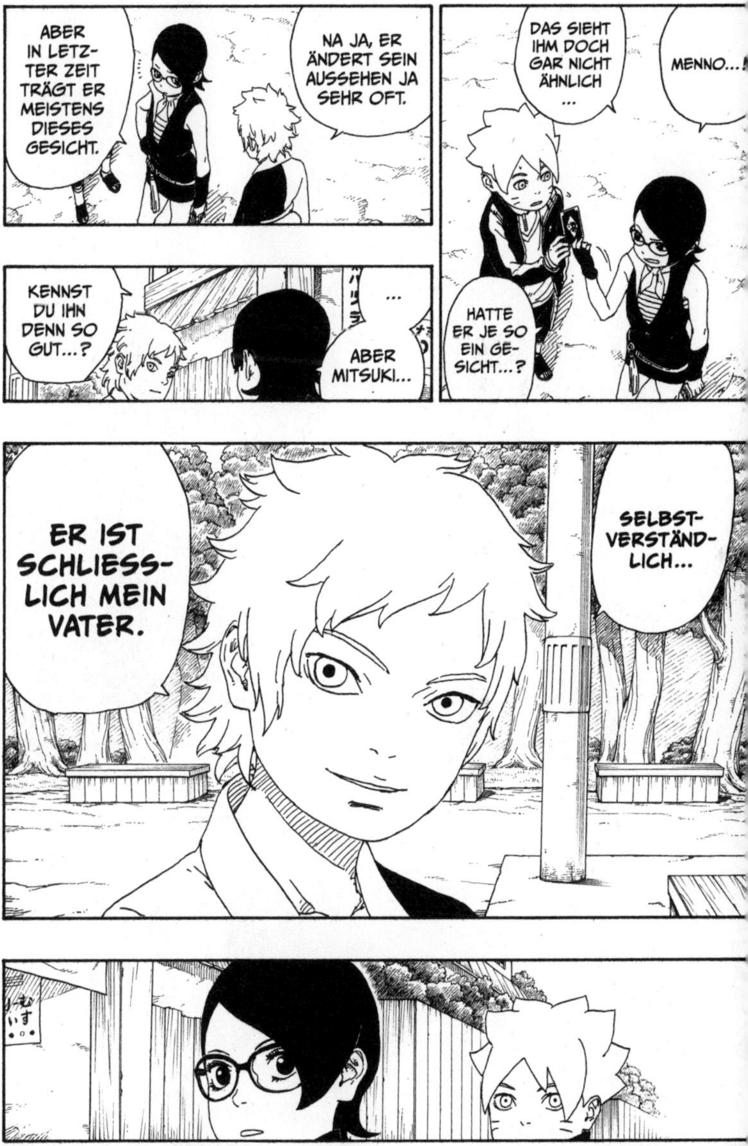
MENNO...!
DAS SIEHT IHM DOCH GAR NICHT ÄHNLICH ...
HATTE ER JE SO EIN GESICHT...?
NA JA, ER ÄNDERT SEIN AUSSEHEN JA SEHR OFT.
ABER IN LETZTER ZEIT TRÄGT ER MEISTENS DIESES GESICHT.
... ABER MITSUKI...
KENNST DU IHN DENN SO GUT...?
SELBSTVERSTÄNDLICH...
ER IST SCHLIESSLICH MEIN VATER.

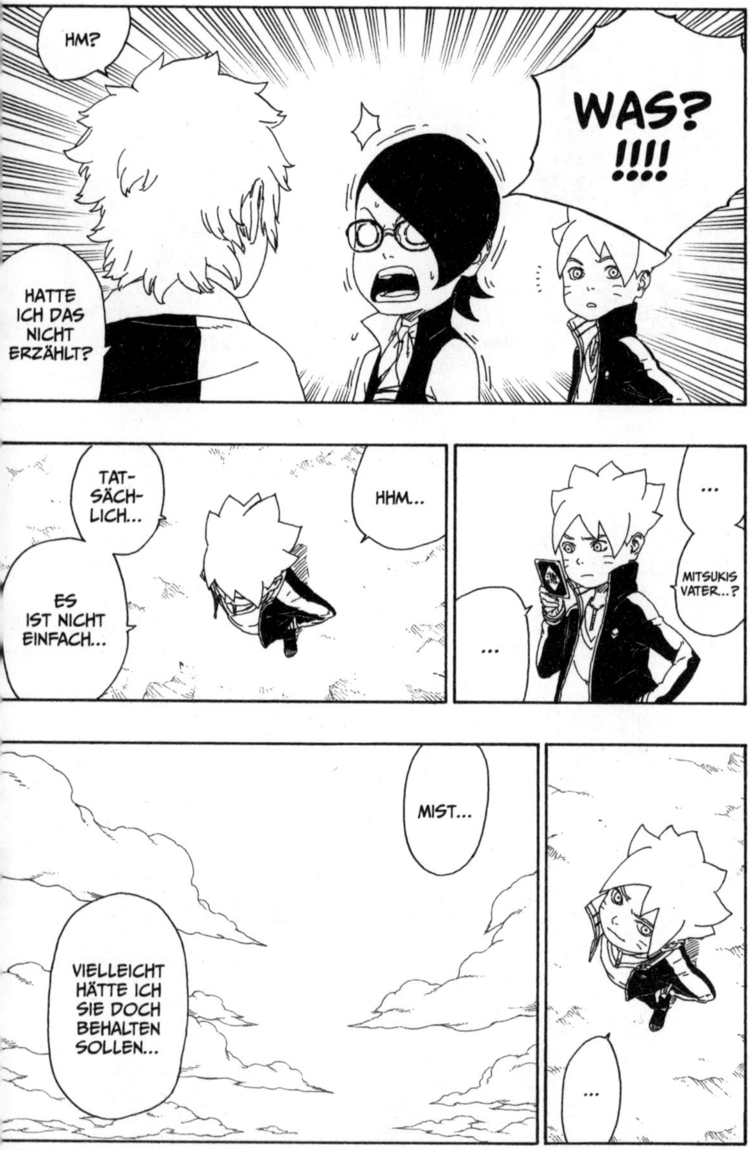
WAS? !!!!
HM?
HATTE ICH DAS NICHT ERZÄHLT?
...
MITSUKIS VATER...?
...
HHM...
TATSÄCHLICH...
ES IST NICHT EINFACH...
...
MIST...
VIELLEICHT HÄTTE ICH SIE DOCH BEHALTEN SOLLEN...

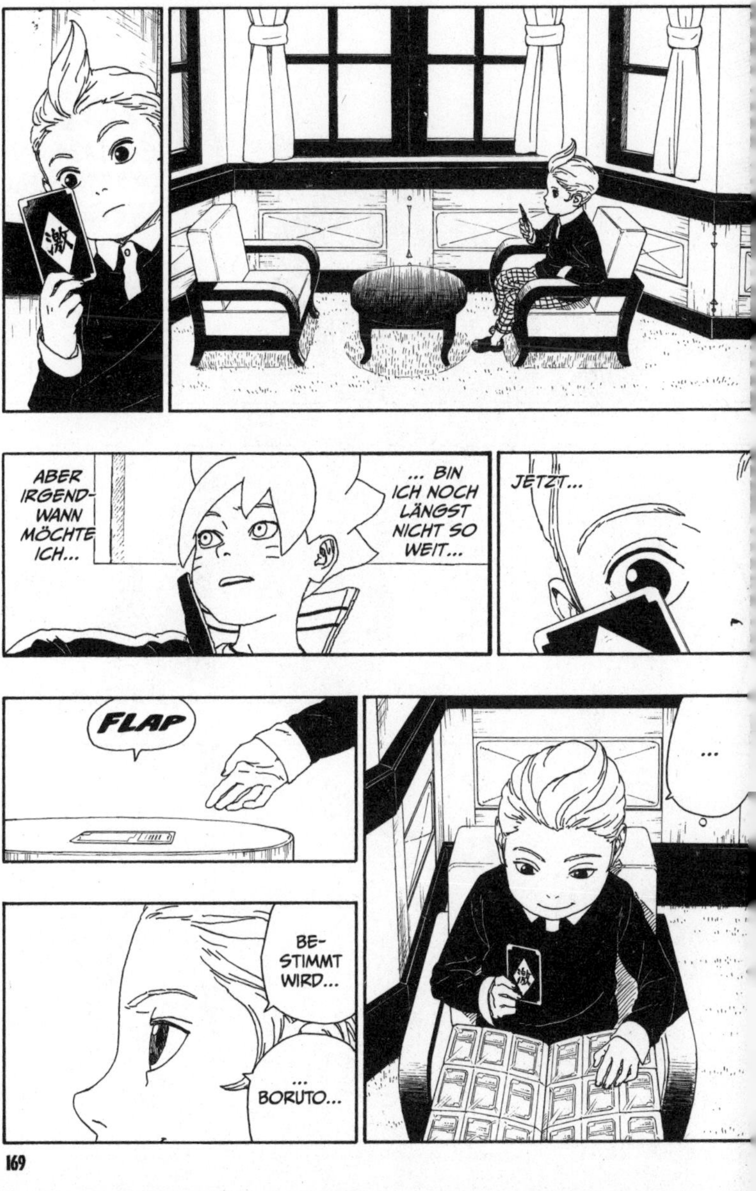

JETZT...
... BIN ICH NOCH LÄNGST NICHT SO WEIT...
ABER IRGENDWANN MÖCHTE ICH...
...
FLAP
BESTIMMT WIRD...
... BORUTO...

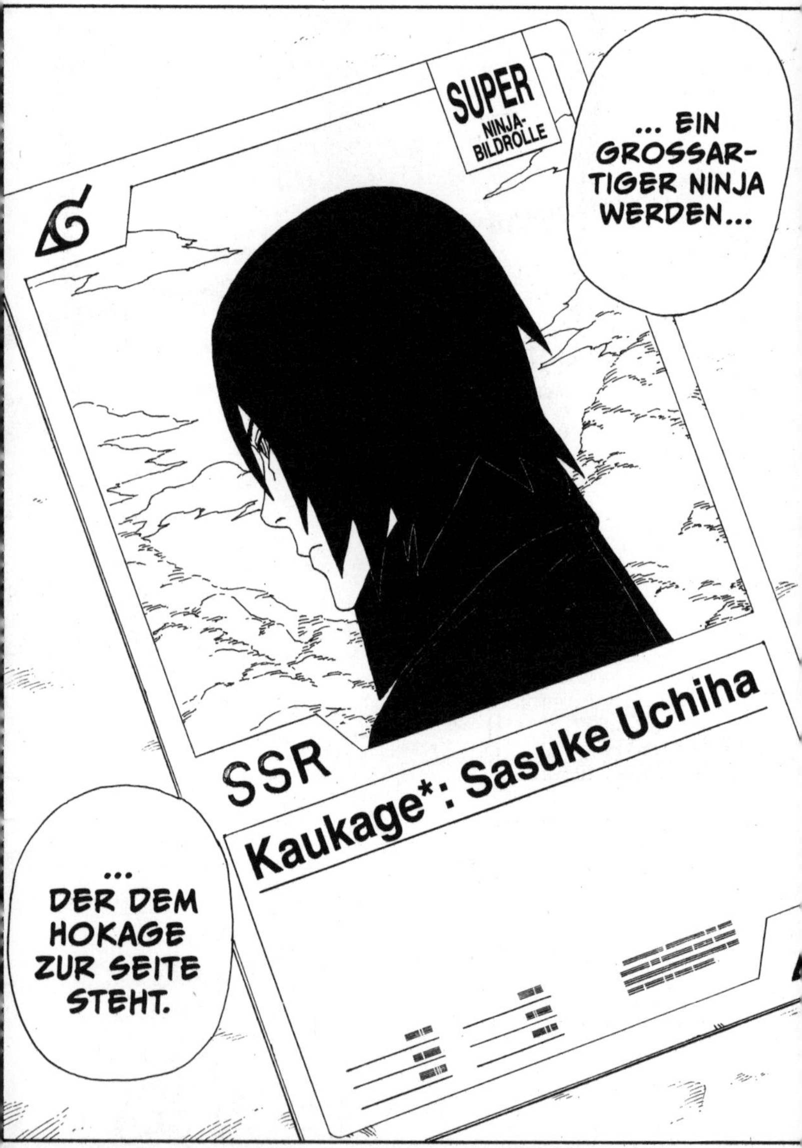

* KAU (HIER IN DER LESUNG »KAU«, NORMALERWEISE GELESEN ALS »SASAU«) = STÜTZEN/ABSTÜTZEN/UNTERSTÜTZEN

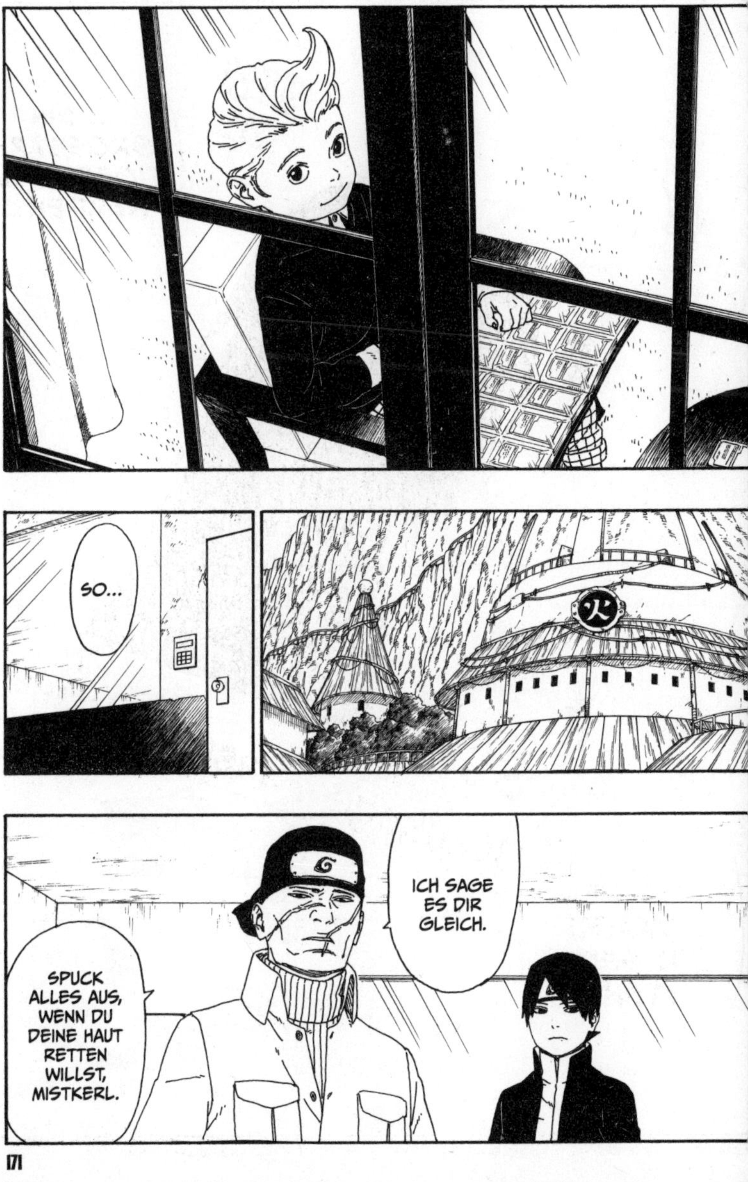
SO...
ICH SAGE ES DIR GLEICH.
SPUCK ALLES AUS, WENN DU DEINE HAUT RETTEN WILLST, MISTKERL.

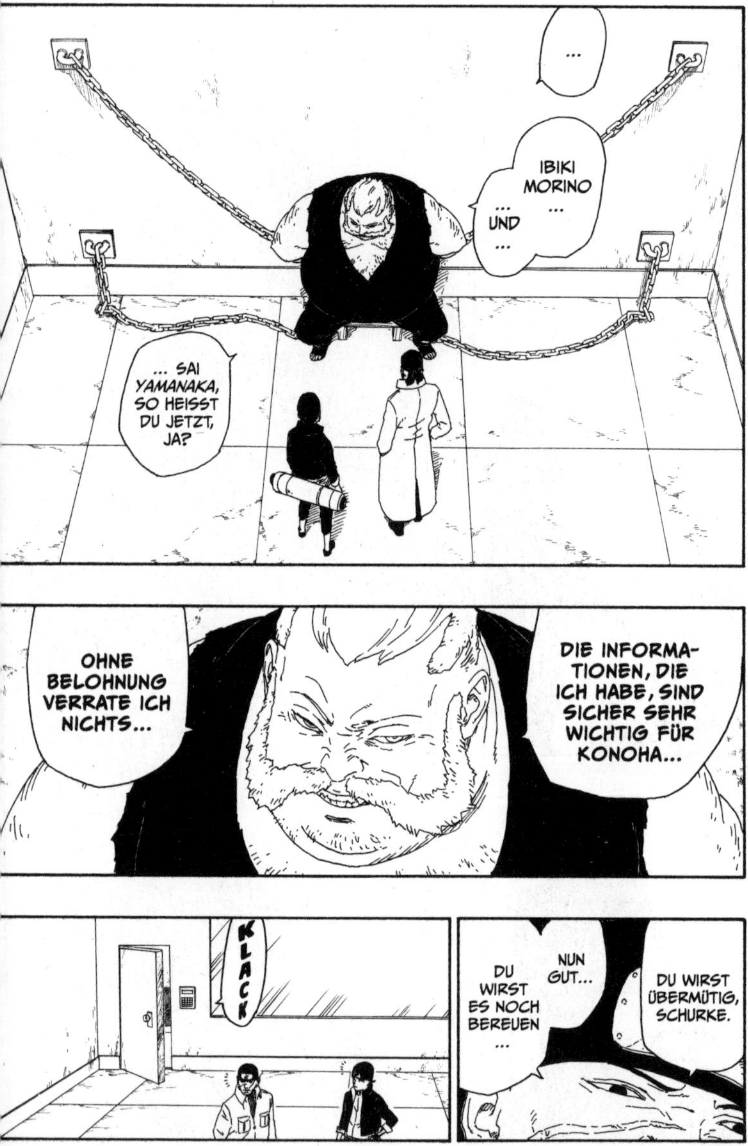
...
IBIKI MORINO ... ... UND ...
... SAI YAMANAKA, SO HEISST DU JETZT, JA?
DIE INFORMATIONEN, DIE ICH HABE, SIND SICHER SEHR WICHTIG FÜR KONOHA...
OHNE BELOHNUNG VERRATE ICH NICHTS...
DU WIRST ÜBERMÜTIG, SCHURKE.
NUN GUT...
DU WIRST ES NOCH BEREUEN ...
KLACK

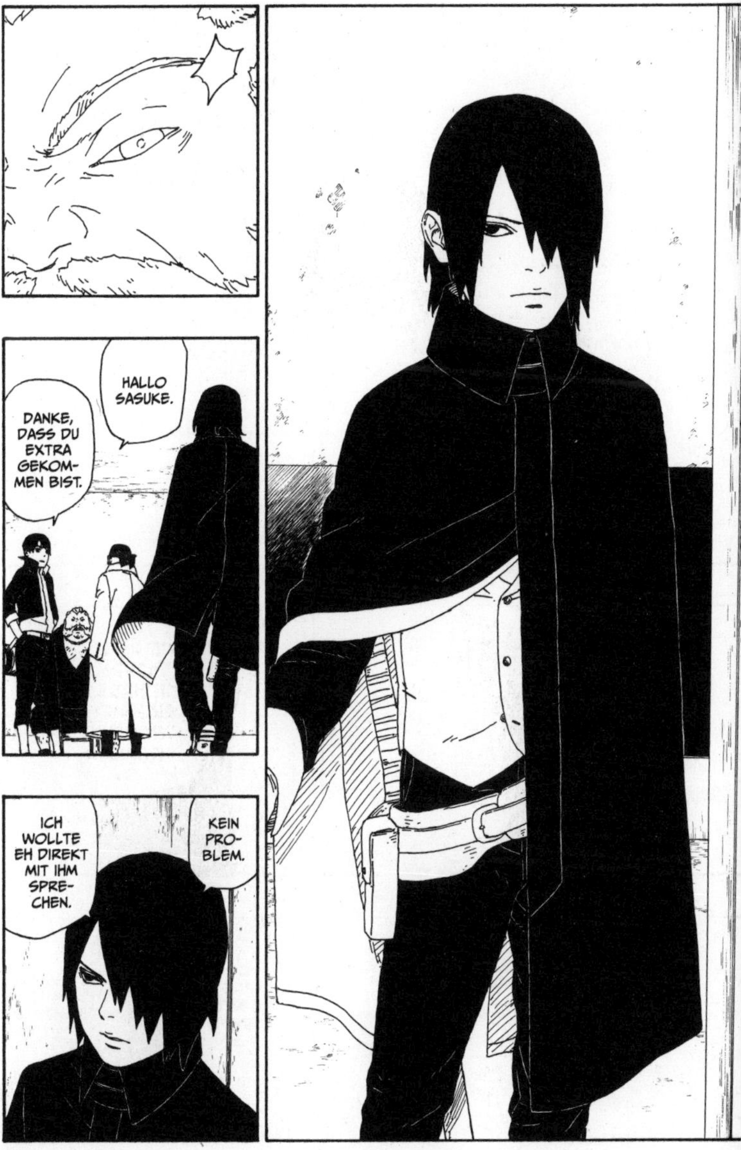
HALLO SASUKE.
DANKE, DASS DU EXTRA GEKOMMEN BIST.
KEIN PROBLEM.
ICH WOLLTE EH DIREKT MIT IHM SPRECHEN.

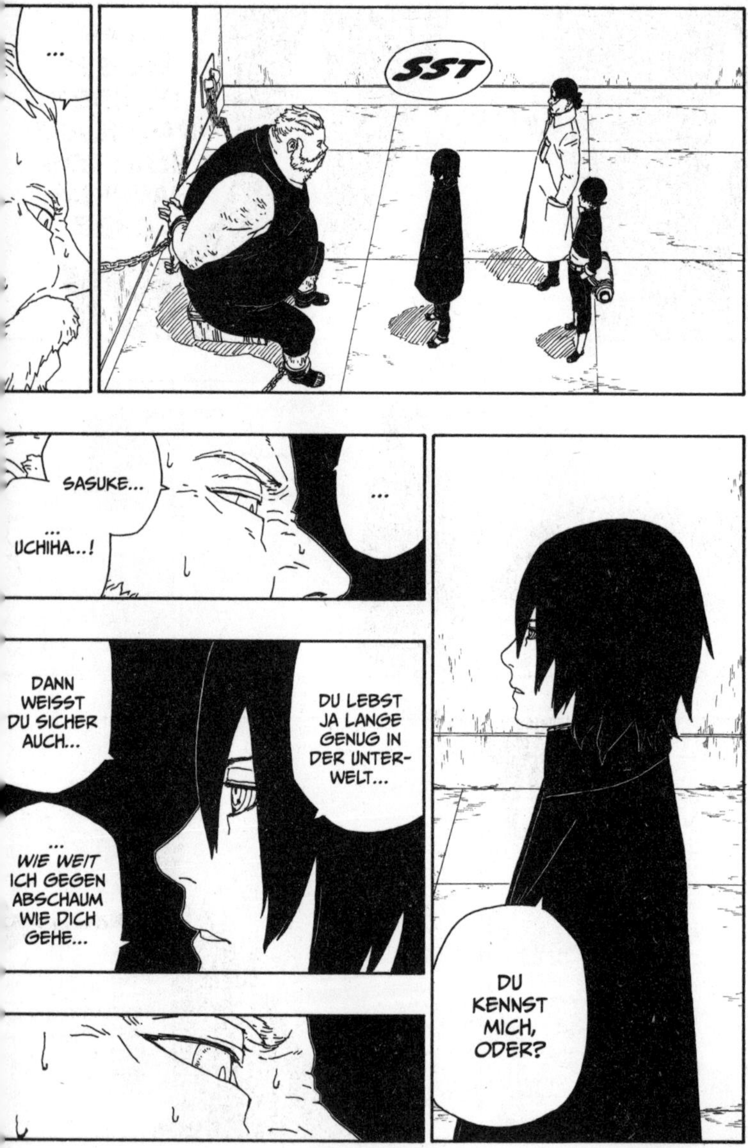
SST
...
SASUKE...
... UCHIHA...!
...
DU KENNST MICH, ODER?
DU LEBST JA LANGE GENUG IN DER UNTERWELT...
DANN WEISST DU SICHER AUCH...
... WIE WEIT ICH GEGEN ABSCHAUM WIE DICH GEHE...

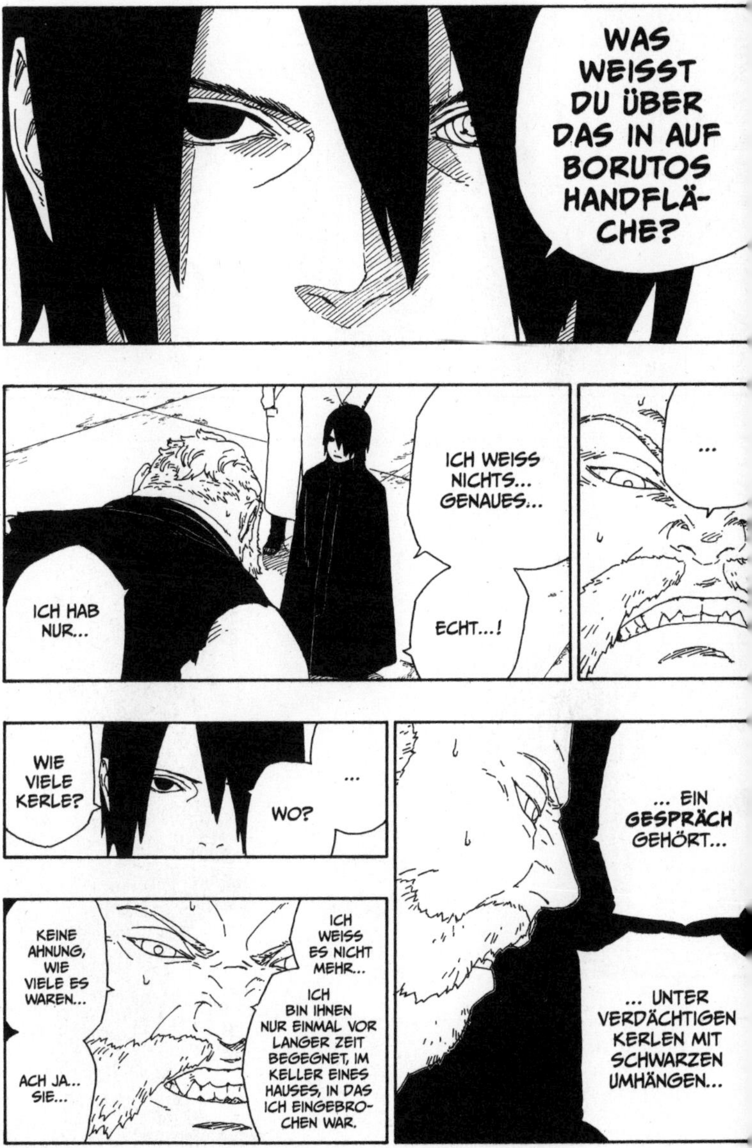

WAS WEISST DU ÜBER DAS IN AUF BORUTOS HANDFLÄCHE?
...
ICH WEISS NICHTS... GENAUES...
ECHT...!
ICH HAB NUR...
... EIN GESPRÄCH GEHÖRT...
... UNTER VERDÄCHTIGEN KERLEN MIT SCHWARZEN UMHÄNGEN...
...
WO?
WIE VIELE KERLE?
ICH WEISS ES NICHT MEHR...
ICH BIN IHNEN NUR EINMAL VOR LANGER ZEIT BEGEGNET, IM KELLER EINES HAUSES, IN DAS ICH EINGEBROCHEN WAR.
KEINE AHNUNG, WIE VIELE ES WAREN...
ACH JA.. SIE...

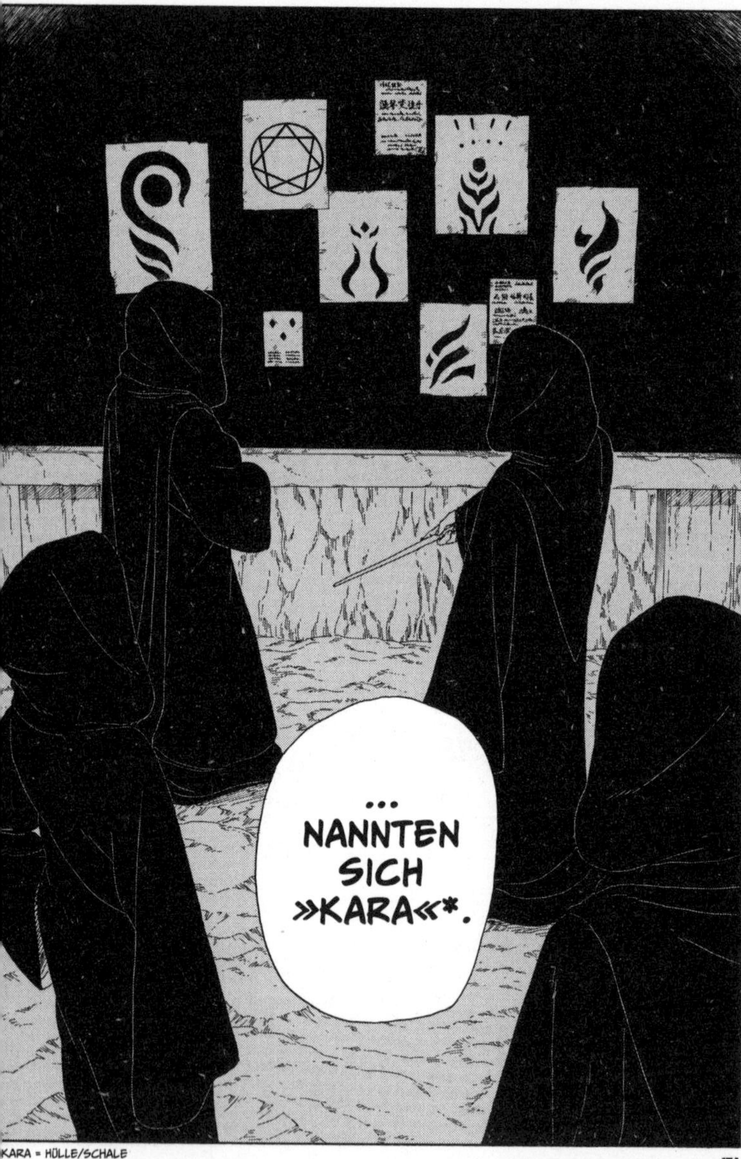

*KARA = HÜLLE/SCHALE

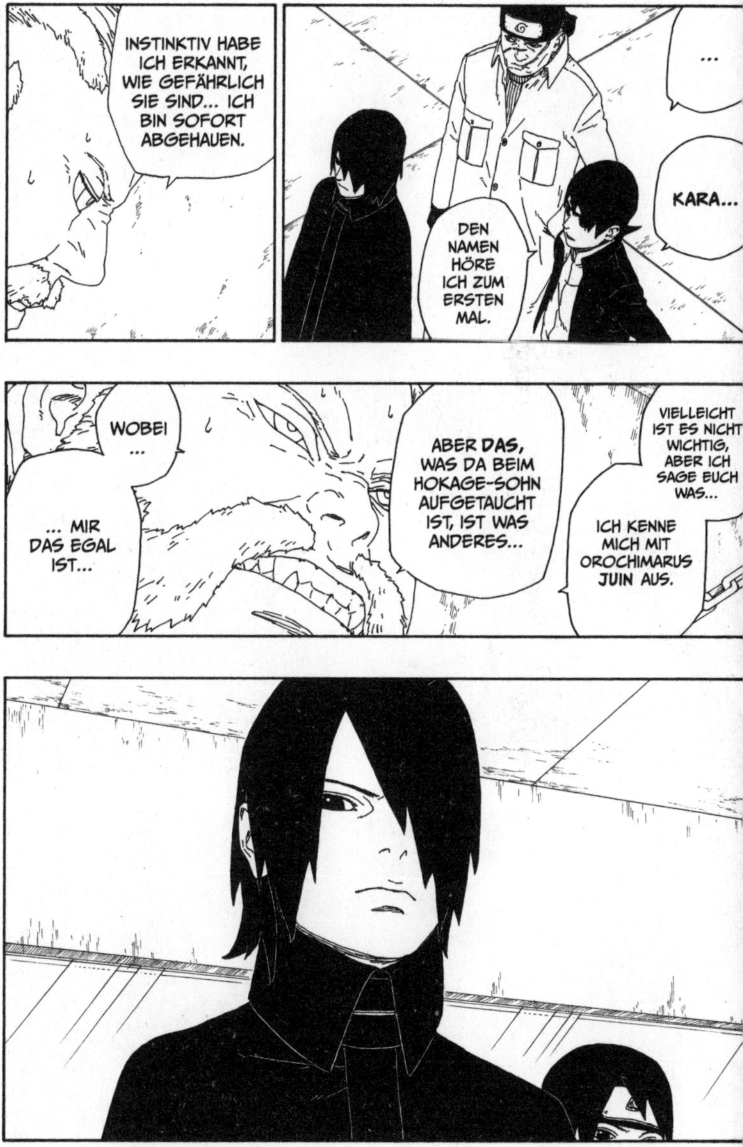
...
KARA...
DEN NAMEN HÖRE ICH ZUM ERSTEN MAL.
INSTINKTIV HABE ICH ERKANNT, WIE GEFÄHRLICH SIE SIND... ICH BIN SOFORT ABGEHAUEN.
VIELLEICHT IST ES NICHT WICHTIG, ABER ICH SAGE EUCH WAS...
ICH KENNE MICH MIT OROCHIMARUS JUIN AUS.
ABER DAS, WAS DA BEIM HOKAGE-SOHN AUFGETAUCHT IST, IST WAS ANDERES...
WOBEI ...
... MIR DAS EGAL IST...

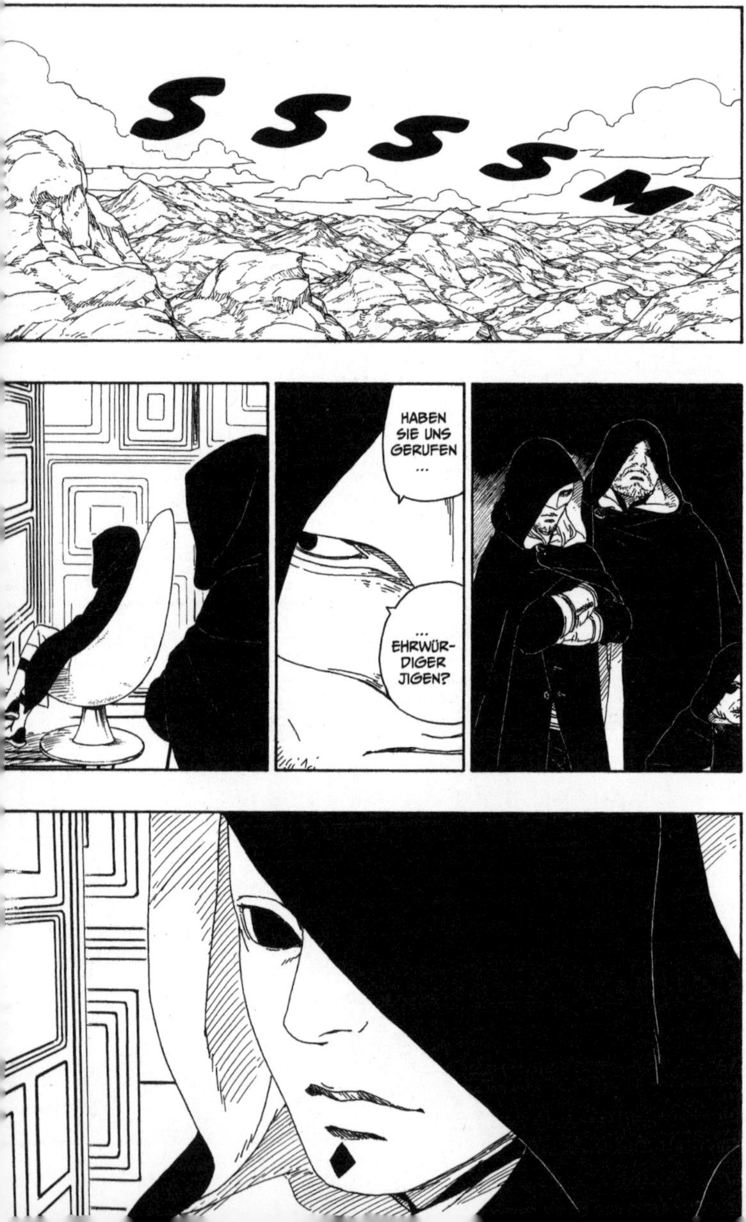
SSSSM
HABEN SIE UNS GERUFEN …
… EHRWÜRDIGER JIGEN?

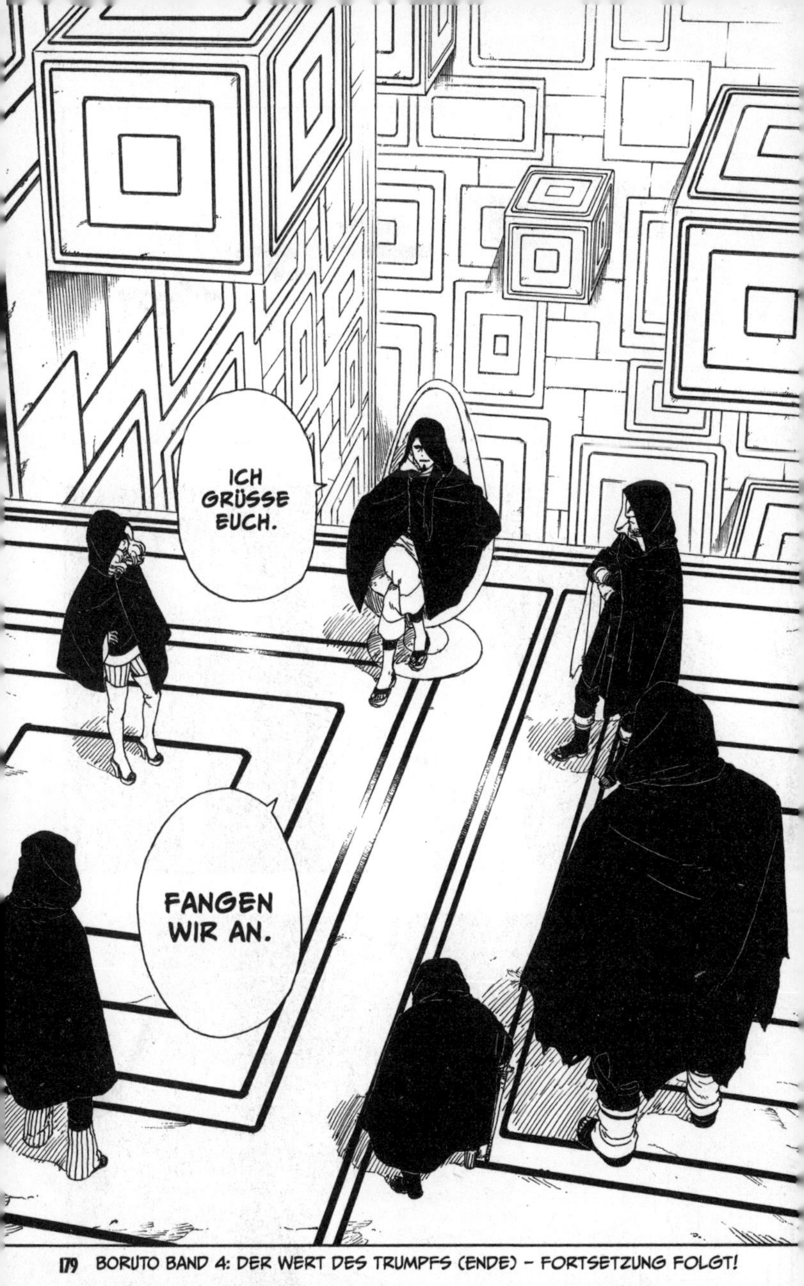
ICH GRÜSSE EUCH.
FANGEN WIR AN.

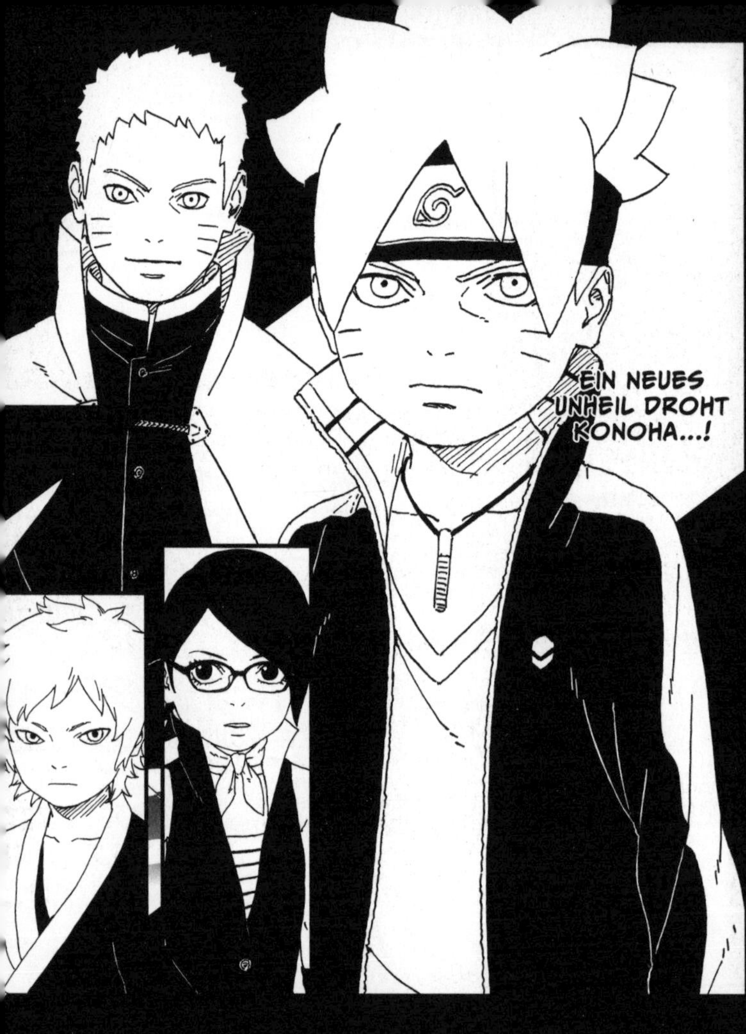

BAND 5 IST BEREITS ERSCHIENEN!

GINAL STORY AND SUPERVISING:
MASASHI KISHIMOTO

MANGA:
MIKIO IKEMOTO

SCENARIO:
UKYO KODACHI

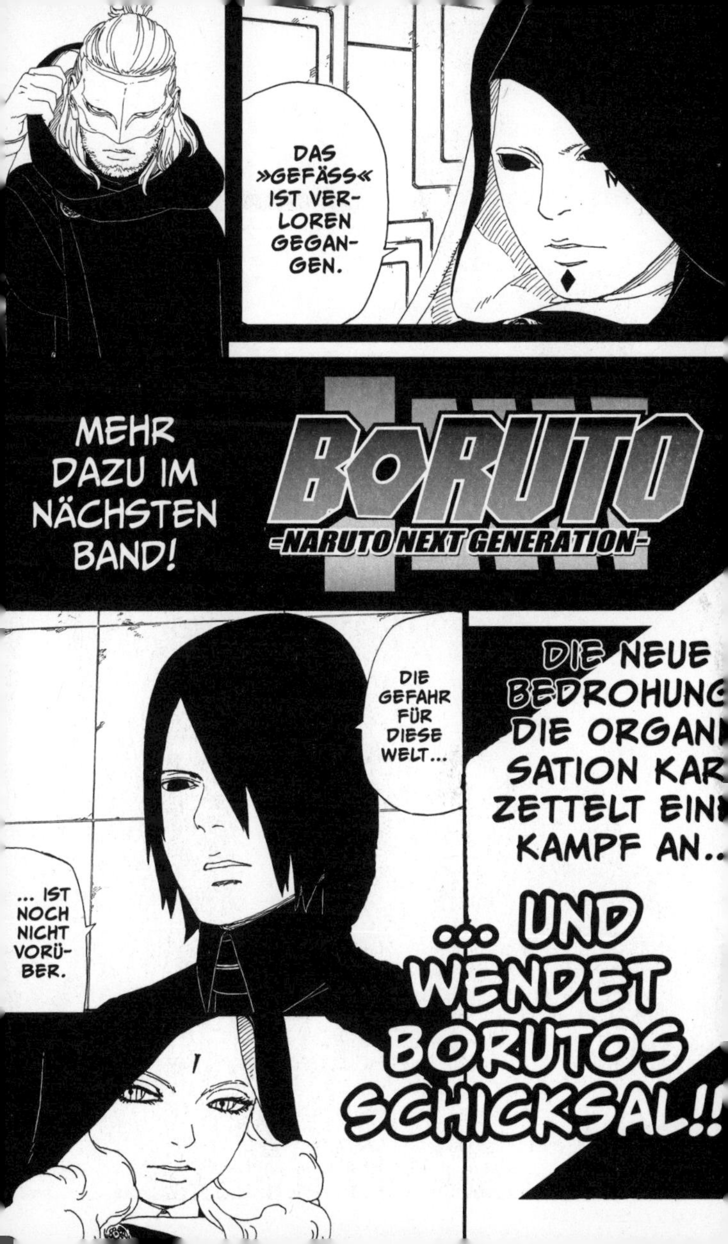
DAS »GEFÄSS« IST VERLOREN GEGANGEN.
BORUTO
-NARUTO NEXT GENERATION-
MEHR DAZU IM NÄCHSTEN BAND!
DIE NEUE BEDROHUN
DIE ORGAN
SATION KAR
ZETTELT EIN
KAMPF AN...
DIE GEFAHR FÜR DIESE WELT...
... IST NOCH NICHT VORÜBER.
... UND WENDET BORUTOS SCHICKSAL!!

CARLSEN MANGA! CHECKLIST

ARFUSS DURCH IROSHIMA

on Keiji Nakazawa
12,00 (D) / € 12,40 (A)
Band 2
14,00 (D) / € 14,40 (A)
Band 1, 3 bis 4

ARRAGE

on Kohei Horikoshi
6,99 (D) / € 7,20 (A)
Band 1 bis 2
n 2 Bänden abgeschlossen

ATTLE ANGEL ALITA - PERFECT EDITION

on Yukito Kishiro
19,99 (D) / € 20,60 (A)
Band 1 bis 3
24,99 (D) / € 25,70 (A)
Band 4
n 4 Bänden abgeschlossen
29,99 (D) / € 30,90 (A)
Band 4 im Schuber
89,99 (D) / € 92,60 (A)
Band 1-4 im Schuber

ATTLE ANGEL ALITA - LAST ORDER ERFECT EDITION

on Yukito Kishiro
14,99 (D) / € 15,50 (A)
1 bis 3, 5 bis 9
19,99 (D) / € 20,60 (A)
Band 10
Band 11 06/21
Band 12 09/21
16,99 (D) / € 17,50 (A)
Band 4
n 12 Bänden abgeschlossen
25,00 (D) / € 25,70 (A)
Band 12 im Schuber nit Extra 09/21
90,00 (D) / € 92,60 (A)
Bände 1 bis 6 im chuber mit Extra
99,00 (D) / € 103,20 (A)
Bände 7 bis 12 im chuber mit Extra 09/21

ATTLE ANGEL ALITA - MARS CHRONICLE

on Yukito Kishiro
6,95 (D) / € 7,20 (A)
Band 1 bis 3, 5-6
Band 7 07/21
10,00 (D) / € 10,30 (A)
Band 4
islang 6 Bände in Japan

ATTACK ON TITAN – DELUXE

von Hajime Isayama
€ 25,00 (D) / € 25,70 (A)
O **Band 1 bis 8**

ATTACK ON TITAN – INSIDE

von Hajime Isayama
€ 12,90 (D) / € 13,30 (A)
O **Einzelband**

ATTACK ON TITAN – LOST GIRLS

von Isayama, Seko & Fuji
€ 6,99 (D) / € 7,20 (A)
O **Band 1 & 2**
In 2 Bänden abgeschlossen

ATTACK ON TITAN – LOST GIRLS (Nippon Novel)

von Hiroshi Seko
€ 9,95 (D) / € 10,30 (A)
O **Einzelband**

ATTACK ON TITAN – NO REGRETS

von Hajime Isayama
€ 6,95 (D) / € 7,20 (A)
O **Band 1 & 2**
In 2 Bänden abgeschlossen

ATTACK ON TITAN – NO REGRETS FULL COLOR EDITION

von Hajime Isayama
€ 14,99 (D) / € 15,50 (A)
O **Band 1 & 2**
In 2 Bänden abgeschlossen

ATTACK ON TITAN – OUTSIDE

von Hajime Isayama
€ 12,90 (D) / € 13,30 (A)
O **Einzelband**

ATTACK ON TITAN – SHORT PLAY

von Isayama & hounori
€ 8,99 (D) / € 9,30 (A)
O **Einzelband**

ANONYMOUS NOISE

von Ryoko Fukuyama
€ 5,00 (D) / € 6,20 (A)
O **Band 1**
€ 6,99 (D) / € 7,20 (A)
O **Band 2 bis 17**
O **Band 18** 06/21
In 18 Bänden abgeschlossen

ARTE

von Kei Ohkubo
€ 10,00 (D) / € 10,30 (A)
O **Band 1 bis 6**
O **Band 7** 07/21
O **Band 8** 09/21
Bislang 13 Bände in Japan

ASSASSINATION CLASSROOM

von Yusei Matsui
€ 6,50 (D) / € 6,70 (A)
O **Band 1 bis 21**
In 21 Bänden abgeschlossen

ATTACK ON TITAN

von Hajime Isayama
€ 6,95 (D) / € 7,20 (A)
O **Band 1 bis 32**
O **Band 33** 09/21
In 34 Bänden abgeschlossen
€ 36,00 (D) / € 37,10 (A)
O **Bände 1-5 im Schuber**
O **Bände 6-10 im Schuber**
O **Bände 11-15 im Schuber**
O **Bände 16-20 im Schuber**
O **Bände 21-25 im Schuber**
O **Bände 26-30 im Schuber**

ATTACK ON TITAN – ANSWERS

von Hajime Isayama
€ 12,90 (D) / € 13,30 (A)
O **Einzelband**

ATTACK ON TITAN – BEFORE THE FALL

von Hajime Isayama
€ 6,95 (D) / € 7,20 (A)
O **Band 1 bis 17**
In 17 Bänden abgeschlossen

ATTACK ON TITAN CHARACTER GUIDE

von Hajime Isayama
€ 12,90 (D) / € 13,30 (A)
O **Einzelband**

12 JAHRE

von Nao Maita
€ 5,99 (D) / € 6,20 (A)
O **Band 1 bis 14**
€ 6,99 (D) / € 7,20 (A)
O **Band 15** 08/21
In 20 Bänden abgeschlossen

ABE SADA

von Kazuo Kamimura
€ 14,99 (D) / € 15,50 (A)
O **Band 1 & 2**
In 2 Bänden abgeschlossen

ACID TOWN

von Kyugo
€ 7,95 (D) / € 8,20 (A))
O **Band 6**
Bislang 6 Bände in Japan

AKIRA – ORIGINAL EDITION

von Katsuhiro Otomo
€ 19,90 (D) / € 20,50 (A)
O **Band 1 bis 3**
€ 22,90 (D) / € 23,60 (A)
O **Band 4 bis 6**
In 6 Bänden abgeschlossen

ALICE IN MURDERLAND

von Kaori Yuki
€ 7,95 (D) / € 8,20 (A)
O **Band 1 bis 11**
In 11 Bänden abgeschlossen

ALISIK

von Helge Vogt & Hubertus Rufledt
€ 8,99 (D) / € 9,30 (A)
O **Band 1**
€ 7,99 (D) / € 8,30 (A)
O **Band 2 bis 4**
In 4 Bänden abgeschlossen

ALPHA² – NEUEDITION

von Kamineo & Kamoi
€ 14,00 (D) / € 14,40 (A)
O **Einzelband**

ALPI - THE SOUL SENDER

von Rona
€ 7,00 (D) / € 7,20 (A)
O **Band 1** 07/21
Bislang 4 Bände in Japan

CARLSEN MANGA! CHECKLIST

DOUBT GESAMTAUSGABE

von Yoshiki Tonogai
€ 30,00 (D) / € 30,90 (A)
O **Sammelschuber** 07/21

DRAGON BALL

von Akira Toriyama
€ 6,50 (D) / € 6,70 (A)
O **Band 1 bis 42**
In 42 Bänden abgeschlossen

DRAGON BALL MASSIV

von Akira Toriyama
€ 5,00 (D) / € 5,20 (A)
O **Band 1**
€ 10,00 (D) / € 10,30 (A)
O **Band 2 bis 11**
O **Band 12** 07/21
O **Band 13** 09/21

DRAGON BALL SD

von Akira Toriyama (Original Story) & Naho Ohishi
€ 7,95 (D) / € 8,20 (A)
O **Band 1 bis 6**
Bislang 7 Bände in Japan

DRAGON BALL SIDE STORIES

von Akira Toriyama & dragongarow LEE
€ 5,00 (D) / € 5,20 (A)
O **Yamchu**

DRAGON BALL SUPER

von Toriyama & Toyotarou
€ 6,50 (D) / € 6,70 (A)
O **Band 1 bis 11**
O **Band 12** 06/21
€ 9,99 (D) / € 10,30 (A)
O **Band 5 im Schuber**
O **Band 10 im Schuber**
€ 29,99 (D) / € 30,90 (A)
O **Bände 1-5 im Schuber**
O **Bände 6-10 im Schuber**
Bislang 14 Bände in Japan

DREAMIN' SUN

von Ichigo Takano
€ 6,99 (D) / € 7,20 (A)
O **Band 1 bis 9**
€ 8,99 (D) / € 9,20 (A)
O **Band 10**
In 10 Bänden abgeschlossen

COYOTE

von Ranmaru Zariya
€ 7,99 (D) / € 8,30 (A)
O **Band 1 bis 3**
Bislang 3 Bände in Japan

CROSS ACCOUNT

von Tsunehiro Date
€ 6,99 (D) / € 7,20 (A)
O **Band 1 bis 4**
In 4 Bänden abgeschlossen

DEAD COMPANY

von Yoshiki Tonogai
€ 7,00 (D) / € 7,20 (A)
O **Band 1** 07/21
In 3 Bänden abgeschlossen

DEFENSE DEVIL

von Youn In-Wan & Yang Kyung-Il
€ 5,95 (D) / € 6,20 (A)
O **Band 1 bis 10**
In 10 Bänden abgeschlossen

DEPTH OF FIELD

von Enjo
€ 8,00 (D) / € 8,30 (A)
O **Band 1 & 2**
In 2 Bänden abgeschlossen

DEVILS & REALIST

von Utako Yukihiro & Madoka Takadono
€ 6,95 (D) / € 7,20 (A)
O **Band 11 bis 13**
€ 7,95 (D) / € 8,20 (A)
O **Band 14**
€ 8,95 (D) / € 9,20 (A)
O **Band 15**
In 15 Bänden abgeschlossen

DIALOGE MIT MIR SELBST

von Kabi Nagata
€ 18,00 (D) / € 18,50 (A)
O **Band 1 b& 2**
In 2 Bänden abgeschlossen

DIE STADT DER BESONDEREN KINDER

von Ransom Riggs & Cassandra Jean
€ 14,90 (D) / € 15,40 (A)
O **Einzelband**

BLACK LAGOON

von Rei Hiroe
€ 6,95 (D) / € 7,20 (A)
O **Band 4**
€ 7,95 (D) / € 8,20 (A)
O **Band 1-3, 5-8, 10-11**
€ 8,95 (D) / € 9,20 (A)
O **Band 9**
Bislang 11 Bände in Japan

BLOOM INTO YOU

von Nio Naketani
€ 6,99 (D) / € 7,20 (A)
O **Band 1 bis 7**
€ 7,99 (D) / € 8,30 (A)
O **Band 8**
In 8 Bänden abgeschlossen

BLUE FLAG

von Kaito
€ 7,99 (D) / € 8,30 (A)
O **Band 1 bis 7**
In 7 Bänden abgeschlossen

BLUE GIANT

von Shinichi Ishizuka
€ 8,00 (D) / € 8,30 (A)
O **Band 1** 09/21
In 10 Bänden abgeschlossen

BLUE GIANT SUPREME

von Shinichi Ishizuka
€ 8,00 (D) / € 8,30 (A)
O **Band 1 bis 5**
O **Band 6** 08/21
In 11 Bänden abgeschlossen

BORUTO – NARUTO THE NEXT GENERATION

von Kishimoto & Kodachi
€ 6,50 (D) / € 6,70 (A)
O **Band 1 bis 10**
O **Band 11** 07/21
Bislang 13 Bände in Japan

BUDDHA

von Osamu Tezuka
€ 22,90 (D) / € 23,60 (A)
O **Band 1 bis 10**
In 10 Bänden abgeschlossen

CHIISAKOBEE

von Minetaro Mochizuki
€ 14,90 (D) / € 15,40 (A)
O **Band 1 bis 4**
In 4 Bänden abgeschlossen

BECOMING A GIRL ONE DAY

von Akane Ogura
€ 5,99 (D) / € 6,20 (A)
O **Band 1 bis 4**
In 4 Bänden abgeschlossen

BECOMING A GIRL ONE DAY – ANOTHER

von Akane Ogura
€ 5,99 (D) / € 6,20 (A)
O **Band 1 bis 4**
In 4 Bänden abgeschlossen

BILLY BAT

von Naoki Urasawa & Takashi Nagasaki
€ 8,95 (D) / € 9,20 (A)
O **Band 4-7, 12-16**
€ 12,00 (D) / € 12,40 (A)
O **Band 1-3, 8-11, 17-20**
In 20 Bänden abgeschlossen

BL IS MAGIC!

von Oroken
€ 9,99 (D) / € 10,30 (A)
O **Band 1 bis 3**
In 4 Bänden abgeschlossen
O **BL is magic! Special: Extra Spells** 08/21

BL METAMORPHOSEN – GEHEIMNIS EINER FREUNDSCHAFT

von Kaori Tsurutani
€ 8,00 (D)/ € 8,30 (A)
O **Band 1 bis 3**
O **Band 4** 09/21
In 5 Bänden abgeschlossen

BLACK BUTLER

von Yana Toboso
€ 6,95 (D) / € 7,20 (A)
O **Band 1 bis 29**
O **Band 30** 07/21
€ 10,00 (D)/ € 10,30 (A)
O **Band 30 Limitierte Ausgabe mit Extra** 07/21
€ 14,90 (D) / € 15,40 (A)
O **Character Guide**
Bislang 29 Bände in Japan

CARLSEN MANGA! CHECKLIST

GELIEBTER AFFE

von Yoshihiro Tatsumi
€ 19,90 (D) / € 20,50 (A)
O **Einzelband**

GHOSTLY THINGS

von Ushio Shirotori
€ 7,00 (D) / € 7,20 (A)
O **Band 1**
O **Band 2** 07/21
In 4 Bänden abgeschlossen

HARU x KIYO

von Akira Ozaki
€ 5,00 (D) / € 5,20 (A)
O **Band 1**
€ 7,00 (D)/ €7,20 (A)
O **Band 2 bis 9**
In 9 Bänden abgeschlossen

HE'S MY VAMPIRE

von Aya Shouoto
€ 6,95 (D) / € 7,20 (A)
O **Band 1 bis 10**
In 10 Bänden abgeschlossen

HITOTSUBANA

von Minami
€ 8,00 (D) / € 8,30 (A)
O **Band 1 bis 7**
In 7 Bänden abgeschlossen

HOW TO DRAW MANGA

von Hikaru Hayashi u. a.
€ 9,95 (D) / € 10,30 (A)
O **Manga-Charaktere in Bewegung**
€ 16,90 (D) / € 17,40 (A)
O **Ninja und Samurai**
€ 17,90 (D) / € 18,40 (A)
O **Manga-Figuren entwickeln**
€ 19,90 (D) / € 20,50 (A)
O **Manga-Skizzen zeichnen**
O **Character Design – Tipps und Tricks**
O **Manga aus der richtigen Perspektive**
O **Oberflächen und Strukturen**
O **Manga-Figuren in ihrer Umwelt**
O **Perfekte Proportionen im Manga**
O **Grundlagen der Manga-Kunst**
€ 24,90 (D) / € 25,60 (A)
O **Kolorieren mit Copic-Stiften**
O **Kolorieren mit Aquarellbuntstiften**

FOLGE DEN WOLKEN NACH NORD-NORDWEST

von Aki Irie
€ 12,00 (D) / € 12,40 (A)
O **Band 1 bis 4**
Bislang 5 Bände in Japan

FOOD WARS – SHOKUGEKI NO SOMA

von Tsukuda & Saeki
€ 6,99 (D) / € 7,20 (A)
O **Band 1 bis 31**
O **Band 32** 06/21
O **Band 33** 08/21
In 36 Bänden abgeschlossen
€ 69,90 (D) / € 71,80 (A)
O **Bände 1-10 im Schuber**
O **Bände 11-20 im Schuber**
O **Bände 21-30 im Schuber**

FRUIT BASKET PEARLS

von Natuski Takaya
€ 11,00 (D) / € 11,40 (A)
O **Band 1**
O **Band 2** 06/21
O **Band 3** 08/21
In 12 Bänden abgeschlossen

GAMMA DRACONIS

von Eldo Yoshimizu & Benoist Simmat
€ 16,00 (D) / € 16,50 (A)
O **Einzelband** 07/21

GANGSTA.

von Kohske
€ 7,95 (D) / € 8,20 (A)
O **Band 1 bis 8**
Bislang 8 Bände in Japan

GANGSTA: CURSED.

von Kohske & Kamo
€ 7,99 (D) / € 8,30 (A)
O **Band 1 bis 5**
Bislang 5 Bände in Japan

GEGEN DEN STROM

von Yoshihiro Tatsumi
€ 44,00 (D) / € 44,60 (A)
O **Einzelband**

FAIRY TAIL+

von Hiro Mashima
€ 8,95 (D) / € 9,20 (A)
O **Einzelband**

FAIRY TAIL – HAPPY'S ADVENTURE

von Hiro Mashima & Kenshiro Sakamoto
€ 7,00 (D) / € 7,20 (A)
O **Band 1 bis 4**
O **Band 5** 08/21
In 8 Bänden abgeschlossen

FAIRY TAIL S

von Hiro Mashima
€ 6,99 (D) / € 7,20 (A)
O **Band 1 & 2**
In 2 Bänden abgeschlossen

FAIRY TAIL SIDE STORIES

von Hiro Mashima & Kyota Shibano
€ 6,99 (D) / € 7,20 (A)
O **Band 1 bis 3**
In 3 Bänden abgeschlossen

FAIRY TALE BATTLE ROYALE

von Soraho Ina
€ 7,00 (D) / € 7,20 (A)
O **Band 1 bis 4**
Bislang 4 Bände in Japan

FINAL FANTASY – LOST STRANGER

von Hazuki Minase & Itsuki Kameya
€ 12,99 (D) / € 13,40 (A)
O **Band 1 bis 5**
Bislang 6 Bände in Japan

FINAL FANTASY – OFFICIAL MEMORIAL ULTIMANIA BOOK

von Takatoshi Shiozawa
€ 39,99 (D) / € 41,20 (A)
O **VII - IX**
In 3 Bänden abgeschlossen

FOCUS 10

von Martina Peters
€ 6,99 (D) / € 7,20 (A)
O **Band 1 bis 9**
O **Band 10** 09/21
In 10 Bänden abgeschlossen

DR. STONE

von Inagaki & BOICHI
€ 7,00 (D) / € 7,20 (A)
O **Band 1 bis 11**
O **Band 12** 06/21
O **Band 13** 08/21
Bislang 19 Bände in Japan

DR. STONE REBOOT: BYAKUYA

von Inagaki & BOICHI
€ 7,00 (D) / € 7,20 (A)
O **Einzelband** 07/21

EDENS ZERO

von Hiro Mashima
€ 7,00 (D)/ €7,20 (A)
O **Band 1 bis 9**
O **Band 10** 07/21
€ 10,00 (D) / € 10,30 (A)
O **Band 7 - limitierte Ausgabe**
Bislang 13 Bände in Japan

EXISTENZEN UND ANDERE ABGRÜNDE

von Yoshihiro Tatsumi
€ 19,90 (D) / € 20,50 (A)
O **Einzelband**

FAIRY GIRLS

von Hiro Mashima
€ 6,99 (D) / € 7,20 (A)
O **Band 1 bis 4**
In 4 Bänden abgeschlossen

FAIRY TAIL

von Hiro Mashima
€ 6,50 (D) / € 6,70 (A)
O **Band 1 bis 63**
€ 9,99 (D) / € 10,30 (A)
O **Band 60 limitiert**
In 63 Bänden abgeschlossen

FAIRY TAIL ARTBOOKS

von Hiro Mashima
€ 19,95 (D) / € 20,60 (A)
O **Fantasia**
O **Harvest**

FAIRY TAIL – 100 YEARS QUEST

von Hiro Mashima & Atsuo Ueda
€ 7,00 (D) / € 7,20 (A)
O **Band 1 bis 5**
O **Band 6** 06/21
O **Band 7** 09/21
Bislang 10 Bände in Japan

CARLSEN MANGA! CHECKLIST

LIBERI-PROJEKT, DAS

von Tamasaburo
€ 6,95 (D) / € 7,20 (A)
O **Band 1 bis 3**
In 3 Bänden abgeschlossen

LIEBHABER, DER

von Kan Takahama
€ 22,00 (D) / € 22,70 (A)
O **Einzelband**

LITTLE WITCH ACADEMIA

von Sato & Yoshinari
€ 6,99 (D) / € 7,20 (A)
O **Band 1 bis 3**
In 3 Bänden abgeschlossen

LIQUOR & CIGARETTE

von Ranmaru Zariya
€ 8,00 (D) / € 8,30 (A)
O **Einzelband**

LUDWIG REVOLUTION GESAMTAUSGABE

von Kaori Yuki
€ 30,00 (D) / € 30,90 (A)
O **Sammelschuber** 09/21

LUPUS IN FABULA

von Kamineo
€ 7,95 (D) / € 8,20 (A)
O **Band 1 bis 3**
In 3 Bänden abgeschlossen

MACHIMAHO – MAGICAL GIRL BY ACCIDENT

von Souryu
€ 7,99 (D) / € 8,30 (A)
O **Band 1 bis 7**
O **Band 8** 07/21
Bislang 9 Bände in Japan

MAGUS OF THE LIBRARY

von Mitsu Izumi
€ 12,00 (D) / € 12,40 (A)
O **Band 1 & 4**
€ 14,00 (D) / € 14,40 (A)
O **Band 2**
€ 16,00 (D) / € 16,50 (A)
O **Band 3**
Bislang 5 Bände in Japan

KAMISAMA DARLING

von Kyoko Aiba
€ 6,99 (D) / € 7,20 (A)
O **Band 1 bis 8**
In 8 Bänden abgeschlossen

KATSURA & TORIYAMA SHORT STORIES

von Akira Toriyama & Masakazu Katsura
€ 6,95 (D) / € 7,20 (A)
O **Einzelband**

KILLING BITES

von Shinya Murata & Kazasa Sumita
€ 7,95 (D) / € 8,20 (A)
O **Band 1-3, 5-14**
€ 10,00 (D) / € 10,30 (A)
O **Band 4**
Bislang 17 Bände in Japan

KIMI NI NARE – FINDE DICH SELBST

von Ichigo Takano
€ 7,00 (D) / € 7,20 (A)
O **Einzelband** 07/21

KLEINE KATZE CHI

von Konami Kanata
€ 9,95 (D) / € 10,30 (A)
O **Band 1 bis 11**
€ 12,00 (D) / € 12,40 (A)
O **Band 12**
In 12 Bänden abgeschlossen

KOROSENSEI QUEST!

von Yusei Matsui & Kizuku Watanabe
€ 6,50 (D) / € 6,70 (A)
O **Band 1 bis 5**
In 5 Bänden abgeschlossen

LADY SNOWBLOOD (NEUEDITION)

von Kazuo Koike & Kazuo Kamimura
€ 19,99 (D) / € 20,60 (A)
O **Band 1 & 2**
€ 16,99 (D) / € 17,50 (A)
O **Band 3**
In 3 Bänden abgeschlossen

LETZTE REISE DER SCHMETTERLINGE, DIE

von Kan Takahama
€ 14,90 (D) / € 15,40 (A)
O **Einzelband**

IM – GREAT PRIEST IMHOTEP

von Makoto Morishita
€ 6,99 (D) / € 7,20 (A)
O **Band 1 bis 10**
€ 7,99 (D) / € 8,30 (A)
O **Band 11**
In 11 Bänden abgeschlossen

IN THIS CORNER OF THE WORLD

von Fumiyo Kouno
€ 12,99 (D) / € 13,40 (A)
O **Band 1 bis 3**
In 3 Bänden abgeschlossen

ITO, JUNJI

von Shinya Murata & Kazasa Sumita
€ 24,00 (D) / € 24,70 (A)
O **Gyo Deluxe**
O **Shiver** 07/21
€ 28,00 (D) / € 28,80 (A)
O **Uzumaki Deluxe**

JAPANISCH FÜR MANGA-FANS

von Thora Kerner & Jin Baron
€ 16,00 (D) / € 16,50 (A)
O **Sammelband**

JUDGE

von Yoshiki Tonogai
€ 7,95 (D) / € 8,20 (A)
O **Band 1 bis 5**
€ 8,95 (D) / € 9,20 (A)
O **Band 6**
In 6 Bänden abgeschlossen

JUMPING

von Asahi Tsutsui
€ 7,00 (D) / € 7,20 (A)
O **Band 1 bis 4**
In 4 Bänden abgeschlossen

JUNJO ROMANTICA

von Shungiku Nakamura
€ 6,95 (D) / € 7,20 (A)
O **Band 9, 11-12, 19-22**
O **Band 23** 06/21
€ 10,00 (D) / € 10,30 (A)
O **Band 1-8, 10,13-18**
Bislang 25 Bände in Japan

H.P. LOVECRAFT

von Gou Tanabe
€ 12,00 (D) / € 12,40 (A)
O **H.P. Lovecrafts Die Farbe aus dem All**
O **H.P. Lovecrafts Der Hund und andere Geschichten**
O **H.P. Lovecrafts Der leuchtende Trapezoeder**
€ 18,00 (D) / € 18,50 (A)
O **H.P. Lovecrafts Berge des Wahnsinns Band 1 bis 2**
O **H.P. Lovecrafts Cthulhus Ruf** 08/21
€ 22,00 (D) / € 22,70 (A)
O **H.P. Lovecrafts Der Schatten aus der Zeit**

HUNTER X HUNTER

von Yoshihiro Togashi
€ 6,95 (D) / € 7,20 (A)
O **Band 1 bis 36**
Bislang 36 Bände in Japan

I AM SHERLOCK

von TAKATA & Io
€ 7,00 (D)/ € 7,20 (A)
O **Band 1 bis 4**
In 4 Bänden abgeschlossen

I HAD THAT SAME DREAM AGAIN

von Yoru Sumino & Izumi Kirihara
€ 7,00 (D) / € 7,20 (A)
O **Band 1 bis 3**
In 3 Bänden abgeschlossen

I HEAR THE SUNSPOT

von Yuki Fumino
€ 7,99 (D) / € 8,30 (A)
O **Band 1**
€ 9,99 (D) / € 10,30 (A)
O **Band 2**
Bisher 2 Bände in Japan

I HEAR THE SUNSPOT – LIMIT

von Yuki Fumino
€ 7,99 (D) / € 8,30 (A)
O **Band 1**
€ 8,99 (D) / € 9,30 (A)
O **Band 2**
€ 9,99 (D) / € 10,30 (A)
O **Band 3** 07/21
In 3 Bänden abgeschlossen

CARLSEN MANGA! CHECKLIST

NARUTO MASSIV

von Masashi Kishimoto
€ 5,00 (D) / € 5,20 (A)
O Band 1
€ 9,99 (D) / € 10,30 (A)
O Band 2 bis 24
In 24 Bänden abgeschlossen

NARUTO – THE MOVIE

von Masashi Kishimoto
€ 7,95 (D) / € 8,20 (A)
O Geheimmission im Land des ewigen Schnees Band 1 & 2
O Die Legende des Steins Gelel Band 1 & 2
O Sondermission im Land des Mondes 1 & 2

NARUTO – THE MOVIE: SHIPPUDEN

von Masashi Kishimoto
€ 12,95 (D) / € 13,40 (A)
O Naruto - The Movie: Shippuden
O Naruto - The Movie: Shippuden-Fesseln
O Naruto - The Movie: Shippuden - Die Erben des Willens des Feuers
O Naruto - The Movie: Shippuden - Lost Tower

NEON GENESIS EVANGELION

von Gainax & Yoshiyuki Sadamoto
€ 6,95 (D) / € 7,20 (A)
O Band 1 bis 14
In 14 Bänden abgeschlossen

NO EXIT

von Haruhi Seta
€ 6,99 (D) / € 7,20 (A)
O Band 1 bis 13
In 14 Bänden abgeschlossen

OKITENEMURU

von Hitori Renda
€ 7,99 (D) / € 8,20 (A)
O Band 9
In 9 Bänden abgeschlossen

OLD BOY

von Tsuchiya Garon & Minegishi Nobuaki
€ 12,00 (D) / € 12,40 (A)
O Band 1 bis 4
In 4 Bänden abgeschlossen

MURCIÉLAGO

von Yoshimura Kana
€ 7,99 (D) / € 8,30 (A)
O Band 1 bis 14
O Band 15 06/21
Bislang 17 Bände in Japan

MY HERO ACADEMIA

von Kohei Horikoshi
€ 6,99 (D) / € 7,20 (A)
O Band 1 bis 27
O Band 28 08/21
Bislang 30 Bände in Japan
€ 10,00 (D) / € 10,30 (A)
O My Hero Academia - Ultra Archive
€ 12,99 (D) / € 13,40 (A)
O My Hero Academia - Ultra Analysis

MY HERO ACADEMIA SMASH

von Kohei Horikoshi & Hirofumi Neda
€ 5,00 (D) / € 5,20 (A)
O Band 1 bis 5
Bislang 5 Bände in Japan

MY HERO ACADEMIA TEAM UP MISSION

von Kohei Horikoshi & Yoko Akiyama
€ 7,00 (D) / € 7,20 (A)
O Band 1
Bisher 2 Bände in Japan

MY ROOMMATE IS A CAT

von Tsunami Minatsuki & Asu Futatsuya
€ 7,00 (D) / € 7,20 (A)
O Band 1 bis 4
O Band 5 06/21
O Band 6 09/21
Bislang 7 Bände in Japan

MY SECRET WHICH I CANNOT TELL YOU

von Kyoko Aiba
€ 6,99 (D) / € 7,20 (A)
O Einzelband

NARUTO

von Masashi Kishimoto
€ 6,50 (D) / € 6,70 (A)
O Band 1 bis 72
In 72 Bänden abgeschlossen
O Der siebte Hokage und der scharlachrote Frühling

MERMAID PRINCE

von Kaori Ozaki
€ 8,00 (D) / € 8,30 (A)
O Einzelband

MOB PSYCHO 100

von ONE
€ 6,66 (D) / € 6,90 (A)
O Band 1 bis 15
€ 7,77 (D) / € 8,00 (A)
O Band 16
In 16 Bänden abgeschlossen

MONSTER – PERFECT EDITION

von Naoki Urasawa
€ 20,00 (D) / € 20,60 (A)
O Band 1 bis 8
€ 24,00 (D) / € 24,70 (A)
O Band 9 08/21
In 9 Bänden abgeschlossen

MORIARTY THE PATRIOT

von Takeuchi & Miyoshi
€ 9,99 (D) / € 10,30 (A)
O Band 1 bis 9
O Band 10 06/21
O Band 11 08/21
Bislang 13 Bände in Japan
€ 16,00 (D) / € 16,50 (A)
O Band 10 mit Extra – limitierte Auflage 06/21
€ 99,00 (D) / € 101,80 (A)
O Band 1 bis 10 im Sammelschuber – limitierte Auflage 06/21

MOTHER'S SPIRIT

von Enzo
€ 7,99 (D) / € 8,30 (A)
O Band 1 & 2
Bislang 2 Bände in Japan

MOTOKARE RETRY

von En Hanaya
€ 6,99 (D) / € 7,20 (A)
O Band 1 bis 7
In 7 Bänden abgeschlossen

MOVING FORWARD

von Nagamu Nanaji
€ 5,00 (D) / € 5,20 (A)
O Band 1
€ 7,00 (D) / € 7,20 (A)
O Band 2 bis 7
O Band 8 08/21
In 11 Bänden abgeschlossen

MAID-SAMA

von Hiro Fujiwara
€ 5,95 (D) / € 6,20 (A)
O Band 1 bis 18
In 18 Bänden abgeschlossen
O Maid-sama Marriage

MANGA LOVE STORY

von Katsu Aki
€ 6,95 (D) / € 7,20 (A)
O Band 70 bis 76
Bislang 81 Bände in Japan

MANGA-ZEICHENSTUDIO

von Kaneda Koubou u.a.
€ 19,90 (D) / € 20,50 (A)
O Hände und Füße
O Gesichter und Emotionen
O Manga Master Book
O Mädchen in coolen Posen
O Emotionen und Mimik ausdrucksstark zeichnen
O Manga Basics
O Figuren & Hintergründe
€ 20,00 (D) / € 20,60 (A)
O Charmante Charaktere
€ 24,90 (D) / € 25,60 (A)
O Spannende Geschichten erzählen

MANN MEINES BRUDERS, DER

von Gengoroh Tagame
€ 10,00 (D) / € 10,30 (A)
O Band 1 bis 4
In 4 Bänden abgeschlossen

MASHIMA HERO'S

von Hiro Mashima
€ 7,00 (D) / € 7,20 (A)
O Einzelband
€ 10,00 (D) / € 10,30 (A)
O Einzelband Limitierte Edition

MEINE LESBISCHE ERFAHRUNG MIT EINSAMKEIT

von Kabi Nagata
€ 15,00 (D) / € 15,50 (A)
O Einzelband

MELANCHOLISCHER MORGEN, EIN

von Shoko Hidaka
€ 9,95 (D) / € 10,30 (A)
O Band 8
In 8 Bänden abgeschlossen

CARLSEN MANGA! CHECKLIST

ROSEN BLOOD

von Kachiru Ichizue
€ 10,00 (D) / € 10,30 (A)
O **Band 1**
O **Band 2** 07/21
Bisher 3 Bände in Japan

RYUKO

von Eldo Yoshimizu
€ 14,99 (D) / € 15,50 (A)
O **Band 1 & 2**
In 2 Bänden abgeschlossen

SACRIFICE TO THE KING OF BEASTS

von Yu Tomofuji
€ 6,99 (D) / € 7,20 (A)
O **Band 1 bis 11**
O **Band 12** 06/21
O **Band 13** 09/21
In 15 Bänden abgeschlossen

SAKURA – I WANT TO EAT YOUR PANCREAS

von Yoru Sumino
€ 7,99 (D) / € 8,20 (A)
O **Band 1 & 2**
In 2 Bänden abgeschlossen

SAKURA DREAMS BUCH UND TERMIN-KALENDER 2022

von Melanie Schober
€ 10,00 (D) / € 10,10 (A)
O **Kalender** 06/21

SAMURAI8

von Masashi Kishimoto & Akira Okubo
€ 7,00 (D) / € 7,20 (A)
O **Band 1 bis 5**
In 5 Bänden abgeschlossen

SANTA MARIA HEARTLAND

von Rise Torio
€ 8,50 (D) / € 8,80 (A)
O **Einzelband**

SARABA, YOKI HI – SOLANGE WIR ZUSAMMEN SIND

von Yuki Akaneda
€ 7,00 (D) / € 7,20 (A)
O **Band 1**
O **Band 2** 08/21
Bisher 6 Bände in Japan

PLUTO: URASAWA X TEZUKA

von Tezuka, Urasawa & Nagasaki
€ 14,90 (D) / € 15,30 (A)
O **Band 1-3, 6-7**
€ 12,90 (D) / € 13,30 (A)
O **Band 4-5**
€ 16,90 (D) / € 17,40 (A)
O **Band 8**
In 8 Bänden abgeschlossen

POISON CITY

von Tetsuya Tsutsui
€ 7,99 (D) / € 8,30 (A)
O **Band 1 & 2**
In 2 Bänden abgeschlossen

PONE – POSUKA DEMIZU ARTBOOK

von Posuka Demizu
€ 20,00 (D) / € 20,60 (A)
O **Artbook**

Q (KU)

von Tatsuya Shihira
€ 7,99 (D) / € 8,30 (A)
O **Band 1 bis 3**
€ 8,99 (D) / € 9,30 (A)
O **Band 4**
In 4 Bänden abgeschlossen

REAKTOR 1F – EIN BERICHT AUS FUKUSHIMA

von Kazuto Tatsuta
€ 12,99 (D) / € 13,40 (A)
O **Band 1 bis 3**
In 3 Bänden abgeschlossen

RENTAL GIRLFRIEND

von Reiji Miyajima
€ 7,00 (D) / € 7,20 (A)
O **Band 1 bis 8**
O **Band 9** 07/21
O **Band 10** 09/21
Bislang 16 Bände in Japan

REQUIEM OF THE ROSE KING

von Aya Kanno
€ 9,99 (D) / € 10,30 (A)
O **Band 1 bis 12**
O **Band 13** 08/21
Bislang 14 Bände in Japan

OUR SUMMER HOLIDAY

von Kaori Ozaki
€ 7,99 (D) / € 8,30 (A)
O **Einzelband**

OVERLORD

von Maruyama & Miyama
€ 6,99 (D) / 7,20 (A)
O **Band 1 bis 12**
€ 7,99 (D) / € 8,30 (A)
O **Band 13**
O **Band 14** 09/21
Bislang 15 Bände in Japan

OVERLORD Official Comic À La Carte Anthology

von Kugane Maruyama, diverse
€ 7,00 (D) / € 7,20 (A)
O **Band 1 bis 3**
Bislang 3 Bände in Japan

PANDORAHEARTS

von Jun Mochizuki
€ 6,95 (D) / € 7,20 (A)
O **Band 1, 5-6, 10-15, 17, 19**
€ 7,95 (D) / € 8,20 (A)
O **Band 18**
€ 8,95 (D) / € 9,20 (A)
O **Band 22**
€ 10,00 (D) / € 10,30 (A)
O **Band 2-4, 7-9, 16, 20-21, 23**
€ 14,00 (D) / € 14,40 (A)
O **Band 24**
In 24 Bänden abgeschlossen

PERSONAL PARADISE NEUEDITION

von Melanie Schober
€ 6,99 (D) / € 7,20 (A)
O **Band 1 bis 7**
O **Brave Brother 1.0 lim. Ausgabe mit Schuber**

PLEASE LOVE ME

von Aya Nakahara
€ 5,00 (D) / € 5,20 (A)
O **Band 1**
€ 7,00 (D) / € 7,20 (A)
O **Band 2 bis 8**
O **Band 9** 06/21
O **Band 10** 09/21
In 10 Bänden abgeschlossen

ONE PIECE

von Eiichiro Oda
€ 6,50 (D) / € 6,70 (A)
O **Band 1 bis 97**
O **Band 98** 09/21
Bislang 99 Bände in Japan

ONE PIECE: FLUCH DES HEILIGEN SCHWERTS

von Eiichiro Oda
€ 7,95 (D) / € 8,20 (A)
O **Band 1 & 2**
In 2 Bänden abgeschlossen

ONE PIECE PARTY

von Andoh & Oda
€ 6,50 (D) / € 6,70 (A)
O **Band 1 bis 6**
Bislang 6 Bände in Japan

ONE PIECE – SANJIS LECKERE PIRATENREZEPTE

von Eiichiro Oda
€ 24,90 (D) / € 25,60 (A)
O **Kochbuch**

ONE PIECE QUIZ BOOK

von Eiichiro Oda
€ 14,00 (D) / € 14,40 (A)
O **Einzelband**

ONE PIECE Z

von Eiichiro Oda
€ 9,95 (D) / € 10,20 (A)
O **Band 1 & 2**
In 2 Bänden abgeschlossen

ONE WEEK FRIENDS

von Matcha Hazuki
€ 6,99 (D) / € 7,20 (A)
O **Band 1 bis 7**
In 7 Bänden abgeschlossen

OPUS

von Satoshi Kon
€ 14,90 (D) / € 15,40 (A)
O **Band 1 & 2**
In 2 Bänden abgeschlossen

ORANGE

von Ichigo Takano
€ 7,99 (D) / € 8,30 (A)
O **Band 1 bis 6**
Bislang 6 Bände in Japan

CARLSEN MANGA! CHECKLIST

UPER DRAGON ALL HEROES NIVERSE MISSION

on Yoshitaka Nagayama
6,50 (D) / € 6,70 (A)
Band 1
Band 2 08/21
islang 2 Bände in Japan

AKANE UND HANA

on Yuki Shiwasu
5,00 (D) / € 5,20 (A)
Band 1
6,99 (D) / € 7,20 (A)
Band 2 bis 14
Band 15 07/21
18 Bänden abgeschlossen

ANIGUCHI, JIRO

on Jiro Taniguchi
12,90 (D) / € 13,30 (A)
Der Gourmet 2
14,90 (D) / € 15,40 (A)
Der Gourmet
16,00 (D) / € 16,50 (A)
Der Kartograph
Die Schrift des Windes
16,90 (D) / € 17,40 (A)
Ihr Name war Tomoji
20,00 (D) / € 20,60 (A)
Im Jahrtausendwald
22,00 (D) / € 22,70 (A)
Unruhige Geister nd stille Gefährten
25,00 (D) / € 25,70 (A)
Der spazierende Mann rw. Neuausgabe)
28,00 (D) / € 28,80 (A)
Der Himmel ist blau, ie Erde ist weiß – esamtausgabe

EMPEST CURSE

on Martina Peters
6,95 (D) / € 7,20 (A)
Band 1 bis 3
3 Bänden abeschlossen

HE ART OF SPLATOON

on Nintendo
40,00 (D) / € 41,20 (A)
Artbook

HE BOOK OF LIST GRIMM'S MAGICAL ITEMS

on Izuco Fujiya
6,95 (D) / € 7,20 (A)
Band 1 bis 5
8,95 (D) / € 9,20 (A)
Band 6
6 Bänden abeschlossen

SOUL EATER MASSIV

von Atsushi Ohkubo
€ 5,00 (D) / € 5,20 (A)
O **Band 1**
€ 8,00 (D) / € 8,30 (A)
O **Band 2 bis 4**
O **Band 5** 06/21
O **Band 6** 08/21
In 12 Bänden abgeschlossen

SOUL EATER GUIDE BOOK

von Atsushi Ohkubo
€ 8,95 (D) / € 9,20 (A)
O **Einzelband**

SOUL EATER SOUL ART

von Atsushi Ohkubo
€ 24,90 (D) / € 25,60 (A)
O **Band 2**

SPLATOON

von Sankichi Hinodeya
€ 6,99 (D) / € 7,20 (A)
O **Band 1 bis 10**
O **Band 11** 07/21
Bislang 13 Bände in Japan

STILLE WASSER

von Kan Takahama
€ 16,90 (D) / € 17,40 (A)
O **Einzelband**

SUNNY

von Taiyo Matsumoto
€ 16,00 (D) / € 16,50 (A)
O **Band 1 & 2**
O **Band 3** 07/21
In 6 Bänden abgeschlossen

SÜSSE KATZE CHI: CHI'S SWEET ADVENTURES

von Konami Kanata & Kinoko Natsume
€ 8,00 (D) / € 8,30 (A)
O **Band 1 bis 4**
In 4 Bänden abgeschlossen

SUPER DRAGON BALL HEROES

von Yoshitaka Nagayama
€ 6,50 (D) / € 6,70 (A)
O **Band 1 bis 3**
Bislang 3 Bände in Japan

SHERLOCK

von Jay, Gatiss & Moffat
€ 12,99 (D) / € 13,40 (A)
O **Band 1, 2 und 4**
€ 14,99 (D) / € 15,50 (A)
O **Band 3**
€ 39,99 (D) / € 41,20 (A)
O **Band 1 bis 3 im Schuber**
Bislang 4 Bände in Japan

SHIBA – EIN HUND ZUM VERLIEBEN

von Mayumi Muroyama
€ 7,00 (D) / € 7,20 (A)
O **Einzelband**

SHIKIGAMI

von Yasaiko Midorihana
€ 10,00 (D) / € 10,30 (A)
O **Einzelband**

SKETCH EVERY DAY

von Simone Grünewald
€ 20,00 (D) / € 20,60 (A)
O **Zeichenbuch**

SKIP BEAT!

von Yoshiki Nakamura
€ 6,95 (D) / € 7,20 (A)
O **Band 1-8, 10-17, 19-21, 24-33, 35-37, 41-45**
€ 8,00 (D) / € 8,30 (A)
O **Band 9, 18, 22-23, 34, 38-40**
Bislang 45 Bände in Japan

SKULL PARTY

von Melanie Schober
€ 6,95 (D) / € 7,20 (A)
O **Band 1 bis 4**
In 4 Bänden abgeschlossen

SNACK WORLD

von Level-5, & sho.t
€ 7,00 (D) / € 7,20 (A)
O **Band 1 & 2**
In 2 Bänden abgeschlossen

SOUL EATER

von Atsushi Ohkubo
€ 6,50 (D) / € 6,70 (A)
O **Band 2, 4, 6-11, 13-18 & 24**
€ 7,95 (D) / € 8,20 (A)
O **Band 25**
In 25 Bänden abgeschlossen

SCHATTENARIE

von Zofia Garden & Anne Delseit
€ 6,95 (D) / € 7,20 (A)
O **Band 1 & 2**
In 2 Bänden abgeschlossen

SCHNEEBALLEN

von Inga Steinmetz
€ 12,00 (D) / € 12,40 (A)
O **Schneeballens Fall**
€ 14,00 (D) / € 14,40 (A)
O **Schneeballen – Verliebt in Japan**

SCHOKOHEXE, DIE

von Rino Mizuho
€ 6,50 (D) / € 6,70 (A)
O **Band 1-3, 5-7, 10-17**
O **Band 18** 07/21
€ 10,00 (D) / € 10,30 (A)
O **Band 4, 8-9**
Bislang 20 Bände in Japan

SEARCH AND DESTROY

von Osamu Tezuka & Atsushi Kaneko
€ 15,00 (D) / € 15,50 (A)
O **Band 1 & 2**
€ 18,00 (D) / € 18,50 (A)
O **Band 3** 09/21
In 3 Bänden abgeschlossen

SEKAIICHI HATSUKOI

von Shungiku Nakamura
€ 6,95 (D) / € 7,20 (A)
O **Band 1, 3, 8-12**
€ 10,00 (D) / € 10,30 (A)
O **Band 2-7**
€ 6,95 (D / € 7,20 (A)
O **Band 13** 06/21
Bislang 15 Bände in Japan

SEVEN DEADLY SINS

von Suzuki Nakaba
€ 6,50 (D) / € 6,70 (A)
O **Band 1 bis 37**
O **Band 38** 07/21
O **Band 39** 09/21
In 41 Bänden abgeschlossen

CARLSEN MANGA! CHECKLIST

YAMADA-KUN AND THE SEVEN WITCHES
von Miki Yoshikawa
€ 5,95 (D) / € 6,20 (A)
O **Band 1-5, 7-8, 10-17, 19-28**
€ 10,00 (D) / € 10,30 (A)
O **Band 6, 9, 18**
In 28 Bänden abgeschlossen

YOKOHAMA STATION FABLE
von Gonbe Shinkawa & Yuba Isukari
€ 8,00 (D) / € 8,30 (A)
O **Band 1** 06/21
In 3 Bänden abgeschlossen

YUNAS REISE ZUM ICH ODER MY SEX CHANGE EXPERIENCEE
von Yuna Hirasawa
€ 10,00 (D) / € 10,30 (A)
O **Einzelband** 08/21

ZWEI ESPRESSO
von Kan Takahama
€ 12,90 (D) / € 13,30 (A)
O **Einzelband**

ZOMBIE 100 - BUCKET LIST OF DEAD
von Makoto Yukimura
€ 7,00 (D) / € 7,20 (A)
O **Band 1**
O **Band 2** 08/21
Bisher 7 Bände in Japan

VIGILANTE – MY HERO ACADEMIA ILLEGALS
von Horikoshi, Furuhashi & Court
€ 6,99 (D) / € 7,20 (A)
O **Band 1 bis 8**
O **Band 9** 06/21
Bislang 11 Bände in Japan

VINLAND SAGA
von Makoto Yukimura
€ 7,95 (D) / € 8,20 (A)
O **Band 1 bis 23**
O **Band 24** 09/21
Bislang 25 Bände in Japan

WALKINDER, DIE
von Abi Umeda
€ 6,99 (D) / € 7,20 (A)
O **Band 1 bis 14**
O **Band 15** 07/21
Bislang 18 Bände in Japan

WEEKLY SHONEN HITMAN
von Kouji Seo
€ 7,00 (D) / € 7,20 (A)
O **Band 1 bis 3**
O **Band 4** 06/21
O **Band 5** 08/21
Bislang 13 Bände in Japan

WER BIST DU ZUR BLAUEN STUNDE
von Yuhki Kamatani
€ 10,00 (D) / € 10,30 (A)
O **Band 1 bis 3**
€ 12,00 (D) / € 12,40 (A)
O **Band 4**
In 4 Bänden abgeschlossen

WET MOON
von Atsushi Kaneko
€ 19,90 (D) / € 20,50 (A)
O **Band 1 & 2**
€ 24,90 (D) / € 25,60 (A)
O **Band 3**
In 3 Bänden abgeschlossen

YAKUZA GOES HAUSMANN
von Kousuke Oono
€ 7,50 (D) / € 7,80 (A)
O **Band 1 bis 4**
O **Band 5** 06/21
Bislang 6 Bände in Japan

3/11 – TAGEBUCH NACH FUKUSHIMA
von Yuko Ichimura & Tim Rittmann
€ 12,90 (D) / € 13,30 (A)
O **Einzelband**

TO THE ABANDONED SACRED BEASTS
von Maybe
€ 6,99 (D) / € 7,20 (A)
O **Band 1 bis 9**
€ 7,99 (D) / € 8,30 (A)
O **Band 10**
O **Band 11** 09/21
Bislang 12 Bände in Japan

TORIYAMA SHORT STORIES
von Akira Toriyama
€ 5,95 (D) / € 6,20 (A)
O **Band 2 bis 4, 7**
€ 6,95 (D) / € 7,20 (A)
O **Band 6**
€ 7,95 (D) / € 8,20 (A)
O **Band 5**
Bislang 8 Bände in Japan

TRIAGE X
von Shouji Sato
€ 6,95 (D) / € 7,20 (A)
O **Band 1 bis 5**
€ 7,95 (D) / € 8,20 (A)
O **Band 6 bis 20**
O **Band 21** 09/21
Bislang 22 Bände in Japan

UNLUCKY YOUNG MEN
von Fujiwara & Otsuka
€ 19,90 (D) / € 20,50 (A)
O **Band 1 & 2**
In 2 Bänden abgeschlossen

UNSERE FARBEN
von Gengoroh Tagame
€ 10,00 (D) / € 10,30 (A)
O **Band 1 & 2**
O **Band 3** 06/21
In 3 Bänden abgeschlossen

VAMPIRE KNIGHT – MEMORIES
von Matsuri Hino
€ 6,99 (D) / € 7,20 (A)
O **Band 1 bis 5**
Bislang 6 Bände in Japan

THE CASE STUDY OF VANITAS
von Jun Mochizuki
€ 7,99 (D) / € 8,30 (A)
O **Band 1 bis 8**
Bislang 9 Bände in Japan

THE DEMON PRINCE
von Aya Shouoto
€ 6,95 (D) / € 7,20 (A)
O **Band 1 bis 16**
In 16 Bänden abgeschlosse

THE GOLDEN SHEEP
von Kaori Ozaki
€(D) 8,00 / €(A) 8,30
O **Band 1 bis 3**
In 3 Bänden abgeschlossen

THE HEROIC LEGEND OF ARSLAN
von Yoshiki Tanaka
€ 6,99 (D) / € 7,20 (A)
O **Band 1 bis 12**
O **Band 13** 09/21
Bislang 13 Bände in Japan
€ 7,50 (D) / € 7,80 (A)
O **Doppelpack 1+2**

THE KILLER INSIDE
von Hajime Inoryu & Shota Ito
€ 7,50 (D) / € 7,80 (A)
O **Band 1** 08/21
Bislang 9 Bände in Japan

THE PROMISED NEVERLAND
von Shirai & Demizu
€ 6,99 (D) / € 7,20 (A)
O **Band 1 bis 17**
O **Band 18** 06/21
O **Band 19** 09/21
In 20 Bänden abgeschlosse

THE ROYAL TUTOR
von Higasa Akai
€ 6,99 (D) / € 7,20 (A)
O **Band 1 bis 13**
O **Band 14** 09/21
Bislang 16 Bände in Japan
€ 7,50 (D) / € 7,80 (A)
O **Doppelpack 1+2**

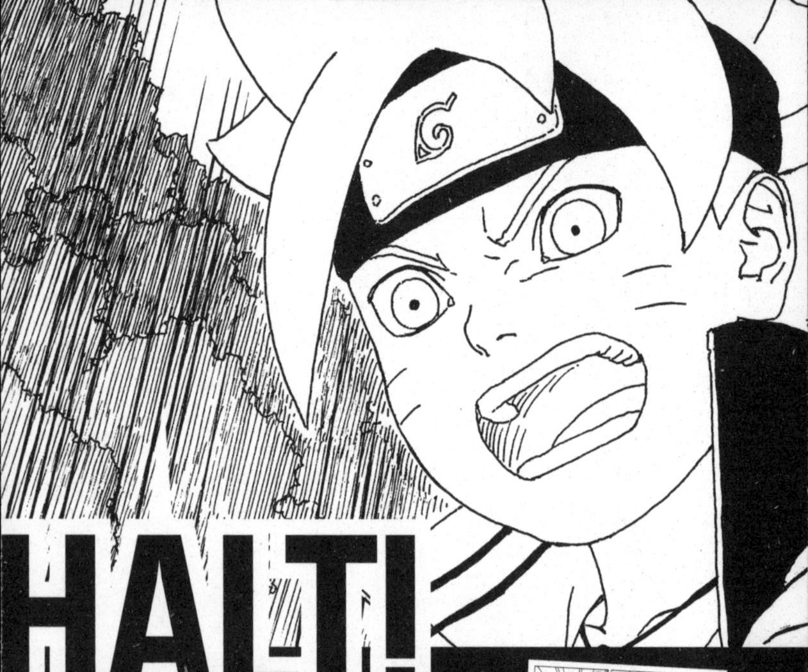

HALT!

as ist nicht die erste Seite des Buches. »Boruto«
t ein japanischer Comic. In Japan liest man von
hinten« nach »vorne« und von rechts oben nach links
nten, also genau spiegelverkehrt zu dem, wie wir es
ewohnt sind.
uch die Bilder und Sprechblasen auf jeder Seite
erden so gelesen, wie es in der Grafik gezeigt wird!
e Legende der neuen Generation beginnt!!

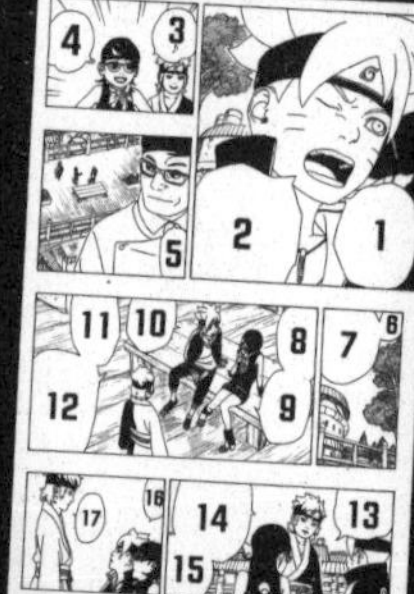

CARLSEN MANGA! NEWS * Aktuelle Infos abonnieren unter
www.carlsenmanga.de * www.carlsen.de

MIX
Papier | Fördert gute Waldnutzung
FSC® C083411
FSC www.fsc.org

PRODUZIERT MIT VERANTWORTUNG

CARLSEN MANGA * Deutsche Ausgabe / German Edition * © 2008 Carlsen Verlag GmbH, Völckersstraße 14-20, 22765 Hamburg * Aus dem Japanischen von Miyuki Tsuji
BORUTO: NARUTO NEXT GENERATIONS © 2016 by Masashi Kishimoto, Mikio Ikemoto, Ukyo Kodachi * All rights reserved. * First published in Japan in 2016 by SHUEISHA Inc., Tokyo. * German translation rights in Germany, Austria, Luxembourg and German-speaking Switzerland arranged by SHUEISHA Inc. through VME PLB SAS, France.
Redaktion: Anne Berling * Textbearbeitung: Ina Schiele * Herstellung: Derya Yildirim
Alle deutschen Rechte vorbehalten * Bei Fragen zum Produkt: carlsen.de/kontakt
ISBN 978-3-551-77555-9